教育部人文社会科学研究规划基金项目"汉语作为第二语言

口语流利性测量模型构建研究"（批准号：21YJA740014）成果

本书获得浙江师范大学一流学科建设经费和丝路文化与国际汉学研究院经费资助

外国语言学及应用语言学研究丛书

A Study of L2 Writing Process

第二语言
写作过程研究

胡伟杰　印晓红　著

ZHEJIANG UNIVERSITY PRESS
浙江大学出版社
·杭州·

图书在版编目(CIP)数据

第二语言写作过程研究 / 胡伟杰,印晓红著. — 杭州:浙江大学出版社,2024.5

ISBN 978-7-308-24919-5

Ⅰ. ①第… Ⅱ. ①胡… ②印… Ⅲ. ①第二语言—写作—研究 Ⅳ. ①H05

中国国家版本馆 CIP 数据核字(2024)第 090668 号

第二语言写作过程研究

胡伟杰　印晓红 著

责任编辑	黄静芬
责任校对	田　慧
封面设计	项梦怡
出版发行	浙江大学出版社
	(杭州市天目山路 148 号　邮政编码 310007)
	(网址:http://www.zjupress.com)
排　　版	杭州朝曦图文设计有限公司
印　　刷	广东虎彩云印刷有限公司绍兴分公司
开　　本	710mm×1000mm　1/16
印　　张	13.75
字　　数	245 千
版 印 次	2024 年 5 月第 1 版　2024 年 5 月第 1 次印刷
书　　号	ISBN 978-7-308-24919-5
定　　价	68.00 元

前　言

　　长期以来,对学习者二语写作的研究主要集中于写作文本的分析上,而较少关注写作过程以及写作过程对写作文本(结果)的影响。本书通过键盘记录和刺激回忆访谈等方法考察中学生第二语言写作的构思、行文和修改等过程,主要探讨以下几点:1)构思的时间分配、语言使用和具体的构思内容,以及构思对写作的复杂度、准确度和流利度的影响;2)行文中停顿的语言位置和时间位置特征,出现停顿的原因,以及停顿特征与文本质量的相关性;3)修改的类型和时间分布特征,学生语言水平对自发修改的影响,以及自发修改与作文质量的相关性。因此,本书在一定程度上拓展了第二语言写作的研究范围。

　　同时,本书对第二语言写作理论进行了考察和验证,尤其是 Hayes 和 Flower(1980)的写作认知模型以及 Kellogg(1996)的写作工作记忆模型,并为 Skehan(1998)的有限注意力模型提供了相关实证支持。此外,在研究方法上,本研究使用键盘记录和刺激回忆访谈等研究方法,这也丰富了第二语言写作的研究范式。

　　本书考察了第二语言写作心理认知活动、写作困难、写作策略以及这些因素与写作结果的相关性,研究结果能够为第二语言写作教学方法和模式改革提供一定的启示,可供外语教学与研究人员参考。

　　本书从立项到出版,历时四年。在此期间,本团队得到了许多的关心和帮助,在此致以最诚挚的感谢!

　　首先,感谢课题参与人员章梦佳、沈玉环、王晨、李雯静等人的艰苦努力和巨大贡献。章梦佳参与了第四章的数据收集和文稿撰写等工作,沈玉环参与了第五章的数据收集和文稿撰写等工作,王晨参与了第六章的数据收集和文稿撰写等工作,李雯静、沈婷玉、王赛妮、余淑楠、张沁茹、夏瑶、韦宁宁、张楠等人参与了部分文稿撰写和文字校对等工作。没有她们的参与,本书难以顺利完成。

　　其次,感谢恩师北京语言大学王建勤教授。一直以来,王老师对我们的研究和书稿予以悉心指导,在此谨向他致以最诚挚的感谢和敬意,感谢王老师一直以来的关心、爱护、鼓励和指导。

最后,感谢浙江大学出版社编辑黄静芬的专业建议和热心帮助,也感谢她对我们未能按时交稿的理解和包容。感谢浙江师范大学外国语学院和丝路文化与国际汉学研究院对本书的资助,也感谢各位领导和同事对本书的支持。本书的引用资料和主要参考文献均有说明,在此也一并对这些作者予以致谢。

本书虽经多次校对,但难免疏漏错误之处,敬请各位专家和读者批评指正!

目　录

第一章　导　言 ⋯⋯⋯⋯⋯⋯⋯⋯⋯⋯⋯⋯⋯⋯⋯⋯⋯⋯ 1

　　第一节　研究背景 ⋯⋯⋯⋯⋯⋯⋯⋯⋯⋯⋯⋯⋯⋯ 2

　　第二节　研究价值 ⋯⋯⋯⋯⋯⋯⋯⋯⋯⋯⋯⋯⋯⋯ 4

第二章　第二语言写作过程相关研究 ⋯⋯⋯⋯⋯⋯⋯⋯ 6

　　第一节　写作子过程相关研究 ⋯⋯⋯⋯⋯⋯⋯⋯⋯ 7

　　第二节　影响因素相关研究 ⋯⋯⋯⋯⋯⋯⋯⋯⋯ 25

　　第三节　写作过程研究方法 ⋯⋯⋯⋯⋯⋯⋯⋯⋯ 32

第三章　写作理论模型 ⋯⋯⋯⋯⋯⋯⋯⋯⋯⋯⋯⋯⋯ 39

　　第一节　写作认知过程模型 ⋯⋯⋯⋯⋯⋯⋯⋯⋯ 40

　　第二节　写作工作记忆模型 ⋯⋯⋯⋯⋯⋯⋯⋯⋯ 50

　　第三节　写作社会互动与交际模型 ⋯⋯⋯⋯⋯⋯ 55

第四章　第二语言写作构思过程研究 ⋯⋯⋯⋯⋯⋯⋯ 61

　　第一节　研究设计 ⋯⋯⋯⋯⋯⋯⋯⋯⋯⋯⋯⋯⋯ 62

　　第二节　结果与讨论 ⋯⋯⋯⋯⋯⋯⋯⋯⋯⋯⋯⋯ 80

　　第三节　小　结 ⋯⋯⋯⋯⋯⋯⋯⋯⋯⋯⋯⋯⋯ 100

第五章　第二语言写作行文过程研究 ⋯⋯⋯⋯⋯⋯ 102

　　第一节　研究设计 ⋯⋯⋯⋯⋯⋯⋯⋯⋯⋯⋯⋯ 103

　　第二节　结果与讨论 ⋯⋯⋯⋯⋯⋯⋯⋯⋯⋯⋯ 110

　　第三节　小　结 ⋯⋯⋯⋯⋯⋯⋯⋯⋯⋯⋯⋯⋯ 142

第六章　第二语言写作修改过程研究 ……………………………… 143

　　第一节　研究设计 ……………………………………………… 143

　　第二节　结果与讨论 …………………………………………… 149

　　第三节　小　结 ………………………………………………… 165

第七章　结　语 ………………………………………………… 166

参考文献 ………………………………………………………… 170

附　录 …………………………………………………………… 205

　　附录一:词汇水平测试 ………………………………………… 205

　　附录二:语法水平测试 ………………………………………… 207

表目录

表 3-1　写作过程涉及的工作记忆资源……………………………………… 53
表 4-1　写作产出的测量指标………………………………………………… 79
表 4-2　作文复杂度计算示例………………………………………………… 80
表 4-3　作文准确度计算示例………………………………………………… 80
表 4-4　作文流利度计算示例………………………………………………… 80
表 4-5　任务前和任务中构思时间的描述性统计结果…………………… 81
表 4-6　不同位置的任务中构思时间的描述性统计结果………………… 82
表 4-7　任务前和任务中构思时间的相关分析结果……………………… 83
表 4-8　任务中构思的具体内容示例……………………………………… 87
表 4-9　句中构思内容的描述性统计结果………………………………… 87
表 4-10　句法复杂度指标的描述性统计结果…………………………… 91
表 4-11　构思时间和句法复杂度的相关分析结果……………………… 92
表 4-12　不同位置任务中构思时间和句法复杂度的相关分析结果…… 93
表 4-13　任务前构思时间对 C/T 指标的回归分析结果……………… 93
表 4-14　任务前构思时间对 DC/C 指标的回归分析结果…………… 93
表 4-15　任务前构思时间对 DC/T 指标的回归分析结果…………… 94
表 4-16　词汇复杂度指标的描述性统计结果………………………… 94
表 4-17　构思时间和词汇复杂度的相关分析结果…………………… 95
表 4-18　任务中构思时间和词汇复杂度的相关分析结果…………… 95
表 4-19　段前构思时间对词汇复杂度的回归分析结果……………… 96
表 4-20　准确度指标的描述性统计结果……………………………… 96
表 4-21　构思时间和准确度的相关分析结果………………………… 97
表 4-22　不同位置任务中构思时间和准确度的相关分析结果……… 97
表 4-23　任务前构思时间对准确度的回归分析结果………………… 97
表 4-24　句前构思时间对准确度的回归分析结果…………………… 98

表 4-25　流利度指标的描述性统计结果 ································· 98

表 4-26　构思时间和流利度的相关分析结果 ····················· 99

表 4-27　任务前构思时间和流利度的回归分析结果 ············· 99

表 4-28　不同位置任务中构思时间和准确度的相关分析结果 ········· 100

表 5-1　总写作时间、停顿时长和停顿频次 ····················· 110

表 5-2　不同语言位置的停顿时长和停顿频次 ···················· 110

表 5-3　单词层面停顿时长的对比分析结果 ····················· 111

表 5-4　句子层面停顿时长的对比分析结果 ····················· 112

表 5-5　段落层面停顿时长的对比分析结果 ····················· 112

表 5-6　单词层面停顿频次的对比分析结果 ····················· 113

表 5-7　句子层面停顿频次的对比分析结果 ····················· 114

表 5-8　段落层面停顿频次的对比分析结果 ····················· 114

表 5-9　不同语言水平写作者在单词层面的停顿频次 ··········· 115

表 5-10　不同语言水平写作者在单词层面停顿频次的 T 检验结果 ····· 116

表 5-11　不同语言水平写作者在单词层面的停顿时长 ·········· 116

表 5-12　单词层面停顿时长的 T 检验结果 ····················· 117

表 5-13　不同语言水平写作者在句子层面的停顿频次 ·········· 119

表 5-14　不同语言水平写作者在句子层面停顿频次的 T 检验结果 ····· 119

表 5-15　不同语言水平写作者在句子层面的停顿时长 ·········· 120

表 5-16　不同语言水平写作者在句子层面停顿时长的 T 检验结果 ···· 120

表 5-17　不同语言水平写作者在段落层面的停顿频次 ·········· 121

表 5-18　不同语言水平写作者在段落层面停顿频次的 T 检验结果 ···· 121

表 5-19　不同语言水平写作者在段落层面的停顿时长 ·········· 121

表 5-20　不同语言水平写作者在段落层面停顿时长的 T 检验结果 ···· 122

表 5-21　不同时间段的停顿时长和停顿频次 ···················· 122

表 5-22　不同时间段的停顿时长对比分析结果 ················· 123

表 5-23　不同时间段的停顿频次对比分析结果 ················· 125

表 5-24　高分组不同时间段的停顿时长对比分析结果 ·········· 126

表 5-25　低分组不同时间段的停顿时长对比分析结果 ·········· 128

表 5-26　高分组不同时间段的停顿频次对比分析结果 ·········· 129

表 5-27　低分组不同时间段的停顿频次对比分析结果 ·········· 130

表 5-28　单词层面停顿频次与写作成绩的相关分析结果 ········· 132

表 5-29　单词层面停顿时长与写作成绩的相关分析结果 ········· 132

表 5-30　句子停顿频次与写作成绩的相关分析结果 ……………………… 133

表 5-31　句子停顿时长与写作成绩的相关分析结果 ……………………… 133

表 5-32　段落停顿频次与写作成绩的相关分析结果 ……………………… 135

表 5-33　段落停顿时长与写作成绩的相关分析结果 ……………………… 136

表 5-34　不同时间位置停顿频次与写作成绩的相关分析结果 …………… 136

表 5-35　不同时间位置停顿时长与写作成绩的相关分析结果 …………… 137

表 6-1　每 100 词修改情况的描述性统计结果 …………………………… 150

表 6-2　各写作时间段修改占比的描述性统计结果 ……………………… 153

表 6-3　二语词汇测试的描述性统计结果 ………………………………… 154

表 6-4　词汇水平与修改类别的相关分析结果 …………………………… 155

表 6-5　词汇水平与修改时间分布的相关分析结果 ……………………… 157

表 6-6　词汇水平和修改的线性回归分析结果 …………………………… 157

表 6-7　二语语法水平测试结果的描述性统计结果 ……………………… 158

表 6-8　二语语法水平和修改类型的相关分析结果 ……………………… 158

表 6-9　二语语法水平和修改时间分布的相关分析结果 ………………… 160

表 6-10　二语语法水平和修改的线性回归分析结果 …………………… 161

表 6-11　修改类型和写作成绩的相关分析结果 ………………………… 162

表 6-12　写作成绩和修改时间分布的相关分析结果 …………………… 164

图目录

图 2-1　构思的分类 ……………………………………… 9

图 3-1　弗劳尔和海耶斯的写作认知过程模型 ………… 40

图 3-2　海耶斯写作认知情感模型 …………………… 43

图 3-3　海耶斯写作修改模型 ………………………… 46

图 3-4　切诺维斯和海耶斯写作模型 ………………… 48

图 3-5　中国学习者英语写作修改模型 ……………… 49

图 3-6　写作工作记忆模型 …………………………… 51

图 3-7　写作过程的社会互动模型 …………………… 56

图 3-8　写作交际能力模型 …………………………… 58

图 4-1　Inputlog 8.0 记录模块界面 ………………… 65

图 4-2　Inputlog 8.0 预处理模块界面 ……………… 65

图 4-3　Inputlog 8.0 分析模块界面 ………………… 66

图 4-4　Inputlog 8.0 后处理模块界面 ……………… 66

图 4-5　Inputlog 8.0 播放模块界面 ………………… 67

图 4-6　Inputlog 8.0 一般分析 ……………………… 68

图 4-7　Inputlog 8.0 摘要分析 ……………………… 69

图 4-8　Inputlog 8.0 停顿分析 ……………………… 70

图 4-9　在线二语句法复杂度分析器输入界面 ……… 71

图 4-10　在线二语句法复杂度分析器指标界面 …… 72

图 4-11　在线词汇复杂度分析器输入界面 ………… 73

图 4-12　在线词汇复杂度分析器指标界面 ………… 74

图 4-13　构思研究流程 ……………………………… 75

图 4-14　在线打字测试操作界面 …………………… 76

图 4-15　在线音节计算操作界面 …………………… 78

图 4-16　任务前和任务中构思过程的语言使用情况 ……… 84

图 4-17　任务前构思示例 1 ……………………………………………… 85

图 4-18　任务前构思示例 2 ……………………………………………… 85

图 4-19　构思过程中设定的写作目标 …………………………………… 86

图 5-1　Inputlog 8.0 停顿一般信息 ……………………………………… 104

图 5-2　Inputlog 8.0 停顿位置信息 ……………………………………… 105

图 5-3　Inputlog 8.0 停顿时间段信息 …………………………………… 106

图 5-4　不同语言位置的停顿频次 ……………………………………… 115

图 5-5　Inpulog 8.0 句前片段记录（S41）……………………………… 134

图 5-6　学习者对写作任务的难易度感知结果 ………………………… 138

图 5-7　两组学习者的主要停顿原因 …………………………………… 139

图 6-1　Inputlog 8.0 修改信息界面 ……………………………………… 146

图 6-2　Inputlog 8.0 S 标注界面 ………………………………………… 147

第一章 导 言

一直以来,写作都被认为是学习者语言能力的重要体现,也是第二语言学习者需要培养的关键能力之一(Kroll,1990)。随着数字化时代的到来,越来越多的人认为,良好的写作能力是在 21 世纪取得成功的关键技能之一,尤其是在当下受文本和数字驱动的互联网时代,有效的思想沟通和信息交流都离不开良好的写作技能(Hyland,2003)。全球化时代背景赋予了二语写作教学及研究重要的时代意义和广阔的发展空间,同时写作教学研究在提升国际地位、传播好中国声音方面发挥了独特的作用和价值(王俊菊,2022)。

写作在语言学习中的重要性毋庸置疑。Day(2023)认为,写作在语言学习中的重要性体现在以下几个方面:首先,写作是一种记录和反思经验的方式。其次,写作可以帮助我们观察和收集证据。同时,写作也是在整理思绪和梳理逻辑。通过整理自己的观点和论据,我们能够更好地组织自己的思想,并进行有逻辑的输出。再次,写作有助于我们深入思考问题的本质,提高对周围事物的理解能力。通过将头脑中的思考过程以文本的形式进行呈现,我们能够更加清晰地理解那些复杂抽象的概念和观点,深入剖析并解决问题。最后,写作是学习的关键。写作使我们能够理解、内化所学知识,并将其应用到实践当中。通过不断写作,我们能够发现自己逻辑的缺陷和思考的不足并加以改进,进而提高学习效果。

当然,写作的价值与意义不仅仅体现在语言学习过程中,更体现在实际应用当中。良好的写作能力不仅能增强个体的语言表达能力,还能为个体的职业发展提供强有力的支持。例如,在职场中清晰、准确地表达自己的观点和想法是成功的关键因素之一。此外,写作也是学术研究的重要手段,我们不仅可以通过写作将自己的研究成果传播给他人,还可以通过信息检索获取他人的想法与结论,进而促进学术交流和知识共享。

从理论方面来看,写作研究对深入理解学习者的写作过程和个体写作能力的发展也具有重要意义。通过研究写作,我们可以探索写作在认知和语言层面上的特点(Flower & Hayes,1981;吴红云、刘润清,2004;Kellogg,2008),揭示写作能力的发展规律和影响因素(Bereiter & Scardamalia,1987;马广惠、文秋芳,1999;Graham et al.,2005)。同时,写作研究也可以为写作教学提供理论指导和实践支持,帮助学习者提高写作能力。因此,写作研究不仅有助于理论的深化,对实际教学也有着积极的促进作用。

第一节　研究背景

随着全球化的加速和国际交流的增进,多语种交际的需求日益增长,越来越多的人希望掌握第二语言写作能力。因此,二语写作也成为语言教学研究的一个热门话题(Silva,1993;王文宇、文秋芳,2002;Kroll,2003;张晓鹏,2016;Vandommele et al.,2017)。

二语写作的研究兴起于 20 世纪 60 年代初,其后 20 多年间逐渐呈现系统化和理论化的趋势(Rohman,1965;Zamel,1976;Flower & Hayes,1981)。20世纪六七十年代,西方认知心理学的发展深刻影响了人们对语言学习和写作本质的认识。从 20 世纪 70 年代末到 80 年代,出现了一股研究英语写作过程的潮流,大批心理学家、修辞学家和写作教师纷纷加入写作的"过程运动"(process movement),从理论和实践的角度对写作过程及其认知心理进行了全面深入的研究(王俊菊,2006)。研究人员和一线教师不再执着于写作内容研究,而是开始关注写作过程本身(Hayes & Flower,1980;Flower & Hayes,1981)。写作也进而被视作一种写作者的心理认知活动,被认为是发现意义的过程(Zamel,1982)。20 世纪 80 年代末以来,二语写作研究不断深化,研究人员开始关注写作的社会性(Nystrand,1989)和交际性(Grabe & Kaplan,1996)。

国内对二语写作过程特别是英语写作过程的研究,始于 20 世纪 90 年代中期(王俊菊,2013)。受西方写作心理研究的影响,相关研究在理论方面主要是引介西方写作认知心理理论(周遂,2005)和写作过程教学理论(李森,2000)。在实证方面,研究者们则侧重于探讨二语写作过程中的母语思维现象(郭纯洁、刘芳,1997;王文宇、文秋芳,2002)以及二语写作过程的影响因素,如情绪(周保国、唐军俊,2010;韩晔、许悦婷,2020;周杰、王俊菊,2022)、任务类型(张新玲、周燕,2016)、任务复杂度(Révész et al.,2017;张煜杰、蒋景阳,2020;杨颖莉、靳光洒,2023)。

　　在二语写作过程的研究中,出现了一些重要的理论模型,其中约翰·海耶斯(John Hayes)和琳达·弗劳尔(Linda Flower)提出的写作认知过程模型最具影响力。该模型强调写作是一个动态、交互和个体化的过程(Hayes & Flower,1980;Flower & Hayes,1981;Hayes,1996),并将写作过程分为构思(planning)、转译(translating)和回顾(reviewing)三个阶段,通过有声思维的研究方法,即让写作者在写作时口头表达内心的想法,来探究写作者的写作认知过程。该模型为写作心理学研究提供了理论框架,并对未来的研究产生了深远的影响(Abdel Latif,2021)。

　　除了海耶斯和弗劳尔的写作认知过程模型,近年来越来越多研究者转向社会视角,并提出写作社会互动模型和写作交际能力模型等。写作社会互动模型认为写作是一种社会交互的过程,写作者通过与他人的交流和反馈来改进其写作成品(Nystrand,1989)。这一理论强调写作是一种社会实践,写作者需要考虑读者的需求和期望。此外,Grabe和Kaplan(1996)基于语言交际能力理论,提出了写作交际能力模型,强调写作的社会性及交际功能。

　　从研究方法和工具来看,写作认知过程的现有研究大多采用有声思维法和访谈法。有声思维法通过分析写作者在写作过程中的口头汇报,揭示他们的写作思维和策略。访谈法则通过与写作者进行访谈来获取他们的写作经验和策略。这两种方法虽然都促进了二语写作过程研究,但实施难度较大(Révész et al.,2019),且可靠性常常受到质疑。有声思维法需要大量的早期训练,且可能会干扰写作者正常的写作过程(Yang et al.,2014),从而影响研究数据的可靠性和有效性。

　　随着数字媒体的广泛使用,计算机写作开始逐渐取代传统的纸笔写作(张正厚等,2010)。科技的迅速发展使得利用计算机辅助工具来实时记录和分析写作过程成为可能(Sullivan & Lindgren,2002)。键盘记录作为一种重要的研究手段,可以记录和捕捉整个写作活动的细节,因此在二语写作研究中得到了广泛应用。目前,常用的键盘记录工具有Translog、Inputlog等(Abdel Latif,2008;Van Waes et al.,2012)。键盘记录软件可以在计算机后台运行,以毫秒级的精度记录书写过程中键盘和鼠标的活动,并在不干扰写作者的情况下准确记录和分析写作过程。键盘记录软件不仅可以记录写作者在写作过程中停顿的频次和时长,还可以记录这些停顿在写作过程中的分布情况。此外,键盘记录软件还可以准确记录每一处修改,使准确分析写作者的写作过程成为可能。

　　尽管二语写作过程的研究已经取得了一些重要的成果,但仍存在一些不足之处。首先,以往研究较多关注语言水平较高的二语学习者,如本科生和研究生(徐翠芹,2019),很少关注语言水平较低的二语学习者,如初中生和高中生。其次,以往研究主要关注传统的纸笔写作,较少关注以计算机为媒介的数字化写作(Keh,1990;Bosher,1998)。最后,在方法上,以往有关写作过程的研究主要采用观察、访谈和有声思维等方法,较少采用键盘记录和刺激回忆访谈等方法(Baaijen *et al*.,2012;Barkaoui,2014),而且在分析方法上大多采用质性分析,缺乏定量分析(Galbraith & Vedder,2019)。

第二节　研究价值

第二语言写作的研究在中国还是一个新兴领域,其理论体系尚未形成,研究方法还不成熟,研究内容需要均衡(王俊菊,2013)。为进一步拓展和深化第二语言写作过程研究,本研究通过键盘记录和刺激回忆访谈等方法,结合量化分析和质性分析,考察中学生第二语言写作的构思、行文和修改等过程,主要探讨以下几个方面:1)构思过程中的时间分配、语言使用和构思内容;2)构思对写作的复杂度、准确度和流利度的影响;3)行文中停顿的语言位置和时间位置特征以及出现停顿的原因;4)行文中停顿的特征与文本质量的相关性;5)修改的类型和时间分布特征、学习者语言水平对自发修改的影响;6)自发修改与作文质量的相关性。

在理论方面,本研究为第二语言写作的相关理论模型提供了实证证据,拓展了第二语言写作过程的研究对象,同时也丰富了第二语言写作过程的研究方法。

首先,本研究验证和细化了写作过程的相关理论,尤其是 Hayes 和Flower(1980)的写作认知过程模型与 Kellogg(1996)的写作工作记忆模型。同时,本研究也为 Skehan(1998)的有限注意力模型提供了一定支持,结合工作记忆模型与写作模型探讨构思资源分配、停顿特征、修改类型对二语写作质量的影响,丰富了二语写作认知心理研究。

其次,本研究拓展了二语写作过程的研究对象。以往,二语写作过程的研究对象主要集中于本科生和研究生,而且以海外的学习者为主,对国内中学生的英语写作过程的研究较少。本研究以国内中学生为研究对象,考察他们在英语写作构思、行文和修改过程中的特征,丰富了英语写作过程研究的群体。另外,国内中学生是一个庞大的英语学习群体,而对于他们来说写作是一项比较难掌握的技能,所以有必要对其写作过程进行深入的考察。

最后,本研究丰富了二语写作过程的研究方法。以往研究主要关注传统的纸笔写作,对以计算机为媒介的数字化写作关注较少。随着现代信息技术的进步,计算机、眼动仪、屏幕录像等现代化工具被逐步用于认知研究。本研究通过键盘记录和刺激回忆访谈的方式来考察学习者使用平板电脑和笔记本电脑开展的数字化写作过程。本研究不仅可以丰富写作心理学的建构,而且可以促进写作过程研究理论的本土化(范琳、朱立霞,2004)。

在实践方面,研究结果对教师二语写作教学方法的改革、学习者写作策略的改善以及教材的科学编写等方面都有一定的启示。

首先,本研究分析了学习者在英语写作构思、行文和修改过程中的特点,揭示了学习者在写作中遇到的困难,研究结果有助于教师深入了解学习者英语写作过程中的心理活动和认知特点,并基于这一研究结果调整教学内容和方法,推动写作教学的改革。同时,对写作任务前和任务中构思的时间分配、语言使用和具体内容的分析,有助于教师了解学习者的构思过程及其在写作中的作用,促使教师在写作教学过程中重视有关构思的教学设计和实际运用,帮助学习者在写作过程中合理安排构思时间,进而改进英语写作教学过程,提升教学的有效性。

其次,本研究深入考察了学习者写作过程的三个主要环节(构思、行文和修改)对写作结果的影响,揭示了写作过程教学的重要意义,推动了"过程写作法"(process-focused approach)的应用和写作教学模式的创新,重视学习者在写作与修改中的发现、探索和创造等认知心理过程。本研究引导教师对学习者进行写作全过程的指导,让学习者更好地感受、领悟作文的写作过程,增强学习者"做中学、学中做"的认知体验,提高学习者的写作能力。此外,本研究揭示了三个主要环节的工作记忆资源分配情况,为一线教师科学培养学习者对工作记忆资源的合理分配能力提供了实证支持。

再次,本研究对学习者写作过程中使用的策略进行了考察,让教师意识到写作策略对英语水平相对较低的中学生的重要意义,从而引导学习者有效使用策略来管理写作过程,养成良好的写作习惯,克服写作时遇到的困难,降低写作时的焦虑,自主激发写作热情,进而促进英语学习者写作能力的提高。

最后,本研究结果对英语写作教材的编写具有一定的启示作用。编写者可以根据写作构思、行文和修改三个主要环节的认知特征来选择具体的写作示范内容,提供相应的写作方法策略,提升教材的针对性和有效性。

第二章　第二语言写作过程相关研究

第二语言写作过程研究主要集中于写作涉及的阶段、策略和影响因素(王俊菊,2007)。就写作阶段而言,Wallas(1926)与 Rohman(1965)分别将写作过程划分为预备、孕育、启发和验证四个阶段及预写、写作和改写三个阶段。但是,他们的写作过程划分局限于写作的外部活动,忽视了写作者的内在心理过程和认知活动。之后,Emig(1971)通过个案研究的方式对写作认知过程进行探究,提出了写作过程的"循环模式",指出写作过程是一个循环往复的过程,而非线性的过程。在此基础上,Hayes 和 Flower(1980)对"循环模式"进行补充,将写作过程分为构思、转译和回顾三个阶段,并指出这三个阶段的活动交错循环,相互作用。

在二语写作过程的影响因素方面,学界从心理学、认知科学和社会学等不同角度进行了探索和论证。心理学角度的研究注重写作的动态过程,分析写作过程中出现的各种现象及其成因。Emig(1971)认为,影响写作者写作过程的基本因素有写作语境、刺激性质、写前阶段、构思阶段、口述作文、修正、停顿、反思和教师因素等。认知科学角度的研究注重考察认知因素对写作过程的影响,认为写作本质上是一个复杂的认知过程,与写作者的认知水平和认知结构有着直接的关系(Zimmerman & Risemberg,1997)。Hayes(1996)认为,写作过程主要受写作者内在因素的影响,这些内在因素包括认知、动机、记忆、加工、生成等。社会学角度的研究注重分析社会、文化等因素对写作过程和行为的影响(Nystrand,1989;Grabe & Kaplan,1996)。Nystrand(1989)提出了写作社会互动模型,强调社会因素对写作过程的影响。Grabe 和 Kaplan(1996)提出了写作交际能力模型,从社会认知的角度对写作过程进行了阐述,认为写作过程的完成是内外因共同作用的结果,其中内因包括写作者的语言能力、相关知识水平、言语工作记忆和交际认知过程,外因包括写作环境、社会因素等宏观环境以及任务、文本和题目等微观环境。

在写作研究方法方面,主要趋势是从单一的质性分析逐渐发展到质性和量化结合的实证研究方法,类型上不断多元化,主要包括文本分析、问卷调查、有声思维、刺激回忆访谈、键盘记录等。

本章将介绍第二语言写作子过程相关研究、影响因素相关研究和写作过程研究方法。

第一节　写作子过程相关研究

一、构思相关研究

(一)构思界定

近几十年来,构思在二语习得研究中引起了广泛关注。大多数写作过程模型都强调写作过程中构思的重要价值,甚至将其视为写作过程的核心部分之一(Hayes & Flower,1980;Kellogg,1994;Hayes,1996)。然而,不同的研究者对构思的关注点各不相同。

Hayes 和 Flower(1980)从认知心理学角度出发,认为构思是建构写作内容知识表征的过程,并指出在这一过程中,学习者会通过一系列活动去实现自己的写作目标,这些活动主要涉及生成想法、组织想法和设定目标等内容。生成想法是指从长时记忆(long-term memory)中把与写作话题有关的信息检索出来,即确定表达什么信息;组织想法指选取生成想法过程所检索的最有用的信息,并将其组织成为一个写作计划,即确定如何表达信息;设定目标指建立标准,如"使文章尽量简明"。

Hayes 和 Nash(1996)在 Hayes 和 Flower(1980)的基础上,提出构思是写作前的准备,是一种预备性的反思,在构思过程中,写作者根据给定任务的要求,确定要表达的信息,从长时记忆中提取信息,并将其组合成作文的内容和形式。他们指出,写作者在构思时会对写作的目标和实现的手段进行思考。

Kellogg(1996)在他的写作工作记忆模型中,把构思看作写作"形成"(formulation)系统中的一个子过程,认为这是写作者为写作设定目标,生成相应想法,并组织这些想法来指导后续写作的过程。

此外,也有一些学者将构思看作写作的外部因素和学习策略。Skehan(1996)认为,构思是语言任务过程中一个可操控的外部条件,促使学习者更加注意语言的形式,减少语言交际的压力。Ellis(2005)认为,构思在本质上是一种解决问题的活动,包括选择语言手段,并以此影响读者。

总的来说,构思可被视作二语写作者在写作任务中设定目标,确定主题,生成想法,从长时记忆中提取相关信息,组织结构和选择语言等一系列活动的过程。

(二)构思分类

在构思的分类上,学者们的意见也不尽相同。部分学者从写作准备的不同方面(如主题、语言)出发对构思进行了分类。Hayes 和 Flower(1980)提出了抽象文本构思,并将构思分为"构思去做"和"构思去说",前者强调写作的过程,后者强调写作的内容。Whalen 和 Ménard(1995)则区分了不同层次语篇加工的三种构思,分别是语用构思(pragmatic planning)、语篇构思(textual planning)和语言构思(linguistic planning)。语用构思涉及设定语用目标,并确定实现上述目标的方案,如确定写作的受众、目的和主题。语篇构思涉及确定写作文本类型,以及规划语篇的连贯性。语言构思主要涉及选择和组织词汇及语法等语言知识,主要在写作者遇上语言方面的问题时才发生。

Hayes 和 Nash(1996)将构思分为过程构思(process planning)和文本构思(text planning)。过程构思关注写作者及其写作的过程、学习者如何通过一系列活动完成写作任务,如确定写作主题、写作思路及写作策略。文本构思则强调文本本身,关注文本的形式和内容(如语言的选择)。值得注意的是,文本构思并非只是构思语言,抽象的文本构思要求写作者为文本提出想法或者大纲,对使用的具体语言则不需要考虑太多。

此外,也有学者根据构思发生的时间对构思进行分类。Ellis 和 Yuan(2004)将构思划分为写作前构思(pre-task planning)和在线构思(online planning),其中写作前构思指学习者在执行写作任务(行文)前的准备,在线构思主要指学习者在行文和修订过程中的思考。他们认为,写作前构思能帮助学习者制定目标,提高写作的流利度和复杂度;而在线构思能为写作者的写作过程提供更好的监控,提高写作的准确度。因此,学习者只有先后运用这两种构思方式,才能写出高质量的文章。

随后,Ellis(2005:4)在先前研究的基础上,又对构思的类别进行了更加详细的描述,将其分为任务前构思(pre-task planning)和任务中构思(within-task planning)(见图 2-1)。任务前构思又细分为预练(rehearsal)和策略构思(strategic planning)。预练是指写作者在执行正式写作任务之前开展与写作任务相似的写作练习,而策略构思是指学习者在写作前思考想要表达的内容和表达的方式。任务中构思也进一步分为有压力的构思(pressured planning)和无压力的构思(unpressured planning)。这两类构思主要根据执行写作任务时是否有时间限制来划分。

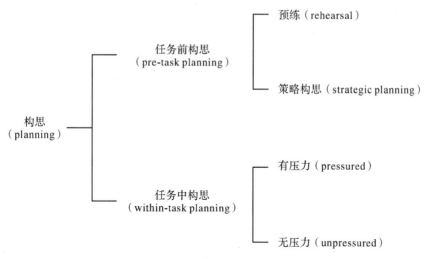

图 2-1　构思的分类

除上述分类外,还有一些学者根据构思过程是否受到指导,将构思分为指导性构思(guided planning)和非指导性构思(unguided planning)(如 Ellis,2005);也有学者根据参与者的人数,将构思分为集体构思(collaborative planning)和个体构思(individual planning)两大类(Tavakoli & Rezazadeh,2014)。

(三)研究动态

构思被视为促进学习者有效完成写作的一种手段(Ellis,2005)。在进行写作任务时,构思是一个起点,它是对整篇文章的整体规划和设计。在写作前进行构思,能够帮助写作者更灵活地组织语言表达和结构,强化其谋篇布局、遣词造句的能力,从而提高整体的写作质量和水平。此外,也有不少研究对写作构思进行了其他方面的研究与探索,包括构思对写作的影响、写作构思的策略以及合作构思的作用等。

1.构思对写作的影响

一直以来,研究人员对构思过程及其作用比较感兴趣(Hayes & Nash,1996)。构思研究不仅对二语习得理论的发展具有重要意义,尤其是对信息加工视角的语言习得理论具有重要价值,而且对语言教学也同样意义重大,有助于推动二语写作教学,提升学习者的二语写作能力(Ellis,2005)。

相对而言,较多的研究通过复杂度、准确度和流利度三个维度来探索构思对写作产生的影响。这三个维度能够描述语言使用表现的不同方面(Bachman,1990),有助于研究者评估二语写作者的写作熟练度(Housen & Kuiken,2009)。不少研究证明,构思对二语写作复杂度、准确度和流利度具有积极影响(Ellis & Yuan,2004;Piri *et al.*,2012;Ebrahimi *et al.*,2019)。

Ellis 和 Yuan(2004)考察了不同类型的构思对二语写作三个维度的影响。结果表明,任务前构思有助于流利度和句法复杂度的提升,而无压力任务中构思有助于准确度的提升。Ojima(2006)考察了任务前构思对二语学习者写作表现的影响。结果显示,任务前构思与写作整体表现呈正相关关系,但对准确度没有显著影响。Seyyedi 等(2013)的研究得出了相似的结论:任务前构思提高了学习者书面写作文本的流利度与复杂度,但对准确度没有影响。此外,Johnson 等(2012)也从流利度、语法复杂度和词汇复杂度三个方面探讨了任务前构思对写作表现的影响。研究结果显示,任务前构思的时间长短对写作流利度有显著影响,但对语法复杂度和词汇复杂度没有显著影响。

此外,一些研究考察了不同形式的任务前构思对二语写作的影响。Tabar和 Alavi(2013)考察了单独构思、配对构思和分组构思等不同形式的任务前构思对中级英语学习者在个人任务和决策任务中书面表现的影响。研究发现,无论任务有多复杂,各种形式的任务前构思都优于无构思的写作表现。类似地,Tabari(2021)也考察了书面构思和口头构思这两种任务前构思形式对二语写作语言复杂度、准确度和流利度的影响。结果显示,两者都促进了写作语言的流利度,但书面构思促进了句法复杂度和准确度,而口头构思促进了整体句法复杂度和词汇复杂度。

同时,国内的一些研究也指出了构思对写作产生的重要影响。韩金龙(2001)指出,中国的英语写作教学长期受到成品导向教学法的影响,忽视了构思策略的培养。他建议,教师应注意构思策略,并在学习者动笔前给他们足够的思考时间。此外,教师还应重视写作的认知和元认知过程。邵继荣(2003)调查了有、无构思时间限制对不同的写作任务类型(记叙文写作、说明文写作和议论文写作)语言产出的影响。研究结果表明,在记叙文写作任务中,无构思时间限制对写作的复杂度具有显著的促进作用;在说明文写作任务中,有、无构思时间限制并未对写作表现产生显著影响;而在议论文写作任务中,无构思时间限制对写作的复杂度和准确度均具有显著的促进作用。由此可见,构思时间和任务类型都会对写作的语言表现产生一定的影响。张正厚等(2010)从复杂度、准确度和流利度的角度探讨了不同任务前构思时间(0 分钟、3 分钟、6 分钟和 10 分钟)对学习者二语写作的影响。结果表明,随着构思时间的延长,这三个维度都有提升的趋势,且当构思时间为 6 分钟时三个维度都有显著提升。此外,只有当构思时间为 10 分钟时,词汇复杂度才得到显著提升。继张正厚等(2010)之后,王静萍和蒲显伟(2016)也对限时写作条件下构思时间对二语写作表现的影响进行了实证研究。研究发现,10 分钟的任务前构思时间显著提升了二语写作的流利度,复杂度和准确度也略有提升;而任务中构思则有利于提升词汇复杂度,但二语水平高低和构思方式差异对流利度和准确度没有交互影响。

总的来说,学界已经充分认识到了写作构思环节在写作过程中的重要地位。然而,当前研究对学习者二语写作构思的认知加工情况(Johnson *et al.*, 2012)以及学习者在不同的构思阶段如何分配注意力资源(Rostamian *et al.*, 2018)等问题仍有待深入探索。此外,当前研究主要集中在语言水平较高的学习者身上,忽视了初中生、高中生等语言水平较低的二语学习者(Ma & Zainal,2018)。

2. 写作构思的策略

成功的二语写作离不开对写作策略的灵活使用(Limpo,2018)。这些写作策略能够帮助写作者设定目标、形成和组织写作思路,影响写作的流利度、准确度和复杂度,并促成最终文本与目标受众的有效沟通(Kellogg,1990)。

写作是一种目标导向的活动,其中的目标设定是写作构思的重要组成部分(Hayes & Flower,1986)。目标设定为写作任务提供了明确的信息,并引导写作者关注这些信息。研究证明,目标设定能够有效促进二语写作的质量。Graham 等(1992)将目标设定作为一个构思策略传授给学习者,要求他们在写作时根据目标不断进行构思。结果表明,基于目标设定的写作能够使学习者写出比之前字数更多、质量更高的文章。Ferretti 等(2000)对精心目标设定和普通目标设定两种情况下的写作效果进行考察,发现在精心目标设定的情况下,学习者写作的完成度更高,内容也更加丰富。

除目标设定外,另一个得到较多关注的构思策略是列提纲。Kellogg(1990)考察了学习者在无写前准备、提前列提纲和提前做思维导图三种条件下的写作表现。结果发现,提前列提纲对写前构思具有重要帮助,并能显著提高文章的质量。Kellogg(1994)在进一步研究后指出,列提纲在写作中的作用主要表现在写作者对思想的组织和写作过程的重组上。列提纲可以帮助写作者在结构层次中产生和组织思想,并根据行动计划将这些思想贯通于文中,以实现文章的谋篇布局,从而帮助写作者组织写作的过程。Kirkpatrick 和 Klein(2009)也发现,基于构思文章结构提纲的写作教学能够有效提升二语写作质量。

此外,Limpo(2018)分析了构思策略对大学生的动态写作和最终文本的影响。他邀请了 63 位毕业生,分别在三种不同构思策略下进行议论文写作:第一是运用基于结构的构思(structure-based planning),具体包括阐述大纲和提出关键论点、论据;第二是运用基于列表的构思(list-based planning),即将写作要点以表格的形式列出;第三是无构思(no-planning)。结果发现,基于结构的构思策略能够帮助写作者将注意力集中在作文的开头和中间,提高作文的说服力和整体质量,是议论文写作中非常有效的构思方法。

3.合作构思的作用

随着合作学习等理论的提出,合作写作与合作构思的研究也逐渐兴起(Speck *et al*.,1999;Mohamadi,2018)。Tavakoli 和 Rezazadeh(2014)考察了学习者二语写作个人任务前构思和合作任务前构思对二语写作的影响,发现合作任务前构思能帮助学习者产生更加准确的写作文本,而个人任务前构思则有助于写作流利度的提升。Neumann 和 McDonough(2015)调查了合作构思中的写前讨论互动与写作质量之间的关系。他们发现,结构化的合作构思任务会激发学习者对写作内容和文章结构的讨论,但这些写前讨论互动与学习者的写作文本质量之间只有中等程度的相关性。此外,研究人员还观察到每个人在合作构思上的参与度并不相同,也就是说,合作构思对每位学习者的效果可能并不相同。Ameri-Golestan 和 Nezakat-Alhossaini(2017)进一步考察了合作构思和个人构思对二语写作的长期影响,发现合作构思和个人构思对二语写作表现不仅具有短期的显著影响,而且具有长期的显著影响。相比较而言,合作构思的影响更为明显一些。

Amiryousefi(2017)研究了个人构思、学习者主导的合作构思和教师监督的合作构思对二语写作的影响,发现三种构思方式均能有效提升学习者的写作表现,但三者产生的影响有所不同。个人构思能有效提升写作的流利度和复杂度,学习者主导的合作构思也能有效提升二语写作的流利度,而教师监督的合作构思能有效提升二语写作的准确度。与 Amiryousefi(2017)的研究相似,Kang 和 Lee(2019)调查了个人构思与合作构思对二语写作的影响。他们发现,合作构思对二语写作的流利度和句法复杂度的影响比个人构思更大,但两者对二语写作的准确度的影响相近,并无显著差异。此外,他们还发现,合作构思对词汇复杂度的影响受写作任务复杂度的影响:在复杂任务上,合作构思和个人构思对词汇复杂度的影响相近;但在简单任务上,个人构思的影响则更为明显。

近年来,一些研究开始考察合作构思在教学中的应用和效果。Pospelova(2021)发现,合作构思能够鼓励不同语言水平的学习者更多地参与到对文本内容和语言的反思中,促使学习者产出质量更高的作文。这说明,这种脚手架式的写前合作构思可以增强学习者的写作技能。因此,Pospelova(2021)认为,合作构思可以作为一种教学活动来解决二语写作的教学困境。此外,Jalleh 等(2021)通过学习者的学习日记,调查了合作构思在二语学术写作教学中的有效性。结果发现,大部分学习者认为合作构思能够帮助他们分享写作想法、提高写作技巧并且建立个人自信。

二、行文相关研究

(一)行文界定

Rohman(1965)将写作阶段分为三个部分:预写(pre-writing)、写作(writing)和重写(re-writing)。其中,写作过程就是行文的过程,即把想法转化成文字的过程。

Britton 等(1975)认为,写作并非将口头语言转换成书面语言,而是在无声的情况下将脑中的想法写在纸上。在他提出的写作模型中,行文过程即"生成"(production)过程,是心理加工过程的关键阶段,任何的口语交流甚至是求助都可能会打断该过程。

Flower 和 Hayes(1981)认为,行文过程就是"转译"(translating)过程,是写作者将内心思想外化为书面文本的一个过程。该过程在写作计划的指导下从记忆系统中获取素材,把观念或构思转化成可接受的书面文字,也就是将内在的心理表征转变成外在的言语符号。

Kellogg(1996)更加强调工作记忆在写作过程中的作用,突出语言在头脑中的转化过程,将写作阶段分为形成(formulation)、执行(execution)和监控(monitoring)三个过程,并指出在执行过程中,语言在大脑中进行排列组合,写作者通过书写或打字来传递信息,产出实际语言,即为行文过程。

(二)研究进展

二语写作是二语学习中的一大难点,也是二语习得研究领域的一大热点。国外对二语写作的实证研究已历时近半个世纪,而国内在这一方面的研究则起步相对晚很多(王文宇、王立非,2004)。近年来,二语写作行文过程研究主要关注行文停顿、写作流利度以及行文策略等方面。

1.行文停顿相关研究

停顿是写作中常见的现象,被认为是研究写作过程实时性的重要指标之一(Matsuhashi,1981)。行文停顿研究对二语写作的理论和实践具有重要意义(朱晓斌等,2013),可以为二语写作过程中的认知加工、策略使用以及影响因素等方面的研究开辟重要路径(Wengelin,2006)。不少研究从任务类型、第二语言水平和写作表现等角度考察了写作过程中的停顿现象。

为了考察不同写作任务对写作过程中宏观构思(global planning)和微观构思(local planning)的影响,Matsuhashi(1981)通过对学习者写作过程进行录像和计时,分析了四位熟练写作者在三种写作任务(报告、议论文和概要)中不同语言单元边界上的停顿时间。研究结果表明,写作停顿时间因写作任务的不同而有所差异,总体上议论文和概要写作比报告写作产生更多的停顿,而且不同语言单元边界上的停顿时间也具有显著差异。因此,Matsuhashi(1981)指出,写作任务对二语写作的宏观构思和微观构思均具有不同程度的影响。之后,许多学者跟随他的脚步继续研究停顿行为和写作构思之间的关系(Chanquoy *et al.*,1996;Sanders *et al.*,1996;Beauvais *et al.*,2011)。Beauvais等(2011)通过有声思维的方法设计了两个实验,以考察行文的在线管理对不同题材写作质量的影响,其中实验一关注行文在线管理与记叙文和议论文写作质量之间的关系,实验二探索写作目标如何影响这种关系。结果发现,议论文和记叙文写作中的停顿时间具有显著差异,学习者在这两类题材的写作中运用了不同的写作策略。此外,他们还发现,当学习者以文本质量为写作目标时,就能写出更好的文章,而文本质量的提升主要与写作前的构思停顿有关。这些发现表明,写作者会根据写作的文本类型和目标要求来协调行文的在线管理,调整自己的写作行为。

随着科学技术的进步,越来越多的研究人员使用更为现代化的研究工具(如键盘记录和眼球追踪)来捕捉和记录写作过程。Miller(2000)使用 jEdit 和 Trace-it 分析了第一语言和第二语言写作者在不同写作任务(议论文和说明文)中五个文本单元位置(字母、单词、词组、分句、句子)上的停顿情况。结果发现,两种任务类型写作中的停顿模式较为一致,在停顿时长和停顿位置上均未体现出显著性差异;但第一语言写作和第二语言写作的停顿具有显著差异,后者在所有文本单元位置上的停顿时间更长,尤其是在分句和句子边界位置。Révész等(2017)采用 Inputlog 5.2 和屏幕捕捉技术考察了第二语言写作的停顿行为,发现在高阶文本单元位置上常常出现较长时间的停顿,而且停顿模式与写作任务类型无关。Medimorec 和 Risko(2017)同样使用 Inputlog 调查了学习者在议论文和记叙文写作中停顿的差异,发现段落间比单词间和句子间有更多的停顿,且议论文单词间和句子间的停顿频次明显高于记叙文。

此外,Barkaoui(2019)使用键盘记录方法比较了综合写作和独立写作中的停顿行为,发现综合写作任务组比独立写作任务组在写作起始阶段的停顿时间更长,而独立写作任务组的段落间停顿时间比综合写作任务组更长。Zarrabi等(2022)使用 Inputlog 8.0 和 XCLASS 研究了停顿与不同复杂程度写作任务的关系。他们发现,随着任务复杂度的增加,二语写作中停顿时间逐渐变长,且在完成复杂任务时,写作者在初始阶段往往会出现短暂的停顿以做心理准备,而在后期会出现较长时间的停顿,以满足认知和推理的需要。Kim(2022)使用键盘记录和刺激回忆访谈相结合的方法探索了任务复杂度和写作行为之间的关系。研究发现,简单任务组在低阶文本单元中出现了更多的停顿和修改,而复杂任务组在高阶文本单元中出现了更长时间的停顿。

在国内,徐翠芹(2021)使用 Inputlog 7.0 记录了 60 名大学英语学习者记叙文和议论文的写作过程。她将学习者的写作过程分成 10 个相等的时间段,通过观察每个时间段停顿频次和停顿时间的变化来考察体裁因素对第二语言写作认知加工的影响。结果发现,在两种体裁的写作初期,学习者皆表现出频次低、时间长的构思停顿,这表明学习者在初始阶段主要进行内容检索和思想组织的认知加工;但在记叙文写作过程中,二语学习者更加关注语言匹配的认知加工,表现为频次高而时间短的停顿,而在议论文写作过程中除了频次高、时间短的语言加工停顿外,同时交错出现了频次低、时间长的内容构思停顿,产生了内容检索和语言匹配的双重认知加工。

除了不同的写作任务,不同的二语水平也会导致不同的停顿行为(Chukharev-Hudilainen *et al*.,2019)。Chanquoy 等(1990)进行了一项实验研究,要求儿童和成人分别为一篇文章续写结尾。结果发现,儿童比成人具有频次更多、时间更长的停顿,但儿童和成人在文本单元位置上的停顿模式基本一致,都在高阶文本单元位置上具有更长时间的停顿。van Hell 等(2008)进行了类似的研究,同样发现儿童和成人均在高阶文本单元位置上产生更多的停顿,而且在不同的写作任务(记叙文和说明文)中停顿模式相似,比如在句法边界上,不管是儿童还是成人,在主句之前都比在并列句之前停顿更长的时间,而在并列句之前又都比在从句之前停顿更长的时间。此外,Sasaki(2002)发现,二语水平更高的写作者会在最初的构思上投入更多的时间,并且在接下来的写作过程中停顿更少。相比之下,二语水平较低的写作者在写作前往往没有制订详细的计划,随着写作的进行,他们会产生更多的任务中构思。Miller 等(2008)对英语作为外语的写作者进行了为期三年半的跟踪研究。结果发现,随着写作能力的提高,写作者的停顿频次和停顿时长都有所减少。此外还有相似的研究,如 Barkaoui(2019)观察到二语水平较高的写作者比二语水平较低的写作者在写作中停顿次数更少,但也发现二语写作水平对写作中的停顿位置没有显著影响。在近期的研究中,Révész 等(2022)发现,二语水平较高的写作者在低阶文本单元间(单词之间)的停顿时间更短。Pascual 等

(2023)发现,语言水平较低的学习者比语言水平较高的学习者停顿次数更多,时间也更长。

在国内,聂玉景和李征娅(2016)利用 Inputlog 和 Range 研究了英语专业学习者和非英语专业学习者在写作过程中的停顿行为。研究发现,在单词和句子层面上,英语专业学习者的停顿时间和停顿次数远多于非英语专业学习者,而二者在段落层面上则并无显著差异。此外,英语专业学习者比非英语专业学习者更注重写作中的词汇多样性和单词密度。徐翠芹(2017)使用 Inputlog 6.0 考察了 112 名不同二语水平大学生在写作中的停顿频次和停顿时长,以此探索中国二语学习者对二语写作认知过程的管理。研究发现,中国二语写作者的停顿行为具有显著的时段特征,而且不同水平二语写作者对写作认知过程管理具有显著的差异性,高水平者的写作过程包含功能清晰的写前规划、产出和通读修改等阶段,而低水平者的写作过程在功能上表现出交叉性和被动性。之后,徐翠芹(2021)使用 Inputlog 和 Camtasia 进一步研究了不同二语水平大学生二语学习者的写作过程。她发现,在 2 秒停顿阈值下,二语水平高的学习者在写作前阶段花费的时间比二语水平低的学习者要少。

此外,停顿对写作质量的影响也是研究人员感兴趣的一个领域。写作者如何管理写作过程,直接关系到文章的质量。通过对停顿行为与文本质量之间关系的研究,也可以深入了解写作者在写作过程中使用的写作策略。

Beauvais 等(2011)使用有声思维的方法,研究了传统纸笔写作模式下记叙文和议论文写作中的停顿行为。研究发现,议论文的质量与写作前停顿的持续时间和构思时间呈正相关关系,这表明写作者花在构思上的停顿比花在转译过程中的停顿对写作质量更加有效。Zarrabi 和 Bozorgian(2020)使用 Inputlog 8.0 对 72 名大学二语学习者的议论文写作能力进行了调查,试图探索停顿行为和写作质量之间的关系。结果表明,长时间的停顿与写作质量呈正相关。之后,Zarrabi 等(2022)在研究中扩展了写作的任务类型,发现在不同的任务类型中,句前最长停顿时间与写作表现之间存在显著的相关性。

2.写作流利度相关研究

流利度是写作表现的一个重要因素(Abdel Latif,2009)。自二语写作过程概念提出以来,有关写作流利度的研究逐渐增多(Wolfe-Quintero *et al*.,1998;Chenoweth & Hayes,2001;Miller *et al*.,2008)。大多数研究聚焦于流利度的定义、有效的测量指标、主要的影响因素以及不同教学模式对写作流利度的影响等方面。

在二语习得领域,学者们对写作流利度的概念仍缺乏统一的定义(Fellner &

Apple，2006；Abdel Latif，2013），不同学者从不同的研究视角对写作流利度的概念进行阐述。从文本研究视角来看，写作流利度主要指文章长度、写作速度及写作质量（Wolfe-Quintero *et al.*，1998）；而从过程研究视角来看，写作流利度主要是指产出符合语法的语句的轻松自如程度（Snellings *et al.*，2004）。然而，写作流利度是一个复杂、多维度的概念，应综合考虑多方因素的影响（Abdel Latif，2013）。Van Waes 和 Leijten（2015）认为，写作流利度不仅受写作者个人能力因素的影响，还受修辞和语境等因素的影响。

就写作流利度测量的指标而言，Abdel Latif（2009）将其分为成果指标（product-based indicator）和过程指标（process-based indicator）两大类。成果指标基于写作的文本，主要包括文本完成速度（如平均每分钟的单词数）、作文分数以及 T 单元（T-units）的数量等。过程性指标基于写作的即时加工过程，主要考察行文过程中的停顿。Van Waes 和 Leijten（2015）运用相关性分析和主成分分析的方法，建立了一个评价写作流利度的多维模型，包括生成、行文、修订和停顿行为，认为只有将四者结合起来才能有效测评写作流利度。在国内，为考察二语写作流利度测量指标的有效性，秦晓晴和毕劲（2012）分析了240 篇英语专业大学生所写文章的流利度特征，指出相对于流利度频数指标，比率指标对写作质量的影响更大，是更为有效的流利度测量工具，如 T 单元长度、无错误 T 单元长度和无错误子句长度。

针对写作流利度的影响因素，Sarkhosh 和 Najafi（2020）认为，写作方式会影响二语写作的流利度。他们考察了合作写作和个人写作对二语写作流利度的影响。结果表明，无论是从长期还是从短期来看，合作写作都会使写作者的行文更为流利。Révész 等（2022）调查了二语水平对二语写作流利度的影响。结果发现，二语水平与写作流利度存在显著的正相关性，而且前者能够有效地对后者进行预测，预测力达 13％。

此外，一些研究考察了二语教学与二语写作流利度的关系，如徐浩和高彩凤（2007）调查了读写结合教学模式对学习者写作流利度的影响。他们指出，写作流利度是可以培养的，读写结合的教学模式有利于提升学习者的写作流利度。Min（2023）也呼吁，二语写作教师应该认识到写作流利度的可教性，及时调整教学活动，以提升学习者的写作流利度。

3. 行文策略相关研究

二语写作行文策略研究主要关注二语写作中的母语使用及其作用。二语学习者在进行听、说、读、写等任务时，常常自觉或不自觉地依赖母语帮助自己理解或输出（王文宇，2002）。不论二语水平高低，学习者在二语写作过程中都或多或少受母语思维的影响,无法有效"关闭"母语的影响(Cook,1992)。

为探究母语思维对不同水平学习者二语写作的影响,王文宇和文秋芳(2002)对 16 名不同水平的大学英语专业学习者展开研究,发现在议论文写作中,低年级(一、二年级)学习者在行文过程中对母语的依赖较大,而中年级(三、四年级)学习者似乎已经摆脱了对母语思维的依赖,在整个写作过程中较少或几乎不用母语思考;也就是说,随着语言水平的提高,学习者的母语思维使用量逐渐降低。她们认为,低年级学习者的文本输出是从一语到二语的翻译过程,高年级学习者的文本输出则是一个直接的二语输出过程。van Weijen 等(2009)对 20 名大学生(母语为荷兰语)展开实验,要求他们分别用母语和英语进行议论文写作,研究结果同样证实二语水平高的学习者在二语写作中受母语的思维影响较小。然而,Wang(2003)的研究则发现,相较于低水平的写作者,高水平的写作者在二语写作时会更频繁地出现母语思维。他认为,低水平者往往依赖直接的翻译来帮助他们克服写作困难;而高水平者为了产出高质量的文章常常需要进行语言转换,借助母语来解决问题和思考相关内容,从而出现了更多的母语思维。

近年来,姜琳等(2019)采用有声思维、回溯性访谈等方法考察了 46 名英语专业一年级学习者在读后续写任务中母语的作用。她们将被试分为三组:读英文续写英文组、读中文续写英文组和读图片续写英文组。研究结果表明,三个组在文本生成过程中均使用母语思考,且使用量上具有显著差异,其中读英文续写英文组使用最少,读图片续写英文组次之,而读中文续写英文组使用最多。此外,她们还发现,写作过程中母语思维使用量与续写文本长度存在显著的负相关性,即学习者在续写过程中使用的母语思维越多,续写的文本越短。

此外,一些研究也考察了二语写作中的其他写作策略,如补偿策略以及运用字典或翻译软件的辅助策略(Yoon,2008;Conroy,2010;Kennedy & Miceli,2010)。Wolfersberger(2003)调查了三位二语水平较低的学习者在写作时使用策略的情况,发现他们在二语写作时常使用补偿策略。他们将二语写作分解成一系列较小的任务,从而降低写作过程中的认知负荷,借此补偿和避免二语写作中的认知负荷过载。这些策略常常会出现在进行头脑风暴、组织文章结构或者将母语转换为二语的过程中。Chun(2004)对行文过程中使用字典的写作者进行了问卷调查和半结构化访谈,发现使用字典这一策略可以帮助写作者在二语写作的过程中减少母语和二语间的词汇差距,有利于提高二语行文的准确度和流利度。Lew(2016)的实验同样说明,在行文过程中,使用词典的学习者比没有使用词典的学习者表现更好,尤其是在词汇准确性和多样性方面更为突出。Chen 等(2015)探索了在线翻译软件对二语行文的影响。研究结果表明,相较于在线字典,在线翻译软件能更好地使写作者在行文过程中受益,提高写作者的行文流利度以及最终的文本质量。Gánem-Gutiérrez 和 Gilmore(2023)利用数字屏幕捕捉和眼球追踪技术调查了二语写作过程中在线词典的使用情况及其对写作质量的影响。结果显示,写作者平均花费 15% 的时间使用在线翻译软件,其中最多的是双语资源,且在线词典的使用对二语写作过程和质量具有显著影响。

三、修改相关研究

(一)修改界定

修改最初被视为是完成作文初稿后的一个独立部分。Lyman(1932)认为,写作中的修改仅限于句子层面的纠错、校对或润色。Murray(1978:87)则将修改定义为"写作者在第一遍草稿(初稿)完成之后,为了更好地让读者理解,与读者沟通,对文本所做的调整行为"。该定义认为写作是一个线性的、阶段性的过程,预设了"写作的三阶段线性模型",即写前、写中和写后的三个阶段。因此,修改被视为在已完成文本中所做的更改。

然而,这一观点受到了一些学者的质疑。随着 Hayes 和 Flower(1980)写作认知模型的出现,研究者开始从认知的视角尝试对"修改"的定义。Hayes 和 Flower(1980)认为,修改包括评估和修改两个子过程,其目的在于提高文章的质量。Sommers(1980:380)则将修改定义为"在作文中产生的一系列改动——这些改动由某些线索/诱因引发,不断地发生,遍布写作全过程,……(修改能)让写作内容不断贴近写作者的想法",其核心为写作者"重新思考的过程"。这些观点将修改视为一个解决问题的过程,贯穿整个写作过程(Fitzgerald,1987)。一些研究者认为,修改是发生在不同写作阶段的连续统一体(Kaufer et al.,1986;Fitzgerald,1987;Piolat,1997;Chenoweth & Hayes,2001),他们还指出修改出现在写作的整个过程中,而不仅仅是在已完成的文本中。Piolat(1997:189)指出,修改是"在写作过程中任何时刻所做的任何评估和改变",他强调修改可以是头脑中想法的改变,也可以是对文本的改动。总的来说,他们的定义超越了修改时间和空间的限制,在后续的研究中被广泛采用(Lindgren & Sullivan,2006;闫嵘,2010;Barkaoui,2016;林莹等,2021)。

随着计算机和互联网的普及,借助计算机进行写作逐渐成为一个重要的写作方式,因此,越来越多的研究开始关注计算机写作(徐翠芹,2011;王俊菊,

2013;胡学文,2015)。与此同时,随着键盘记录软件的出现,修改的概念也发生了变化(Xu,2018)。由于写作者现在可以在写作过程中随时随地修改,因此修改经常以"自发修改"或"在线修改"的表述出现(Xu,2018;林莹等,2021;Lu & Révész,2021)。这些术语强调了修改的时间;也就是说,修改是在行文过程中进行的,而不仅仅发生在已完成的文本中。此外,在写作过程中进行的所有修改是由写作者自己发起的,而不是由老师反馈或同伴反馈所激发的。

(二)修改分类

在早期,由于纸笔写作方式和研究工具的限制,修改常按写作阶段进行分类,包括过程修改和文本修改。前者是指发生在写作过程中的修改,即行文中的修改;后者是指在写作完成后写作者对其写作文本的修改。20 世纪 60 年代以前,研究者将修改视作写作的最后阶段,认为这一阶段的工作可以有效提高文章质量,因此,对文本的修改一直是写作教学领域研究的热点。20 世纪 80 年代,华莱士·道格拉斯(Wallace Douglas)提出了过程写作法(process writing approach),指出写作是一个过程,写作教学和研究应该重视写作过程的每一个部分。因此,过程修改研究也逐渐得到重视。之后,随着键盘记录和眼球追踪等新技术的引入,研究者对写作过程的记录越来越详细,进而对修改的分类越来越细化,分类标准也越来越多元。

修改目的是学者们较为关注的分类标准之一(Faigley & Witte,1981;Myhill & Jones,2007;Barkaoui,2016)。一些学者根据修改目的将修改分为内容修改和语言修改(Stevenson et al.,2006;Barkaoui,2016),前者指对想要表达的想法和内容的修改,而后者指对拼写、词汇、语法等语言错误进行的修改。内容修改和语言修改的关键区别在于所表达的意思是否发生了变化。Myhill 和 Jones(2007)也探究了二语写作的修改目的,将其分为避免重复、增减内容、整体修饰、提升文章的连贯度和准确度等。此外,随着计算机写作模式的逐渐兴起,很多学者提出了打字修改(Lindgren & Sullivan,2006),主要指由于打字错误而做出的更改,比如按错字符、忘按空格。值得一提的是,打字错误有可能是打字失误也可能是拼写偏误:前者指写作者知道如何正确拼写单词,但不小心按错了键(Kollberg,1998),而后者是写作者本来就不知道单词的正确拼写形式,是由于语言能力有限而出现的错误。

除了修改的目的,另一个常见的分类标准是修改的位置。修改的位置揭示了写作者在写作时如何转移关注点。一些学者将修改分为内部修改和外部修改:前者指发生在写作者内心的修改,如改变想法和内容;后者指对书面文本的修改(Lindgren & Sullivan,2006)。对于计算机写作中的修改,一些学者根据"修改时光标移动的距离"来区分修改(Thorson,2000:159),如修改前后光标位置之间的文本行数、短语数或段落数(Stevenson *et al.*,2006;Barkaoui,2016)。Xu(2018)结合以往的修改分类,从时间和空间位置角度,将在线修改分为即时修改(immediate revision)、远程修改(distant revision)和最终修改(end revision)。即时修改是指在文本输入过程中即时的修改,修改位置与文本输入点位置重叠,即"计算机输入光标位置与被修订位置之间的距离为零"的修改(Thorson,2000:160);远程修改是指修订位置不在文本输入点位置的修改;最终修改是在正文完成之后,写作者对所生成文本进行的修改。

写作修改还可以根据不同的语言单元进行分类。Van Waes 和 Schellens(2003)将语言修改分为字母、单词、短语、句子、段落等层次的修改。Barkaoui(2016)将语言修改分为词以下(below-word,包括一个或几个字母)修改、句以下(below-sentence,包括一个或几个分句)修改、句子及以上(sentence and above,包括一个或几个句子)修改等。当然,也有学者将其分为局部(如字母、单词、句子)修改、全局(如段落)修改以及篇章(如语篇)修改(Kobayashi & Rinnert,2001)。

此外,写作修改还可以根据修改的功能进行分类,如替换、添加、删除、排列、分布、合并。Sommers(1980)将写作修改分为四种类型:删除、添加、替换和重组。Faigley 和 Witte(1981)在 Sommers(1980)的基础上对修改的分类进行了细化,将其划分为增补、替换、置换、删除、合并以及拆句等,将分类的关注点放在修改是否保留了文本意义上。后续的不少研究也基本与上述的分类相似,如 Stevenson 等(2006)将修改分为增加、删减、替换和其他,Barkaoui(2016)将修改分为删除、添加、替换、重组和其他。

(三)研究进展

1.修改过程的相关研究

在修改的位置方面,大多数研究发现,学习者更多的是在写作时进行即时修改,而不是在文本完成后进行修改(Lu & Révész,2021;顾琦一等,2022)。例如,顾琦一等(2022)发现,在线上写作的过程中,无论写作者对话题的熟悉度如何,写作者大都倾向于在输入时对文本进行修改,也就是说,写作者大都选择边写边改,很少对文本进行整体的修改。

在修改目的方面,不少研究发现,写作者所做的语言和打字修改远远多于内容修改(Stevenson *et al.*,2006;Révész *et al.*,2019;Lu & Révész,2021)。通过刺激回忆访谈、键盘记录和眼球追踪方法,Révész 等(2019)发现参与者对语言问题的关注大约是对内容关注的 5 倍,这与 Stevenson 等(2006)的研究结果比较一致。Lu 和 Révész(2021)也发现类似的情况,指出二语写作者更关注语言方面的修改,主要是因为其二语水平有限,与母语写作者相比,二语写作者需要在语言使用方面投入更多的认知资源,导致分配到内容修改上的注意力就会减少。虽然形式上的修改占主导地位,但也有不少研究结果表明,经验丰富或语言水平高的二语写作者会对语义甚至语篇进行大量的修改,他们的修改方式也会比那些不熟练或语言水平较低的写作者更为多样(Faigley & Witte,1981;Butler-Nalin, 1984;Roussey, 1991;McCutchen, 1996;Yasuda, 2004;Xu,2018)。

就修改的语言单元而言,大多数研究表明,二语写作者倾向于在句子及单词以下层面进行更多的修改,而避免较高层面(句子及句子以上)的修改(Choi,2007;Barkaoui,2016;Lu & Révész,2021)。这可能与写作者的信念有关,很多写作者认为单词和语法的准确性等同于文本质量(Porte,1996),进行低层面的修改容易获得高分。

至于修改的类型,Barkaoui(2016)发现上下文修改的类型主要为添加,占修改的 50%,其次是替换和删除。写作者似乎更愿意进行内容上的增加,而不是对已写好的内容加以改变(Whalen & Ménard,1995)。不过,Stevenson等(2006)发现替换是最常见的修改类别,其次是添加和删除。

在修改的时间分布方面,一些研究指出,修改随着时间的推移而增加(Roca de Larios et al.,2008;Barkaoui,2015)。另一些研究指出,在写作的不同阶段修改的频率是恒定的(Gánem-Gutiérrez & Gilmore,2018)。还有一些研究则认为,不同写作阶段的修改各不相同,如 Barkaoui(2016)指出写作者在写作的第一和第二阶段倾向于更频繁地即时修改,而在第三阶段则对已完成文本进行更多的修改;此外,Lu 和 Révész(2021)发现,修改在写作的中间阶段最为频繁。

2.影响修改行为因素的相关研究

影响二语写作修改行为的因素众多,一般来说可以归纳为内部因素和外部因素,其中前者包括写作技能、语言水平、工作记忆能力等,后者包括任务类型、主题熟悉程度、时间限制、写作模式和不同的反馈形式等。

关于写作技能,一些研究表明有经验的写作者在修改内容、原因、时间、方式和频率方面与无经验的写作者存在差异。Barkaoui(2007)发现,有经验的写作者相对更为频繁地修改文本,并在多个方面有所差异,包括修改理念、读者意识、修改时间和频率、修改过程、修改重点和修改结果等。Xu(2018)也指出,具有不同熟练度的写作者在写作中使用不同的修改策略。熟练的写作者倾向于把修改推迟到写作文本完成后,但不熟练的写作者则很少这样做。

二语水平也是影响写作者修改行为的重要因素之一(Broekkamp & van den Bergh,1996;Roca de Larios *et al.*,2001;Gánem-Gutiérrez & Gilmore,2018),但已有的研究结果并不一致。比如,Roca de Larios 等(2001)发现随着二语能力的提高,写作者会产生更多的修改;而 Barkaoui(2016)则发现,语言水平较低的写作者会做出更多的修改,尤其是在打字和语言形式方面的修改。

由于当前的一些写作研究是在计算机写作模式下进行的,因此键盘技能也是影响修改行为的重要因素之一。Barkaoui(2016)指出,一旦计算机写作者的打字技能自动化,一些机械化修改,如打字修改,将很少甚至不再消耗注意力资源,也不会干扰写作。但是,较差的打字能力可能会分散写作者的注意力,需要消耗一定的注意力资源,从而会影响对其他内容的监控和修改(Alves *et al.*,2007)。

与此同时,熟练和不熟练的写作者之间的差异通常可归因于工作记忆容量。不熟练的写作者由于大部分写作和修改过程缺乏自动化特征,因此可能会出现工作记忆中的认知负荷过载情况(Daneman & Stainton,1993;McCutchen,1996;Alamargot & Chanquoy,2001;Chanquoy,2001)。Chanquoy(2001)发现,工作记忆容量会影响写作者修改的内容和时间,工作记忆容量越低则写作者修改频率越高。闫嵘(2010)发现,工作记忆容量会对写作的修改策略产生影响:工作记忆容量低的写作者往往无法在表层和意义两个方面同时进行全面修改,他们更侧重局部修改;而工作记忆容量高的写作者往往更侧重全面修改。

除了上述的内部因素外,也有一些外部因素影响着写作者的修改行为。其中,与写作任务相关的因素,如任务类型、复杂度和时间限制等,都是较为重要的外部影响因素。Barkaoui(2016)发现,学习者在综合任务中比在独立任务中做出更多的修改。Révész 等(2017)发现,任务复杂度对写作修改也存在影响,任务复杂度越低产生的修改越多。此外,写作任务的时间限制和写作环境也会影响第二语言写作的修改类型和修改时间。Khuder 和 Harwood(2015)发现,学习者在有时间限制的测试环境下,会做出更多语言方面的修改;而在没有时间限制的非测试环境下,会做出更多意义方面的修改。

此外,不同的反馈形式也会对写作修改产生影响。Suzuki(2012)发现,学习者写完文章后,对语言错误的直接书面反馈有助于学习者在即时修改中纠正错误。吴炜(2015)也提到,就语言错误而言,直接标明错误位置和类型的反馈效果较好。Chapelle 等(2015)发现,反馈能调动二语写作者修改作文的积极性,会在一定程度上增加修改频率。此外,Fukuta 等(2019)发现,间接反馈对写作修改也具有一定的作用,能促使写作者在修改过程中关注到更多的语法错误。

3.修改与文本质量关系的相关研究

不少研究探讨了修改对写作文本的影响,但得出的结论不一。一些研究发现,修改和文本质量之间没有显著的相关性(Stevenson *et al.*,2006;Miller *et al.*,2008)。Stevenson 等(2006)调查了不同类型的修改频率与写作质量之间的关系,发现修改频率和写作质量的相关性非常微弱。Miller 等(2008)也指出写作修改未能使学习者的文本质量得到显著提升。

其他一些研究则得出了截然不同的结果,发现修改与二语写作质量之间存在显著的正相关关系或负相关关系(Bridwell,1980;Makino,1993;Polio *et al.*,1998;Chenoweth & Hayes,2001;Chapelle *et al.*,2015;Diab,2016)。首先,在修改频率方面,Bridwell(1980)发现,修改频率与写作质量之间存在显著正相关性,修改次数少的作文质量较低,而修改次数多的作文质量较高。类似地,Chapelle 等(2015)也发现修改的次数与作文质量呈正相关关系,通过不断修改,学习者的写作成绩得到了提高,尤其是在语言的准确性和文章的可读性上。但是,也有一些研究表明,质量越高的二语作文在写作过程中的修改次数反而越少(Whalen & Ménard,1995;Chenoweth & Hayes,2001)。

在修改策略方面,一些研究指出,修改策略对最终文本质量具有积极作用。Polio 等(1998)观察了 64 名学习者一个学期的二语写作情况,发现写作修改对写作质量具有积极影响,无论是使用与语法、单词、拼写有关的表层修改策略还是与篇章意义相关的内容修改策略,都会使最终文章的语言更加准确。Xu(2018)也指出,修改策略在很大程度上有助于提高最终的文本质量。

在修改反馈的来源方面,一些研究者发现,不仅基于教师反馈的修改能使最终文本质量得到提升(Ferris,1997;Ferris & Roberts,2001;Chandler,2003;Sheen,2007;Suzuki,2012;Chapelle *et al.*,2015;吴炜,2015;Fukuta *et al.*,2019),而且基于同伴反馈的修改也同样会提升文本质量(Lefkowitz & Hedgcock,1992;Caulk,1994;Patchan & Schunn,2015;Ruegg,2015)。Lefkowitz 和 Hedgcock(1992)指出,同伴反馈可以促使学习者更加注意自己文章的修辞结构,从而帮助他们自发地修正文章中的表层错误。Ruegg(2015)也指出,基于教师反馈的修改和基于同伴反馈的修改都能提高学习者的写作质量。

同时,修改的时间点对文本质量也有一定影响。Chanquoy(2001)发现,推迟修改的时间能够使学习者提高修改的频率和深度,使文本质量更高。他指出,行文中的修正会占用写作的认知资源,使修改更低效,而文本完成后的修改会减轻认知负荷,使修改更高效。Xu(2018)发现,文本完成后的修改在很大程度上有助于提高文本质量。这与 Perl(1979)的观点一致,后者认为文本完成后的修改能够使写作者从一个宏观的视角观察要修改的文本,从而提高修改效果。

第二节　影响因素相关研究

Grabe 和 Kaplan(1996)将影响二语写作的因素分为内部因素和外部因素,其中内部因素涉及学习者的心理和知识水平等因素,而外部因素涉及写作背景、写作任务和写作话题等因素。借鉴该分类,本节从内部和外部两个方面介绍写作过程的影响因素,前者包括二语知识、情感因素以及认知加工能力;后者包括母语迁移、任务复杂度以及话题的熟悉度。

一、内部因素

(一)二语知识

二语知识(包括语法和词汇知识)对二语写作起着至关重要的作用(Hyland,2003)。如果学习者对目标语言的词汇和语法结构没有足够的了解,他们就难以恰当地使用目标语言来表达他们的思想(Ferris & Hedgcock,2005)。

作为语言的一个基本表达单元,词汇是影响二语写作的重要因素,甚至学习者的二语词汇水平能够直接反映他们的二语写作水平(Nation,2001)。Grabe 和 Kaplan(1996:275)强调词汇对初级二语水平写作者的重要性,认为"词汇知识不仅支持阅读和写作,还促进句法的灵活性,为进一步学习奠定基础"。通常情况下,学习者在二语写作中遇到的问题多为词汇问题(Cumming,1990)。

不少研究都证明了词汇知识在二语写作中的重要作用。李晓(2007)选择了 168 位非英语专业的学习者作为研究对象,采用词汇水平测试(Vocabulary Levels Test,VLT)和词汇联想测试(Word Associates Test,WAT)作为研究工具,测量被试词汇的广度和深度。研究发现,词汇的广度和深度都对写作具有积极影响,广度知识和深度知识的共同作用对写作成绩的变化产生 45.3% 的预测力,其中词汇深度相比词汇广度具有更强的预测力。Llach 和 Gallego

(2009)也通过实验证明了词汇广度与写作之间存在正相关性,即学习者的词汇量越大,写作水平就越高。Biber 和 Gray(2010)基于大规模语料库调查的结果发现,词汇频度和复杂名词数量最能预测学术写作的质量。因此,他们指出,词汇的多样性是二语写作表现和二语写作发展的重要指标。

此外,不同类型的词汇知识对二语写作具有不同的影响。Choi(2007)通过接受性和产出性词汇广度和深度测试、写作测试和阅读测试收集了 178 名学习者的数据,研究了韩国大学生二语接受性和产出性词汇知识对二语写作表现的直接和间接贡献。结果发现,接受性词汇对写作表现具有间接作用,产出性词汇对写作表现具有直接作用,两者对二语写作都具有正面影响。Johnson 等(2016)进行了小规模的试点研究(pilot study),考察了词汇知识、词汇使用和二语写作表现之间的关系。结果表明,产出性词汇知识与二语写作表现呈正相关关系;然而在实际使用中,高频词族与二语写作表现呈负相关关系。

然而,一些研究也发现,词汇并不是影响二语写作的重要因素。Schoonen 等(2003)通过结构方程模型考察了语言知识、元认知知识和语言知识流利度(语言知识通达速度)在二语写作中的重要性,结果发现二语词汇知识对二语写作的贡献非常小。Baba(2009)的研究也支持了 Schoonen 等(2003)的发现,多元回归分析的结果显示,二语词汇知识整体上对二语写作的影响并不明显,其影响远小于其他因素,如写作元认知知识、阅读能力以及母语写作水平。Schoonen 等(2011)的研究也表明,词汇深度与写作质量之间没有特别重要的关系。与此相似的研究,如 Silverman 等(2015)的研究也发现,词汇深度与学习者的写作质量没有显著的相关性。

此外,有研究发现,词汇知识对不同阶段的二语学习者产生的影响有所差异。Zhang 等(2014)对年龄从 5 岁到 9 岁的二语学习者进行了追踪观察,结果发现词汇广度对不同年龄阶段的二语写作者的作用不一样。在开始阶段,随着年龄的增大,影响不断增加,如 5 岁是 9%,6 岁是 12%,7 岁是 15%。但是,到了 8 岁和 9 岁的时候,词汇广度已不再是影响二语写作的主要因素。

作为语言知识的重要组成部分,语法知识也是影响二语写作质量的重要因素。语法知识不仅是二语写作中的主要困难之一,也是二语写作偏误的主要来源之一。Dušková(1969)收集了来自捷克斯洛伐克 50 名二语学习者的 50 篇作文,发现其中包含了 1007 个语法错误,平均每篇有 20 多个语法错误。Di Gennaro(2016)在收集 134 个二语学习者的作文之后,也发现了不少语法错误,主要包括连接词错误、介词错误、主谓一致错误、句子结构错误和动词使用错误等。白丽茹(2014)以 138 名英语专业大学一年级学习者为被试,研究结果发现语法知识对写作水平具有较好的预测作用。之后,她又以 226 名汉英双语者为研究对象,对英语小句语法连接能力与英语写作水平之间的潜在关系进行了实验研究。结果发现,英语小句语法连接的整体能力及分项能力均与英语写作变量存在显著的正相关性,但相关程度存在个体差异。程勇(2022)从语法丰富性角度对二语写作中的语法产出质量进行分析,研究结果表明,语法丰富性的三个维度对写作质量均具有显著影响,其中语法复杂度和准确度在全分段中均具有显著影响。

此外,也有一些研究结果表明,词组和从句的复杂度与写作质量存在显著的相关性。Kyle 和 Crossley(2018)发现,复杂名词短语的数量和介词宾语的从属项数量与二语写作质量之间存在显著的相关性。Biber 等(2016)发现,名词词组复杂度比从句复杂度更能够反映二语写作水平,与写作质量的相关性也更强。O'Leary 和 Steinkrauss(2022)分析了 3 名荷兰本科生的 42 篇学术写作文本。研究发现,句子和短语的复杂度与写作质量之间存在着中度到高度的相关关系。刘立爽(2022)以 330 篇 2018 年全国卷高考英语作文作为语料,对其进行句法复杂度分析,探究高中生英语写作的名词词组复杂度特征。研究发现,名词词组比率与写作质量存在显著的相关性。

(二)情感因素

情感领域的变量,如写作焦虑和写作动机,是第二语言写作研究中的关键因素,长期以来受到学者的关注(Pintrich ＆ Schunk,2002;Wolters 2003;Teng ＆ Zhang,2016)。其中,写作焦虑被认为是影响外语学习的关键情感因素之一(Ellis,1994),对二语写作具有较大影响。

早期关于写作焦虑的研究倾向于关注二语写作过程中经历的困难和压力(Daly ＆ Miller,1975;McLeod,1987;Madigan *et al.*,1996)。自 20 世纪 70 年代 Daly 和 Miller(1975)开发出焦虑量表以来,写作焦虑与写作表现之间的相关性成为研究的焦点。绝大多数关于外语写作焦虑的理论和实证研究结果表明,英语写作焦虑与英语写作水平呈负相关关系,焦虑水平高的学习者写作表现往往比焦虑水平低的学习者差。Daly(1978)使用焦虑量表测量了 3602 名本科生的写作焦虑程度,并对写作焦虑与写作能力之间的关系进行了研究。结果表明,写作焦虑与写作水平呈负相关关系。Faigley 和 White(1981)也指出,焦虑与写作表现呈负相关关系。他们发现,高焦虑程度写作者传达的信息较少,句子的长度更短,内容也更简单,而且写作中经常停顿;而低焦虑程度写作者的句子更完整,内容更丰富,写作中停顿也更少。Tobias(1986)从认知心理学角度解释了写作焦虑对写作表现产生消极影响的原因,认为高焦虑学习者自信心弱,无法完全专注于任务,从而导致与任务无关的想法和与任务相关的想法相互竞争,争夺有限的注意力资源,从而对他们的写作行为产生负面影响。

国内学者也对写作焦虑进行了大量研究,发现写作焦虑在中国英语学习者中普遍存在,并且与写作水平呈负相关关系,严重影响了学习者英语写作能力的提高。李航和刘儒德(2013)以294名非英语专业大学一年级学习者为研究对象,调查了写作焦虑和写作自我效能感对写作成绩的预测力。结果表明,外语写作焦虑与写作成绩呈显著负相关关系。之后,李航(2015)追踪考察了330名非英语专业学习者英语写作焦虑与写作成绩之间的关系。结果显示,学习者学期初的写作焦虑能够显著预测他们学期末的写作成绩,且两者呈负相关关系。最近,詹剑灵等(2022)以44名英语专业大学二年级学习者为研究对象,探究了二语写作焦虑与写作成绩之间的关系。实验结果显示,二语写作焦虑与写作成绩呈显著负相关关系,尤其是构思焦虑水平越高,写作成绩越低。

虽然一些研究表明二语写作焦虑对二语写作表现具有显著负面影响(Lee,2005;Zabihi,2018),但也有一些研究得出不同的结论(Hassan,2001;Woodrow,2011;Choi,2013)。Marcos-Llinás和Garau(2009)研究了焦虑对西班牙语初级、中级和高级三个外语水平课程成绩的影响。结果显示,焦虑程度高的学习者的课程成绩并不一定比焦虑程度低的学习者的课程成绩更低,大多数参与者均存在中等水平的语言焦虑,而这些语言焦虑对课程成绩并未产生显著影响。Negari和Rezaabadi(2012)则指出,焦虑对二语写作具有一定的促进作用,并建议教师充分利用焦虑的促进作用来提高学习者的二语写作成绩。

此外,动机也是影响二语写作表现的另一个重要情感变量。动机是指学习者持有的愿望和努力等态度的综合(Gardner,2001)。良好的动机对于二语写作具有重要作用(Zhang,2016)。写作者自身的动机对二语写作能够产生直接或间接的影响(Teng & Zhang,2018),在复杂的写作任务中其影响尤为明显(Rahimi & Zhang,2019;Kim & Pae,2021)。另外,还有一些研究发现写作动机对二语写作的影响并非线性。王春岩等(2021)考察了英语写作动机调控策略对写作成绩的影响,发现写作动机调控策略与写作成绩之间并非线性相关,而是呈现先升后降的曲线形态。

(三)认知加工能力

除了二语学习者的语言能力和情感因素会对二语写作过程产生影响,二语学习者的认知加工能力也会对二语学习者的写作过程产生影响(Hayes &

Flower,1980;Kellogg,1996、2001)。McCutchen(1996)认为,熟练的写作者在二语写作过程中能够有效地管理认知资源,认知加工效率更高、能力更强;相对而言,不熟练的写作者在二语写作过程中认知加工效率低下,需要消耗更多的认知资源。

这方面的相关研究主要集中于考察学习者工作记忆能力对二语写作的影响。在国外,Swanson 和 Berninger(1996)通过句子广度和书面测试,考察了工作记忆与二语写作之间的关系,发现工作记忆与写作能力之间存在显著的相关性。Bergsleithner(2010)的研究也发现,工作记忆容量与写作的准确度和句法的复杂度都具有显著的相关性。Yi 和 Ni(2015)的研究结果表明,工作记忆对学习者书面输出的流利度和句法复杂度具有显著的影响,但对准确度则没有显著的影响。Zabihi(2018)认可 Yi 和 Ni(2015)关于工作记忆与复杂度和流利度存在紧密联系的观点,但指出工作记忆对学习者写作表现的准确度存在负面影响。然而,Kormos 和 Sáfár(2008)与 Lu(2015)指出,工作记忆与二语写作能力之间不存在显著的相关性。

国内的不少学者对工作记忆与写作之间的关系也进行了研究,主要考察工作记忆容量对于二语写作的准确度、复杂度和流利度的影响。易保树和罗少茜(2012)考察了工作记忆对写作输出的准确度、流利度与复杂度的影响。研究发现,工作记忆容量对写作输出的准确度具有显著的影响,高容量组写作者的书面语产出准确度明显高于低容量组。易保树和倪传斌(2015)进一步发现,工作记忆对写作的准确度和句法复杂度均有显著的影响。同样,靳红玉和王同顺(2021)也发现,工作记忆容量对写作者二语写作的复杂度和准确度均有显著的影响。

二、外部因素

(一)母语迁移

"迁移"本身是心理学的概念,指的是一种学习对另外一种学习的影响。Lado(1957)指出,母语和二语之间存在着异同,且这个异同会带来一定的影响,两种语言系统之间的相同之处会带来正迁移,而两种语言系统之间的差异则会带来负迁移。与此同时,Lado(1957)也对母语迁移的范围进行了划分,将母语迁移分为表层的母语迁移和深层的母语迁移:前者包括母语的语音、词汇和语法等对二语的语音、词汇和语法的影响,后者包括母语的思维方式、文化传统等因素对二语写作的影响。

随着母语迁移研究的不断深入,越来越多的研究者开始关注母语迁移对二语写作的影响。一些研究发现,母语迁移可以对二语写作中词汇的运用产生一定的影响。Correa-Beningfield(1990)让母语是西班牙语的二语学习者用给定的英语介词进行英语写作。结果发现,这些学习者在写作过程中会倾向于用与母语一致的介词进行写作,他们对于词汇的选择受到了母语迁移的影响。Odlin(2004)也指出,二语写作中的词汇选择会受到母语迁移的影响,因而对写作产生消极的作用。郭嘉等(2022)对60名大学英语学习者的写作产出进行了研究,发现母语的负迁移会导致词汇搭配和运用的错误。

学界就母语迁移对写作中句法的影响进行了较多的研究。Bhela(1999)以4名英语作为第二语言的学习者为研究对象,让这些学生用母语和英语分别进行写作,结果发现作文中母语与英语混搭的句子超过50%,显然二语句法受到了母语的巨大干扰。周立(2009)对大学英语学习者写作中的句法错误进行了研究。结果表明,语法迁移是主要偏误来源之一,主要表现为流水句、主谓不一致、被动语态的错误使用、主语省略和there be结构的错误使用等方面。

此外,母语迁移对写作的语篇也产生一定的影响。Lee(2003)对二语学习者的写作文本展开了研究。结果发现,在写作文本中一共出现了大约2000个错误,其中语篇错误占了27%。Uzawa(1989)指出,学习者在进行英语写作时,喜欢将母语直接翻译成英语,而母语与英语之间存在的差异使得写作语篇出现负迁移的现象。Scollon(1991)指出,语篇负迁移是由不同的文化背景和价值观所导致的,如中国人说话比较委婉,在进行英语写作时一般不会在文章的开头就直接表达自己的观点;而英语母语者在写作中倾向于在文章的开头直接表达自己的观点,然后再进行论证。因此,由于文化的差异,中国的二语学习者在进行英语写作时,就会很自然地出现由母语迁移而引起的不符合英语表达习惯的语篇负迁移现象。

(二)任务复杂度

除了学习者本身母语迁移外,写作任务复杂度也会影响二语写作的水平和质量。Ishikawa(2007)以日本54名学习者的作文为语料,研究任务复杂度对二语写作的影响。结果显示,当任务复杂度提升时,写作的流利度以及句法的复杂度随之提高,但写作的准确度降低。Rahimpour和Hosseini(2010)探究了任务复杂度对伊朗学习者二语写作的影响,同样发现任务复杂度对写作流利度具有积极的影响。

此外,也有一些研究考察了任务复杂度对写作中词汇产出的影响。Kuiken和Vedder(2007、2008)发现,复杂的写作任务能够增加写作中词汇的多样性。

Frear 和 Bitchener(2015)发现,写作任务复杂度可以提高写作中词汇的复杂度和多样性。同样,Rahimi(2019)也发现,写作任务复杂度可以促进写作中词汇的复杂度。在近期的相关研究中,Abdi Tabari 等(2023)以 58 名大学二语学习者为研究对象,探讨了任务复杂度对写作中词汇复杂度的影响。结果表明,随着任务复杂度的升高,写作中的词汇复杂度具有显著的提升。

但是,也有一些研究表明,任务复杂度对二语写作中的词汇没有显著的影响。Kuiken 和 Vedder(2007)的研究结果显示,任务复杂度对二语写作中的词汇没有显著的影响。Cho(2015)指出,文本词汇的多样性和复杂度在不同复杂等级的任务中没有显著的差异。Golparvar 和 Rashidi(2021)也发现,任务复杂度对词汇复杂度没有显著的影响,但对写作中的词汇多样性具有积极的影响。

在国内,巨月(2014)调查了任务复杂度对非英语专业学习者英语写作的准确度、复杂度和流利度的影响。结果表明,任务复杂度对写作的准确度和词汇的复杂度有重要的影响,任务越复杂,写作的准确度越低,产出的词汇越复杂,但任务复杂度对句法的复杂度和流利度没有显著的影响。邢加新和罗少茜(2016)发现,任务复杂度对语言准确度具有负面的影响,但对复杂度具有积极的影响。韩亚文和刘思(2019)发现,任务复杂度对写作句法复杂度具有负面的影响,任务复杂度越高,写作句法复杂度反而越低。靳红玉和王同顺(2021)的研究结果则发现,任务复杂度对于句法复杂度、词汇复杂度和准确度均有显著的影响。

(三)话题熟悉度

话题熟悉度是指二语学习者对写作话题背景知识的了解程度。话题熟悉度不同,学习者的图式知识及其自动化程度也会存在差异,进而对写作结果产生一定的影响(顾琦一等,2023)。

在国外,Winfield 和 Barnes-Felfelis(1982)调查了话题熟悉度对二语写作的影响。研究结果显示,写作者对话题的熟悉度越高,其作文的总长度、语法准确度和 T 单元长度等方面越好。Salimi 和 Fatallahnejad(2012)探究了话题熟悉度对二语写作的准确度、复杂度和流利度的影响。结果表明,话题熟悉度与写作的复杂度呈正相关关系,而与写作的准确度和流利度无显著的相关关系。Yang 和 Kim(2020)同样从准确度、复杂度和流利度三个维度出发,考察了话题熟悉度对二语写作的影响,发现话题熟悉度对二语写作的词汇复杂度具有显著的影响。

在国内,王丽萍和吴红云(2020)选取 616 名中国英语学习者为研究对象,

31

以 4 项复杂程度不同的英语写作任务为实验材料,考察了写作任务中背景知识对语言复杂度的影响。研究结果显示,学习者的背景知识与其产出的词汇多样性呈负相关关系。顾琦一等(2022)调查了话题熟悉度对英语写作准确度、复杂度和流利度的影响,发现话题熟悉度对英语写作的句法复杂度和准确度具有显著的促进作用,但对流利度的影响并不明显。此外,顾琦一等(2022)还考察了话题熟悉度对写作过程中修改的影响。结果发现,在学习者语言能力和认知资源有限的情况下,话题熟悉度对写作修改总量没有显著的影响,但是熟悉话题释放的认知资源会对修改类型的分布产生影响。谭雯婷和徐玲(2022)则重点研究了写作话题熟悉度对英语写作中语体意识的影响,发现话题熟悉度与语体意识呈负相关关系。

第三节　写作过程研究方法

随着计算机的普及,人们的写作模式也逐渐从较为单一的传统纸笔写作扩展到计算机写作。这种转变促使了写作过程研究方法的转变。传统的纸笔写作过程研究大多采用有声思维、刺激回忆访谈和课堂观察法,但课堂观察法常受研究者观察能力和观察视角的限制,应用范围相对较为有限。近年来,随着计算机技术的发展,键盘记录和屏幕录像被用来研究计算机写作过程。相较于其他方法,键盘记录具有准确性高、干扰性小的独特优势。本节将对使用较为广泛的有声思维、刺激回忆访谈和键盘记录三种方法进行介绍。

一、有声思维

有声思维是一种识别认知和元认知过程的方法,要求参与者在思考、解决问题或学习时将思考过程口头表达出来(Ericsson & Simon,1993)。这一研究方法需要学习者在完成任务的同时报告自己的学习过程,所以与问卷调查和访谈等回顾性方法相比,有声思维可以更准确地捕捉学习者的学习过程(Yoshida,2008)。在二语写作中,有声思维指的是学习者在完成任务的同时讲述自己的心理认知状况,该方法能够探究写作者在写作过程中的内在认知思维,进而探索思维过程中的策略使用及其影响因素(郭纯洁,2015)。

有声思维方法具备一定的特殊性,需要通过实验设计和操作训练来增强方法的有效性(Baumann *et al.*,1992;郭纯洁,2007;Yoshida,2008)。也就是说,在采集有声思维数据前,研究者需要对参与者进行必要的训练和指导,确保参与者了解有声思维的目的、操作方法及注意事项等,并在参与者进行有声思维训练时进行指导和提示,帮助他们更准确、更完整地报告思维过程(Pressley & Afflerbach,1995),直至他们能够熟练、自然地运用有声思维方法。另外,为避免外部环境对有声思维数据采集的影响,实验时应尽量选取参与者比较熟悉且安静、舒适的环境,同时注意录音、录像设备的隐蔽性。在收集有声思维数据后,还需对数据的有效性和可信度进行评估,通常采用思维逻辑评价的方式,而非统计检验。最后,可根据具体的研究问题和目标,采用相应的方法对数据进行分析。

由于有声思维能够探索学习者的内在认知思维,因此,自 20 世纪 80 年代开始,该方法成了第二语言研究收集数据的一种重要方式,如采用有声思维考察翻译思维过程(Chin & Obana,1991;王巍巍、李德超,2015)、二语测试策略(Warren, 1996;Cohen, 2000)、二语写作策略(Mahfoudhi, 2003;姜琳等,2019)、二语听力理解策略(Vandergrift,2003;赵国霞、桑紫林,2016)、二语阅读策略(Abbott,2006;瞿莉莉,2014)、二语语用能力习得(Taguchi,2008)、二语词汇习得(谢元花、魏辉良,2016)以及二语内隐学习(黄骞,2023)。

在国内,运用有声思维方法进行二语写作的研究,大致可分为以下几类。一是运用有声思维探究影响二语写作能力的因素。文秋芳和郭纯洁(1998)运用有声思维的方法探究母语思维与写作成绩的关系,结果表明二者之间呈显著的负相关关系。杨淑娴(2002)采用有声思维的方法研究写作过程中策略使用与写作水平的关系,发现不同英语写作水平的学习者在写作过程中使用的写作策略不同:英语写作水平高的学习者在写作时更注重选题,在准备阶段花费的时间比英语写作水平低的学习者更多,在排练次数、回读次数、修改次数上也比英语写作水平低的学习者更多。吴红云(2006)通过有声思维方法探究时间限制对英语作为外语的学习者的作文成绩的影响,发现时间限制对写作过程和写作成绩有明显的负面影响。周保国和唐军俊(2010)采用有声思维方法考察写作焦虑对二语写作的影响,发现二者呈负相关关系,即写作焦虑程度越高,写作质量越差。

二是运用有声思维方法检验不同二语写作方式的效果。刘春燕(2009)运用有声思维方法考察文本重写任务的思维过程及其效果,发现文本重写任务能够促进学习者发生策略性转变,促进句法重构和词汇重构。王初明(2015)运用有声思维方法探究读后续写任务中的语言协同效应及其产生的机理。结果表明,读后续写能够提高学习者的表达力,这印证了读后续写的有效性。

三是运用有声思维研究二语写作的认知过程。修旭东和肖德法(2004)考察了 48 名英语专业学习者的写作认知过程,发现学习者的写作认知过程大致可以分为"确定目标""调整主题与体裁""产生思想""组织思想""表达""检查"六个方面,而在"组织思想"和"表达"方面,高分组比中、低分组明显表现得更好。赵永青和孙鑫(2009)运用有声思维方法对两位英语专业学习者的写作过程进行了个案研究。研究表明,在写作过程中,两名被试最为注重的都是语言,其次是内容,最后是结构。

尽管有声思维方法在第二语言研究中有着重大的理论意义和应用价值,但它仍具有一定的局限性。有学者提出,有声思维方法在实施过程中可能无法准确、完整地反映学习者的思维(Ericsson & Simon,1993;Barkaoui,2011;郭纯洁,2015)。

首先,有声思维或多或少会干扰写作者正常的写作过程,因此它在一定程度上改变了原来的认知过程(Faigley & Witte,1981)。通过对照有声思维实验结果和传统任务实验的结果,发现有声思维的实验结果可能受到报告类型、学习任务、使用语言等变量的影响(Bowles,2010)。

其次,并非所有的心理活动都会被参与者用有声思维汇报出来,有声思维与无声思维可能是两种不同的思维过程(Cooper & Holzman,1983)。已有研究表明,有声思维受到诸如任务类型、参与者年龄和有声思维指导等变量的影响(Afflerbach & Johnston,1984;Bowles,2010)。任务明确程度、研究者和参与者之间的文化差异、性别以及学习风格等个体差异都可能导致参与者最后输出语言不完整、不准确(Barkaoui,2011)。

最后,由于有声思维方法是一种耗时的劳动密集型实验方法,因此研究者收集数据具有一定难度(Bråten & Samuelstuen,2004)。

为了弥补有声思维方法的不足,不少学者通常会结合其他手段进行数据收集。例如,杨淑娴(2002)采用问卷、有声写作和访谈三种方法考察了 66 名英语专业学习者写作策略与写作水平的关系。Abdel Latif(2019)同时使用有声思维与访谈两种方法,研究了学习者的二语写作过程;陶娜和王颖(2022)采用有声思维和回顾式访谈方法,研究了资源导向型任务复杂度对外语写作过程中语言形式注意和修改的影响。

二、刺激回忆访谈

刺激回忆访谈(stimulated recall)是一种要求参与者回忆他们在执行先前任务或参与先前事件时想法的方法(Gass & Mackey,2000)。该方法由 Bloom(1953)较早提出,用来研究学习者在讲课和讨论环节时的思维过程。Bloom

(1953:161)认为,"如果向参与者提供在原始情境中出现的大量线索或刺激,参与者就有可能生动、准确地再现原始情境"。针对事件的一些有形的提示,如视觉或听觉的提示,将刺激和促进参与者对事件中心理过程的回忆,帮助参与者在思想上参与到原始事件当中。

刺激回忆访谈的方法主要基于回忆准确性的假设。Bloom(1954)认为,回忆可以有效获取个人在一个事件中的想法。他通过记录课堂事件来验证回忆的准确性,要求参与者回忆录音内容中发生的事件。结果发现,如果在事件发生后很短的一段时间内(通常在48小时内)进行回忆,那么回忆的准确率为95%,但准确度随着事件与回忆之间间隔时间的增加而下降。Ericsson和Simon(1993)也指出,这种通过反思事件来访问事件期间认知过程的方法具有可行性。他们认为,个人在执行任务时产生的想法信息被存储在长时记忆中,在事件完成后,短期记忆中仍然存有检索线索,可以有效地检索认知过程中的想法信息。

刺激回忆访谈在实际的实验设计中一般涉及以下几个部分:准备、训练、刺激选取、回忆类型确定以及数据处理。首先,研究人员与参与者在实验开始前需进行一定的准备,研究人员需要设计实验程序,准备实验工具,如录音、录像工具,还需要对参与者进行任务和实验程序的说明。其次,在正式实验开始之前,研究人员还需对参与者进行训练,以提高结果的可靠性。然后,研究人员需要选取和确定刺激类型。刺激回忆访谈的刺激主要包括提问、录音和录像等(Henderson & Tallman,2006)。我们可以根据实验目的选取相应的刺激类型。之后,还需确定回忆类型。不同类型的回忆,其采用的实验与回忆之间的间隔时间不同。Ericsson和Simon(1993)指出,回忆类型主要有三种,分别是连续性回忆、延迟回忆和非近期回忆。连续性回忆指在实验完成后马上开始回忆,实验与回忆之间的间隔时间很短;延迟回忆指回忆在实验完成一定时间后开展,两者之间存在一定的间隔时间;非近期回忆指回忆在实验完成相当一段时间后进行,两者的间隔时间较长。最后,研究人员进行数据处理,主要包括转录、编码、数据描述以及分析等过程。刺激回忆访谈数据的分析可以是定性分析,也可以是定量分析。不论是定性分析还是定量分析,在分析之前都需要对数据的可靠性进行评估。刺激回忆访谈的数据通常是由研究人员收集的,他们会参与转录、编码、评估和分析数据等工作。然而,他们的高度参与也可能会导致数据的评判和分析出现偏向性等问题。

在二语习得的研究中,刺激回忆访谈也是常用的方法之一。Kahng(2014)就采用了刺激回忆访谈的方法,调查了英语作为第一语言的学习者和英语作为第二语言的韩国学习者在英语口语的流利度方面的差异。该研究要求韩国学习者在演讲任务结束后,借助录音回忆自己在停顿时的想法。结果表明,一语学习者与二语学习者在口语产出速度、产出句子长度以及停顿等方面都存在差异。Polio 等(2006)同样采用了刺激回忆的方式,调查了互动经验对二语教师的影响。研究人员让两组具有不同互动经验的二语教师参与测试,还让参与者观看互动录像并对互动进行评论。研究结果表明,有互动经验的教师更关注学习者的学习情况,而缺少互动经验的教师则更关注学习任务的推进情况。

与事后采访和有声思维相比,刺激回忆访谈具有一定的优势。事后采访过程没有任何的提示,完全依赖受访者的记忆,容易出错,可靠性低,而刺激回忆的方法借助刺激手段可以更好地帮助参与者进行回忆,具有更高的可靠性。同时,相较于有声思维,刺激回忆访谈操作更为简便,不需要大量的训练,也不会干扰二语写作过程。

当然,刺激回忆访谈也存在一定的局限性。首先,刺激回忆访谈中,回忆的数据可能存在信度和效度的问题。当回忆与实验阶段的间隔时间较长时,参与者的回忆受认知连贯性的影响,往往会对间隔时间进行记忆填充,从而影响回忆的准确性(Jenkins & Tuten,1998)。其次,该方法在数据处理与评估时比较依赖研究人员,他们的评估水平可能会较大程度地影响刺激回忆访谈数据的可靠性(Gass & Mackey,2016)。最后,参与者的回忆效果会受到回忆时情感与认知状态的影响。例如,使用视频形式的刺激回忆访谈方法调查二语教师的教学情况时,二语教师紧张的情绪可能会影响回忆的内容(Fuller & Manning,1973)。有时,参与者的一些行为属于下意识行为,他们在回忆时也难以说明出现这些行为的原因(Calderhead,1981)。

三、键盘记录

近年来,随着计算机等电子设备的普及,键盘记录和屏幕捕捉的技术被逐步应用于写作过程研究。键盘记录(keystroke logging)或击键记录通过软件记录写作过程中所有键盘按键操作、鼠标移动和按键停顿等,并通过记录的键盘和鼠标操作信息及其时间分布情况,重构和展示文本生成的过程(Berninger,2012;Chan,2017)。迄今为止,键盘记录主要应用于以下一些研究:一般认知写作过程研究、写作策略研究、儿童写作发展研究、第一语言和第二语言写作对比研究、专家和新手二语写作研究及专业技能领域(如翻译和字幕)写作研究(Leijten & Van Waes,2013)。例如,Lindgren 和 Sullivan(2003)使用键盘记录方法记录了写作者的写作过程,并通过键盘记录回放让他们对写作活动进行回忆。

键盘记录方法常用于探索二语写作的潜在认知加工过程(Leijten & Van Waes,2013)。当前研究主要通过分析二语写作中的停顿(长度、数量、分布、位置等)和修订(数量、类型、操作、位置等)等特征,考察其认知加工过程(Barkaoui,2016;Xu,2018;Révész *et al.*,2019)。Chukharev-Hudilainen(2014)采用键盘记录调查了自发写作交流过程中停顿的特征,分析其停顿分布,并对分布参数进行了心理语言学解释。Vandermeulen 等(2020)也采用键盘记录的方法调查了二语写作过程中反馈对写作过程的影响。在国内,黄丽燕、程一丹(2023)使用键盘记录考察了 35 名高三学习者在计算机上完成高考英语读后续写测试时的停顿行为,发现在读后续写测试中,被试在写作前、中、后期的停顿次数和停顿时长有所差异,从前往后停顿次数不断减少,停顿时间不断增加,且写作成绩与停顿频次呈负相关关系。

在二语写作过程研究中,较为广泛使用的键盘记录软件有 Scriptlog 和 Inputlog。Scriptlog 主要用于实验研究,可与眼球追踪技术结合使用。Inputlog 软件常用于多模态写作研究,软件中包含记录、预处理、分析、后处理以及播放五大模块。该软件通过记录用户的输入,并根据时间记录这些活动,可生成详细的 XML 数据文件。这些文件包含了写作过程中的计算机操作信息,包括击键、鼠标移动和焦点事件(如访问的网站、使用的程序),可用于各种分析,并生成活动记录的详细反馈报告,报告主要包括时间特征(打字和停顿的时间)、流程描述(最终字数、总打印字数和每分钟字数)、停顿行为(停顿频率、平均停顿长度、词内、词间和句子间的停顿信息)、修订行为(总修订次数、每 100 字平均修订次数、平均修订时间)、资源使用(在 Microsoft Word、Internet Explorer 等方面花费的时间)以及写作过程图等。

与有声思维、刺激回忆访谈等方法相比,键盘记录有其独特的优势。首先,键盘记录的方法对研究者而言成本相对更低,更易展开大规模的调查。有声思维和刺激回忆访谈需要对调查对象进行相关培训,花费较多的时间和精力,且通常需要每位参与者单独进行,难以开展大规模的调查。相比较而言,键盘记录的方法操作便捷,调查对象也不需要佩戴额外的设备(Choi,2021)。其次,键盘记录获得的数据精确度高,能有效避免对写作过程的干扰,且调查结果更符合真实情况,另外其实验结论的可推广性也更强(Leijten & Van Waes,2013)。此外,键盘记录可以对写作过程进行完整记录,显示文本的动态生成过程。因此,该方法为深入研究写作的时间进程开辟了新途径(Miller *et al.*,2008)。最后,键盘记录不需要观察者,也不需要其他人员的参与,可以保证数据的客观性和有效性(Bowen & Thomas,2020)。

当然,键盘记录的方法也存在一定的局限性。首先,在二语写作的研究中,使用键盘记录方法获取数据时,较难获取调查对象所采用的写作策略等信息(Schrijver *et al.*,2012)。其次,使用键盘记录方法时,在数据处理过程中,一些测量标准仍存在争议。例如,关于"停顿"或"修订"的实际测量标准,不同学者的意见并不统一。最后,键盘记录软件的数据输出结构不尽相同,可能会给研究人员在数据交换时带来困难。

为避免上述的一些不足,键盘记录可以与其他的研究工具结合使用。例如,可以将键盘记录与有声思维结合使用,两者所获得的数据可以相互补充,键盘记录数据可以为有声思维提供精确的过程信息,而有声思维数据可以为键盘记录数据提供相应的解释(Leijten & Van Waes,2013)。此外,键盘记录也可以与眼球追踪方法(如 EyeLink、Tobii)相结合。例如,王兰忠(2016)将键盘记录软件 Inputlog 与眼动仪相结合,开发了一套具有键盘记录与分析功能的中英双语写作过程分析软件,并通过实证研究证实了该软件的有效性。键盘记录与眼动仪相结合,可以使研究人员分析写作过程中的阅读活动,考察阅读和写作之间的相互作用,进一步深入探索写作过程中的认知活动及其相互关系。

第三章　写作理论模型

19世纪70年代以前,写作研究的理论基础主要是修辞学,通过研究文本来研究写作,如研究作家、记者的信件或传记(Levy & Ransdell,2002)。20世纪以来,随着心理学、认知心理学和社会语言学的发展,写作开始被视为一个复杂的心理认知过程,写作研究逐渐从产品导向转向过程导向(Emig,1971),写作不仅被视为一种书面产品,也被视为一个动态的过程。

学界从不同角度对写作的心理认知活动进行了深入探究,并提出各类写作过程理论和模型,主要包括阶段式模型、认知过程模型、社会互动模型、社会认知模型(王俊菊,2005)。20世纪20年代,Wallas(1926)将写作过程分为四阶段。60年代,Rohman(1965)提出了更具代表性的三阶段模型。随着70年代以来认知心理学的发展,学界开始从心理学视角探讨写作活动的心理过程,并逐渐形成了认知过程模型,其中Hayes和Flower(1980)提出的写作认知过程模型最具影响力。为进一步考察写作过程中工作记忆的功能和作用,Kellogg(1996)将Baddeley(1986)的工作记忆模型与Hayes和Flower(1980)的写作认知过程模型相结合,提出了写作工作记忆模型,强调了工作记忆在写作中的重要性。

20世纪80年代以来,基于社会语言学和社会心理学的写作研究逐渐兴起,学界开始关注社会、文化、互动等因素对写作行为的影响,提出了社会互动模型和社会认知模型,突出了写作的社会性和交际功能。社会互动模型主张从写作社会交流功能的角度研究写作过程,Nystrand(1989)认为,写作者需要对文稿进行论证,并回归到与读者共享社会实体的状态,由此提出了社会互动模型框架。20世纪末,Grabe和Kaplan(1996)从社会认知的角度出发,指出写作活动是内因和外因共同作用的结果,并构建了写作交际能力模型。

本章将对较有影响力的写作认知过程模型、写作工作记忆模型和写作社会互动与交际模型加以介绍。

第一节 写作认知过程模型

美国卡内基梅隆大学心理学系教师弗劳尔和英文系教师海耶斯建构的写作过程模型被视作写作领域最具影响的写作模型之一(Abdi Tabari,2021)。该模型为写作心理研究提供了理论框架,并产生了深远影响。Flower 和Hayes(1981)在 Hayes 和 Flower(1980)提出的模型基础上稍做修改,提出了新的版本,该版本对写作认知心理过程进行了较为全面的描述,本节就Flower 和 Hayes(1981)的模型进行介绍。

Flower 和 Hayes(1981:370)的写作过程模型包含任务环境(task environment)、写作者的长时记忆(writer's long-term memory)和写作过程(writing process)三个部分(见图 3-1)。

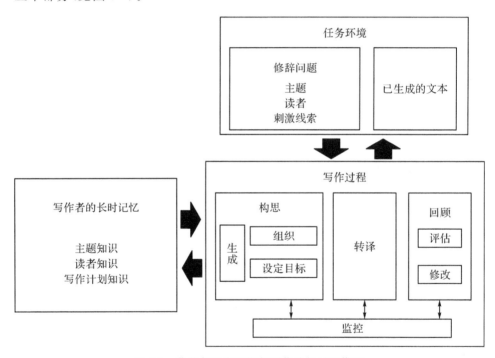

图 3-1 弗劳尔和海耶斯的写作认知过程模型

任务环境是指写作者外部的所有因素,包括修辞问题(rhetorical problem),即对主题、读者和刺激线索的描述,以及写作中已生成的文本(text produced so far),等等。在写作之初,最为重要的是修辞问题,包括写作的主题、读者和刺激线索。随着写作的进行,已生成的文本作为一个新的因素进入任务环境,主导并限制写作过程的进行。不断生成的文本决定并限制了接下来可能完成的内容,比如标题将会限制文章的内容,主题句将会决定段落内容等。由于写作者在写作过程中会反复地参考已经完成的文本,这些文本因此成为任务环境的重要组成部分。

写作过程是模型的重点。它由三个基本过程组成:构思(planning)、转译(translating)和回顾(reviewing)。

构思在写作过程中起着关键性作用,大多数西方学者的写作模型几乎都强调构思的重要性(Emig,1971;Flower & Hayes,1980;Gould,1980;Hume,1983),甚至将其视作写作过程的核心。一些学者(Scardamalia & Bereiter,1985;Spivey & King,1987;Kellogg,1988;Kozma,1991)还通过实验研究证实了写作前的构思数量和质量与文本质量间的相关关系。构思是指构建写作内容知识表征的行为,其主要功能是从任务环境和长时记忆中获取信息,并利用所获取的信息设定写作目标,制订写作计划。写作计划可以来自长时记忆,也可以在构思过程中形成。构思还可以进一步分为生成(generating)、组织(organizing)和设定目标(goal-setting)三个子过程。

生成子过程涉及从长时记忆中检索相关信息并形成相应的想法(idea)。这些想法有些可能已经在记忆中组织完成,写作者可以直接生成标准的书面语,但有些想法可能是零碎而杂乱甚至互相矛盾的,写作者需要运用组织子过程,将零碎的信息整理成有意义的内容,并将它们整合成一个写作计划。组织子过程具有组织想法并形成新概念的功能,所以它在创造性思维中发挥着重要作用(Flower & Hayes,1981)。设定目标子过程则贯穿于整个写作过程。目标引导写作者生成想法,而生成的想法又会引发新的目标。除了一些经过精心学习的计划和目标可以从长时记忆中直接完整地表达出来,写作者的大多数目标都与生成和组织子过程同时产生、发展和修改。

转译是指在写作计划的指导下,将作者记忆中的信息转化为语言,其本质是将内心想法转化为书面文本的过程。在构思中产生的信息可以用语言以外的各种符号系统来表示,而转译过程与构思不同,写作者在转译过程中需要将信息通过书面语言表达出来。因此,在转译的过程中,写作者需要兼顾书面语言在词汇、句法、语篇、书写等各方面的要求。

回顾的主要功能是检查和修改文本,以提高转译过程中生成文本的质量,包括评估(evaluating)和修改(revising)两个子过程。写作者通过阅读评估生成的文本,检查所写内容与构思中的信息是否匹配,以及生成的文本是否准确。一旦检测到不匹配或不准确的地方,就会触发修改行为。当然,回顾常常会引发新一轮的构思和转译。

在正式的写作中,写作者通常会监控当前的写作进程。也就是说,构思、转译、回顾三个过程共同受监控系统的监视、管理与协调。作为一个写作策略,监控决定了写作者在什么时候从一个进程推进到下一个进程,因此它会影响写作者的构思时间。另外,Flower 和 Hayes(1981)也指出,监控受学习者的写作目标和个人写作风格影响。

写作者的长时记忆是一个存储库,不仅存储了相关主题的知识,还存储了有关读者和写作计划的知识。不同于短时记忆,长时记忆是一个相对稳定的实体,它有自己的内部信息结构,主要涉及三类知识:主题知识、读者知识和写作计划知识。Kellogg(1996)指出,长时记忆可以为写作提供原材料和基本的程序性知识(procedural knowledge)。值得注意的是,在写作中如果出现长时记忆分配不平衡的情况时,构思、转译、回顾三者会因争夺长时记忆中有限的资源而形成竞争关系,因此如何对这些资源进行合理的管理和分配对写作者来说十分重要。

总体而言,Flower 和 Hayes(1981)的模型主要包含三个假设:1)写作过程是一套独特的思维过程,由写作者精心策划和组织;2)写作过程具有分层、高度嵌入的结构,每个过程嵌套着一系列子过程;3)写作是一个目标导向的思维过程,在此过程中写作者创建了一个目标层级网络。

Flower 和 Hayes(1981)的写作认知模型指明了写作流程的组织结构,强调写作认知加工之间的交互性和动态性,揭示了写作过程的目标导向和循环本质,改变了人们对写作过程的线性认识,对后来的写作研究具有重要的指导意义。

当然,该模型也存在一些不足。首先,模型的三个认知活动在写作过程中并非处于同等的活跃程度,而是在不同时段交替占据主导地位,从而使写作过程呈现出阶段化特征。因此,该写作模型无法从时间维度对写作认知活动进行动态描述(Butcher & Kintsch,2001),也无法量化不同认知活动中写作者工作记忆资源的负荷情况,对写作教学的启示较为有限(徐翠芹,2021)。其次,该模型只关注写作中的认知维度,忽略了写作中的情感维度和社会维度(Nystrand,1989)。

之后,Hayes(1996:4)结合一些新的研究发现,提出了写作认知情感模型(见图 3-2),它又被称为"个体—环境"写作模型(孙素英、肖丽萍,2002;范琳、朱立霞,2004;汤红娟、郭学文,2016)。该模型更为清晰地呈现了各因素间的相互作用,且更加强调工作记忆的重要性以及阅读在写作过程中的作用。

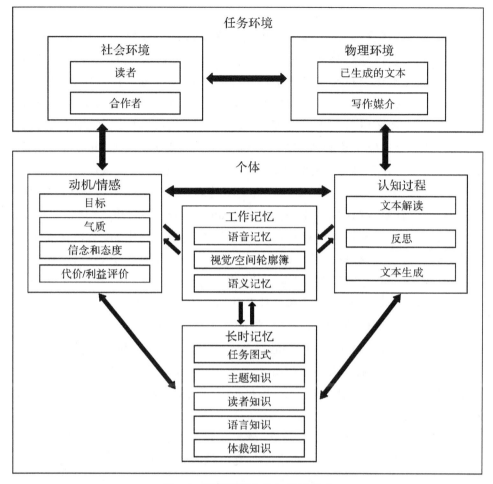

图 3-2　海耶斯写作认知情感模型

　　与写作认知过程模型(Flower & Hayes,1981)相比,写作认知情感模型有了几个重要的变化:1)新增工作记忆模块,认为工作记忆不仅参与写作认知过程,还与动机/情感和长时记忆具有双向关联;2)新增动机/情感模块,强调写作中的情感因素;3)将任务环境划分为社会环境和物理环境,突出写作的社会性。

　　写作认知情感模型包括任务环境(task environment)和个体(individual)两个重要组成部分,Hayes(1996)将社会环境(social environment)和物理环境(physical environment)作为写作的任务环境,其中社会环境强调文化对写作的影响。Hayes(1996)指出,写作是在社会环境中产生的社会产物,受各种文化和社会因素的影响。一方面,写作的内容、方式和对象等受社会习俗和社交传统的影响;另一方面,写作是一种社会活动,与他人交流是写作者的主要目的,因此读者也是影响写作的社会环境因素。

物理环境则强调写作过程中已生成的文本以及写作媒介对写作的影响。在写作认知过程模型(Flower & Hayes,1981)中,Flower 和 Hayes(1981)就将已生成的文本作为写作任务环境的一个重要组成部分。在写作过程中,写作者会重读、修改和参考已经生成的内容。当然,除了已生成的文本,写作媒介也是写作物理环境的重要组成部分。自 20 世纪 80 年代以来,随着计算机技术的发展,写作媒介受到越来越广泛的关注。一些研究表明,相较于传统的纸笔写作,使用计算机文字处理软件写作时,写作者在计划和编辑等方面会表现出一定的差异。比如,当使用计算机文字处理软件进行编辑时,写作者的编辑效率更低,且写作前的构思时间更少(Gould & Grischowsky,1984)。此外,写作媒介的变化会导致写作过程的难易程度发生变化。比如,使用计算机文字处理软件写作时,打草稿或者画思路图等任务较纸笔写作更难操作,而移动文本、改变字体和检查拼写等任务,则较纸笔写作更易操作。另外,写作媒介的选择可能也会对写作者的思维过程及认知过程产生影响。

个体部分是新模型的核心部分,包括动机/情感(motivation/affect)、认知过程(cognitive processes)、工作记忆(working memory)和长时记忆(long-term memory)四方面内容。该部分不仅关注写作认知活动,还关注与写作紧密相关的写作者动机、情感等因素,如目标、气质、信念和态度,以及代价/利益评价。

写作认知情感模型新增了动机/情感模块,阐述了动机对写作过程的影响。Hayes(1996)在总结了大量相关研究成果的基础上,指出动机/情感在写作中具有重要作用,认为动机不仅对写作的短期目标有影响,而且对写作的长期目标也会产生一定的影响。Hayes 等(1990)发现,在大学生中,相较于"中等生"和"资优生","后进生"在写作技能活动中投入的时间要少得多,比如他们参加的训练课程比"中等生"和"资优生"要少,而且他们花在学习教学材料上的时间也相对较少。Hayes(1996)指出,动机似乎通过"代价/利益"(cost/benefit)机制塑造写作行为,写作者会选择在当前环境中使用成本最低或最不可能导致错误的方法进行写作。Hayes(1996)认为,这种机制既塑造了写作者的显性行为,也塑造了其认知过程。

写作认知情感模型提出,写作中涉及的主要认知过程包括文本解读(text interpretation)、反思(reflection)和文本生产(text production)。文本解读基于语言和图形输入创建内部知识表征,其认知过程包括阅读、听力和图形扫描。反思的功能是通过对内部知识表征进行操作后产生新的内部知识表征,其认知过程包括解决问题、决策和推理。文本生成在任务环境中提取内部知识表征，并将其转化成书面、口头或图形输出。Hayes(1996)认为，写作所涉及的认知过程不局限于写作，还与其他活动共享。例如，写作中涉及的文本解读与阅读小说和理解地图的认知过程相同，反思活动与解决算术难题相同，文本生成活动与创建日常对话以及创作绘画相同。

Hayes(1996)较为重视文本解读在写作中的作用。他认为文本解读在模型中扮演了重要角色，并指出其作用至少表现在三个方面：首先，文本解读为写作提供信息材料和写作内容；其次，文本解读为写作明确任务；最后，文本解读为写作提供修改，也称评价性阅读，即通过阅读来评价生成的文本，从而进行修改。

在写作认知情感模型中，Hayes(1996)将原模型中的构思改为反思(reflection)，主要包括解决问题(含构思)、决策和推理三部分。解决问题是将一系列步骤组合在一起，以达到特定目标的活动。在写作中，具体表现为将一系列短语连成一个句子，将一系列句子连成一个篇章。决策是指写作者在写作中遇到不同选项和方案时做出选择的过程，比如选择近义词、相近的表达方式、不同的观点等。一般而言，难度较高的写作任务通常需要写作者解决大量的问题并做出较多的决策。推理则是从旧信息中提取新信息的过程，在阅读和写作中扮演重要的角色，可以帮助读者和写作者对现有信息进行扩展。

Hayes(1996)推测文本生成的过程如下：首先，写作者通过写作计划和已生成文本的信息检索语义内容(semantic content)。然后，写作者将这些内容在工作记忆中形成一个传递该内容的表层结构(surface form)，并将其存储在发音缓冲区(articulatory buffer)中。最后，当所有内容都已传递或达到发音缓冲区的容量限制时，句子就以口头或书面的形式被表达出来了。

写作认知情感模型中增加了工作记忆模块，并将其置于模型的中心，体现其在写作活动中的核心作用。工作记忆在当代认知心理学中代替了原有的短期记忆(short-term memory)，与长时记忆同为信息加工理论的两个重要概念(Anderson,1991)。Baddeley(1986)指出，工作记忆是一种用于存储信息和进行认知过程的有限资源，由一个中央执行器(central executive)和两个特殊机制构成：语音回路(phonological loop)和视觉/空间画板(visual/spatial sketchpad)。语音回路存储语音编码信息，视觉/空间画板存储视觉或空间编码信息。中央执行器则负责心算、逻辑推理和语义验证等认知任务。除了存储和处理功能外，中央执行器还执行许多控制功能，包括从长时记忆中检索信息以及管理非全自动加工等。为了区别于Baddeley(1986)的工作记忆模型，Hayes(1996)在工作记忆中增加了语义记忆(semantic memory)。

写作认知情感模型对长时记忆部分也进行了扩充,包括任务图式(task schema)、主题知识(topic knowledge)、读者知识(audience knowledge)、语言知识(linguistic knowledge)以及体裁知识(genre knowledge)五方面内容。

阅读是模型中引入的新因素,Hayes(1996)在写作认知情感模型中用阅读代替了写作认知过程模型(Flower & Hayes,1981)中的修改,并将阅读作为一个子过程纳入写作修改模型。写作修改模型强调阅读在修改过程中的重要性,将阅读视为一个通过整合多种知识(如词汇、语法、语篇)来构建文本意义表征的过程。

Hayes(1996:17)的写作修改模型包含了三个基本模块,分别为控制结构(control structure)、基本加工(fundamental processes)及资源(resources)。三个模块之间相互作用,相互制约(见图 3-3)。

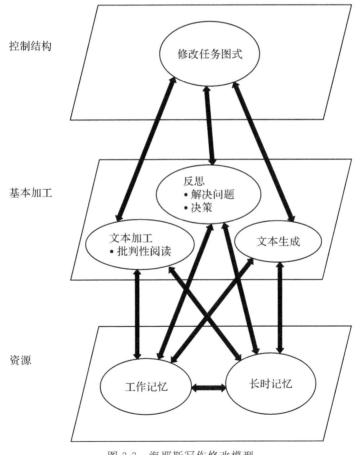

图 3-3　海耶斯写作修改模型

控制结构,即修改任务图式,是指通过实践获得的修改任务操作知识。Hayes(1996)认为,修改任务图式可能包括主目标、期望执行的活动、注意力子目标、质量标准、修改策略等。主目标就是提高文章质量,期望执行的活动包括评价性阅读、问题解决和文本生成,注意力子目标包括应注意修改哪些内容以及应避免哪些错误,质量标准指措辞、修辞等方面的标准,修改策略指写作者在修改文章主题、语言、体裁等特定类型问题时所采用的不同策略。Hayes(1996)指出,写作者对任务图式掌握不准确是其修改失败的主要原因之一。

基本加工包括反思、文本加工和文本生成,其中反思主要包括解决问题和决策两个子过程,文本加工主要涉及批判性阅读子过程,文本生成则主要通过工作记忆、长时记忆和修改任务图式进行文本产出。

资源主要包括工作记忆和长时记忆。长时记忆中存储的资源包括任务图式、词汇、语法、体裁和读者知识等内容(莫雷、张卫,2005),这些对写作修改具有重要影响。此外,工作记忆容量也对修改的质量和效率产生一定影响。

当然,写作认知情感模型也存在着一些不足之处。首先,作为一语写作模型,它并未体现写作者在二语写作时存在的一语对二语写作过程的影响(Zamel,1983;Raimes,1985;Cumming,1989)。其次,目前还缺乏足够的实证研究来支持该模型的合理性。此外,作为二语习得个体差异研究以及心理语言学研究重点之一的元认知理论也并未在此模型中得到体现。

基于 Hayes(1996)的写作认知情感模型和写作修改模型,Chenoweth 和 Hayes(2001:84)提出了一个新的写作模型(见图 3-4)。新模型包括控制、加工和资源三个层面。

控制层面主要包括任务图式(task schema)。模型中的控制层面与 Hayes(1996)写作修改模型中的控制层面相同,但加工层面有所变化。Hayes(1996)写作修改模型中的基本加工,即新模型中的加工层面(process level),被分为内部和外部两个主要组成部分,突出了写作策略和长时记忆能力在写作流畅性中的重要性。写作过程的外部环境大致相当于 Hayes(1996)所描述的任务环境,包括任务材料(如源文本、评论及笔记)、字典和已生成的文本等。内部环境包括提议器、转译器、修改器和转录器,其中提议器是产生想要表达的想法的前语言,转译器将前语言转化为具有适当词序和语法的语言串,修改器评估提议的前语言和书面语言的一致性,转录器将发音缓冲的内容转化为书面语言。

加工层面的箭头指明了一组可能由任务图式激活的交互活动。写作任务

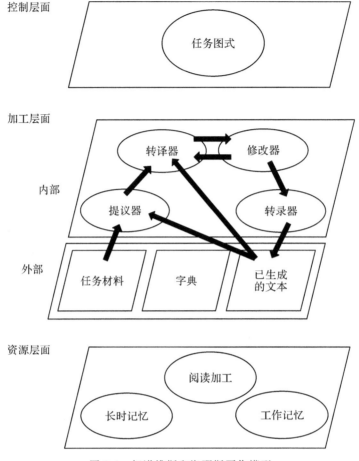

图 3-4　切诺维斯和海耶斯写作模型

开始时,句子生成从提议器开始,提议器受任务材料和已生成的文本的影响,生成前语言材料并将其传递给转译器。然后,转译器对前语言输入进行加工,并将其输出结果存储在发音缓冲区中,供修改器评估;如果输出结果被接受,则转录器将其输出至目前所写的文本中;如果输出结果被拒绝,则提议器或转译器可以选择再次尝试。由此可知,这四个内部操作是双向交互而非单向的,每个过程被动地接受前一个过程输出的内容并影响下一个过程。不同写作者面对不同任务做出的交互各有不同。比如,写作者在写随笔时可能不会激活修改这一内部操作,但在考试时修改这一操作可能贯穿写作的全过程。

资源层面包括内部记忆和其他层面可以调用的通用资源。为了创建文本,任何这些内部操作都可能激活工作记忆、长时记忆或阅读加工三个组件。例如,长时记忆可能被提议器激活,从而为叙述提供信息;被转译器用来提供辞典编纂的信息和语法信息;被转录器用来提供正字法规则。

在 Hayes(1996)写作修改模型与 Chenoweth 和 Hayes(2001)写作模型的基础上,国内学者赵蔚彬(2007:78)提出了中国学习者英语写作修改模型(见图 3-5)。与 Hayes(1996)的写作修改模型相同,该模型同样包括控制结构、基础加工和资源三个模块。

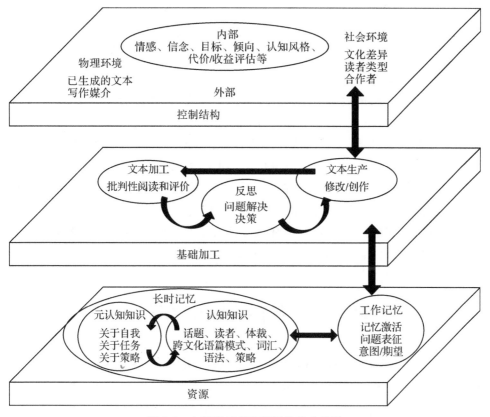

图 3-5　中国学习者英语写作修改模型

在该模型中,控制结构包括内部和外部两类因素。前者包括情感(如态度、焦虑、自尊、动机、同理心)、信念、目标、倾向、认知风格、代价/收益评估以及其他个人固有特征(如性别、年龄);后者包括物理环境和社会环境,其中物理环境包括已生成的文本(如格式、体裁、词法单元、句法单元、要点)和写作媒介(如纸笔、计算机或网络),社会环境包括第一语言和第二语言之间的文化差异、读者类型以及合作者。

基础加工是该模型的核心维度,包括文本加工(批判性阅读和评价)、反思(问题解决和决策)以及文本生成(修改或创作)。这三个过程循环往复,共同制约着修改过程。

资源包含工作记忆与长时记忆。工作记忆负责激活字素记忆、语素记忆、词汇记忆、语法记忆和视觉空间记忆,表征信息并规划修订过程。写作者通过工作记忆为修改提供认知资源。长时记忆负责存储元认知知识和认知知识,前者包括自我知识、任务知识和策略知识,后者包括话题知识、读者知识、体裁知识、跨文化语篇模式知识、词汇知识、语法知识和策略知识等。工作记忆激活的各种知识提取自写作者的长时记忆,而长时记忆又反过来存储一些自动化的知识,这在一定程度上减轻了工作记忆的负担。

该写作修改模型保留了 Hayes(1996)的三个基本修改过程,并在此基础上进行了一定程度的改进,使之更为全面。首先,该模型将写作者的个人因素、社会文化因素纳入其中,丰富了控制结构维度。其次,该模型从四个方面强化了资源维度:1)增加了元认知知识;2)将自我知识、任务知识和策略融合到了认知知识中;3)将跨文化语篇模式、词汇和语法等知识整合到了认知知识中;4)简化了工作记忆的工作机制,通过激活不同类型的记忆,在工作记忆中实现不同的修改子过程,使认知资源(或知识)的检索变得更为简单。该模型在控制结构和资源两个维度上都强调了写作者的个体特征和文化特征,扩展了模型的适用范围,使其更适用于中国英语学习者的写作过程研究。

第二节　写作工作记忆模型

工作记忆指的是暂时存储信息的能力(Baddeley & Hitch,1974),是一个用于存储写作过程中瞬时信息的临时记忆存储器。例如,当写作者抄写句子时可能需要临时记住刚刚的想法,在写长句时可能需要暂时记住这个句子。因此,工作记忆是写作者构建和更新文本表征时不可或缺的资源。

Hayes 和 Flower(1980)提出的写作模型主要关注与写作相关的认知因素,为文本产生的认知理论奠定了重要基础。然而,该模型未能充分考虑工作记忆对写作的影响。为此,Kellogg(1996)采用 Baddeley 和 Hitch(1974)的工作记忆理论来解释写作者在写作过程中经历的加工过程。他认为,工作记忆既是一个短期存储库,又是一个处理认知任务信息的有限容量系统。在写作过程中,无论是想法的构思,还是将想法转译成句子,抑或是书写输出以及对这些加工活动的监控,都会涉及工作记忆的临时存储和处理功能。

同时,Hayes(1996)提出的写作新模型将认知、情感和记忆归为写作的个体因素,并将社会环境和物理环境归为写作的任务环境。他在新模型中将工作记忆置于模型的中心位置,更注重视觉和空间信息的作用,把动机和情感放在了重要的位置,并重建了认知过程(罗峥、郭德俊,2000)。新模型的写作过程不再是信息从"输入""加工"到"输出"的单一流程,而是由写作环境、长时记忆和写作过程三个层面构成的一个循环系统,写作环境、写作者、长时记忆均被视为影响写作过程的因素。写作者对写作过程的各个阶段进行自我监控,如选取和执行写作策略以及辨别和修改文本的不当之处等(张肇丰,2003)。

Baddeley 和 Hitch(1974)提出的工作记忆模型主要由中央执行器(central executive)、语音回路(phonological loop)和视觉空间画板(visuospatial sketch pad)组成。中央执行器是工作记忆模型的核心,协调子系统之间以及子系统与长时记忆之间的关系,负责注意力资源的管理以及策略的选择与规划。语音回路包括一个临时语音存储系统和一个排练系统,它负责存储和处理基于语音的信息,可将书面语言转换为语音代码。视觉空间画板主要负责存储和处理视觉空间信息,包括视觉子系统和空间子系统,可以描述和操作心理图像。工作记忆的子系统是可以相互分离的,例如言语任务会影响言语信息的短期存储,但不影响视觉空间信息的短期存储。同样,视觉空间信息的维持会受视觉空间任务的影响,而不会受言语任务的影响(Cocchini et al.,2002)。

受到 Baddeley 和 Hitch(1974)工作记忆模型与 Flower 和 Hayes(1981)写作模型的启发,Kellogg(1996:59)提出了写作工作记忆模型,进一步探讨了工作记忆在写作中的作用(见图 3-6)。该模型不仅清晰地描述了写作过程的具体阶段和工作记忆系统的各个组成部分,还描述了写作过程各个阶段与语音回路、视觉空间画板与中央执行器之间的关系。模型中的中央执行器在写作者的认知资源管理中扮演着重要角色,基本上所有的写作过程都依赖于中央执行器的控制加工(Olive & Kellogg,2002)。

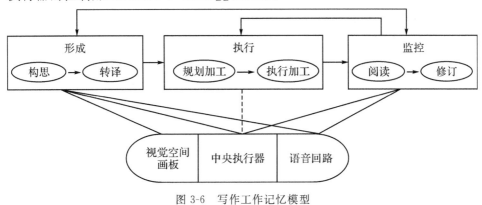

图 3-6　写作工作记忆模型

　　Kellogg(1996)将写作过程划分为三个系统,分别为形成(formulation)、执行(execution)和监控(monitoring)。模型区分了构思(planning)、转译(translating)、阅读(reading)和修订(editing),前两者为形成系统的子过程,而后两者为监控系统的子过程。同时,模型将语法编码、语音编码和正字法编码等子过程纳入转译子过程,认为这些加工对工作记忆提出了同样的要求,因此没有必要在模型中将它们区分开来。

　　形成系统包括构思和转译两个过程。构思是为写作设定目标,形成与该目标有关的想法,并组织这些想法的过程;转译是将想法转换为书面文本的过程,涉及个体的语言能力和语言加工。当然,构思离不开中央执行器,在写作中思考想要表达的内容,生成相应的想法,并从长时记忆中提取相关信息等过程,都需要中央执行器的大量参与。构思的输出可以是易于被语言转译过程处理的命题式表征(propositional representation)(Flower & Hayes,1984),也可以是不易被转译的抽象信息、图像信息和情感信息。在把命题式表征转译为完整的句子时,写作者激活了语义、句法、语音和正字法等子过程(Badecker *et al*.,1990)。通常情况下,构思中伴随着部分转译,但没有明显的写作执行过程。

　　在转译过程中,将一个想法转译成一个符合语法的句子时需要涉及语音回路。单词的语音表征存储在语音回路的短期记忆中,而在语音回路的短期存储中可能生成短语、从句、句子以及内心话语表征。除了语音回路之外,当写作者搜索正确的单词和句子结构时,转译还需要占用中央执行器的资源。在口语会话中,转译通常是自动化的(Bock,1982);但在写作中转译需要更多的中央执行器资源,且所需的资源因任务难度不同而存在差异。

　　转译后的信息输出到执行系统,经过编码(programming),供相应的肌肉运动系统(motor system)在手写、口述或打字过程中使用。手写过程涉及选择字母的大小和形式,设置力的参数,激活必要的动觉单元,精确把握肌肉运动指令,等等(Shepard,1994)。口述过程涉及激活复杂的语音肌肉运动系统,包括控制气流、声带振动和关节运动的程序(Mackay *et al*.,1993)。打字过程涉及控制手臂、手腕和手指运动的肌肉和神经控制。Norman 和 Rumelhart(1983)通过高速录像对熟练打字员进行了研究,发现他们每分钟最多可以输入 200 个单词,而每次击键之间的平均间隔仅为 60 毫秒,体现了高度的动作协调性和并行性,是"手指同时向多个方向移动的一组流畅的动作"(Norman & Rumelhart,1983:47)。因此,写作中的执行过程通常是自动化的,对工作记忆的要求较小。

监控系统包括阅读和修订两个过程。阅读过程涉及识别单词、理解句子、建立句子间的连贯性以及建立全局的语篇结构等子过程。良好阅读通常被认为是良好写作的重要条件。Shanahan(1984)发现，阅读能力与写作能力的相关性随着认知能力的发展而变化：对于刚开始阅读的幼儿来说，语音和拼写知识与写作能力存在正相关性；而对于年龄较大的熟练阅读者来说，词汇知识与写作能力存在更强的相关性。Ransdell 和 Levy(1996)也指出，阅读能力与写作质量具有显著的相关性。修订是将写作者的写作目标与文本输出之间进行比较的过程，一旦两者不一致，信息就会被反馈回执行系统或者形成系统重新进行加工。修订内容通常包括局部和整体两类问题，前者包括拼写、措辞、句子结构等，后者包括段落和文本结构等。

在该模型中，形成系统和监控系统之间的双向箭头表示修订既可以在句子编码和执行之前发生，也可以在此之后进行。写作者可以在执行前修订想法、组织方案、制定写作目标和内部语言，也可以在阅读句子、段落和已生成的文本之后进行修订。执行后的这种修订可能会与形成系统中的构思和转译过程同时进行，也可能会延迟到写作者完成一段文本之后。

监控系统常受写作者的写作策略影响。比如，在自由写作中，构思、转译、规划和执行加工等过程基本不需要监控，只有在草稿完成后，写作者才会回过头来阅读文本并开始修订(Elbow,1981)。

就写作过程涉及的工作记忆资源(见表 3-1)而言，Kellogg(1996:63)指出，构思过程主要运用视觉空间画板，这也是模型中唯一需要使用视觉空间画板的写作过程。视觉空间画板将写作中产生的想法视觉化，借助可视化图像来组织信息并形成写作计划。此外，绘制图表、草图、关系网络和相关形式的任务也需要借助视觉空间画板。Kellogg(1996:63)还指出，生成形象化的内容需要视觉工作记忆，而构建文本则需要空间工作记忆，在语音编码、正字法编码以及执行阶段的运动输出中均发现了空间工作记忆的作用。当然，构思也离不开中央执行器。思考想要表达的内容，生成相应的想法，并从长时记忆中提取相关信息等过程，皆需要中央执行器的大量参与。

表 3-1　写作过程涉及的工作记忆资源

基本过程	工作记忆资源		
	视觉空间画板	中央执行器	语音回路
构思	√	√	
转译		√	√

续表

基本过程	工作记忆资源		
	视觉空间画板	中央执行器	语音回路
编码		✓	
执行			
阅读		✓	✓
修订		✓	

相对而言,执行系统对工作记忆资源的需求最小且高度受限。尤其是对于熟练的写作者而言,他们的自动化输出程度较高,执行阶段基本不需要中央执行器的资源。因此,该模型(见图 3-6)里的中央执行器和执行系统之间可用虚线连接。但对于儿童和新手写作者来说,他们的执行能力与熟练写作者差异较大,执行系统仍需要占用大量的工作记忆资源。例如,成年人可能擅长手写和打字,这些活动完全是自动化的;但对刚学写字的儿童来说,运动输出比较费力,手写动作和拼写正字法都具有较大的挑战,需要消耗大量的中央执行器资源(Graham *et al.*,1992)。

监控系统则需要语音回路和中央执行器的参与,其中阅读子系统需要两者的共同参与,而修订子系统基本上只需要中央执行器的资源(Gathercole & Baddeley,1993)。通常情况下,写作者因为之前的构思和转译,阅读自己写出的文本时相对比较容易,因此占用的工作记忆资源相对较少;而修订涉及的内容较为多样,包括从微观的检测肌肉运动错误编码到宏观的修改文本组织结构,这些都对中央执行器资源提出较高的要求。

在 Kellogg(1996)提出写作工作记忆模型后,研究者进行了大量的实证研究。为考察中央执行器对写作的影响,Vanderberg 和 Swanson(2007)选择十年级的学习者参与了一项写作任务。结果发现,中央执行能力的变化能够可靠预测学习者的高阶写作技能水平、标点符号使用情况和作文中的词汇量。此外,研究数据的回归结果与 Kellogg(1996)的模型一致,指出中央执行器在构思、转译和监控中参与最多,最能有效预测学习者的整体写作能力。为考察语音回路在转译中的作用,Caramazza(1997)对词汇提取过程进行了研究,结果与 Kellogg(1996)的观点一致,发现语音和正字法表征是独立检索,在转译过程中,写作者的内心声音(inner voice)将单词信息存储在语音回路中,这些存储的信息为转译过程的语法和正字法编码提供支持。此外,Alamargot 等(2007)发现,语音回路对书面句子生成的作用在先天性重度失聪人群的研究中也得到证实。为考察视觉空间画板对写作的影响,Raulerson 等(2010)研究了视觉和空间工作记忆对书面语言的作用。结果表明,语言构思大量依赖视觉工作记忆,而空间工作记忆也在一定程度上参与其中。

总体而言,以往研究在很大程度上支持了 Kellogg(1996)的模型,但该模型也存在着一些局限。Kellogg 等(2013)指出了其中四个方面的不足:

首先,该模型缺乏对中央执行器功能的具体说明。如表 3-1 所示,中央执行器几乎参与了写作的整个过程,但未能详细说明中央执行器在写作过程不同任务之间的切换和协调。Baddeley(1996)的新模型对中央执行器进行了更为详细的描述,认为中央执行器是一个高度分化的系统,执行不同的功能,如从长时记忆中检索、选择性注意、分化注意、任务转换以及协调从属系统。该模型有效弥补了 Kellogg(1996)模型中的不足。

其次,该模型缺乏对语义工作记忆的关注。一些针对脑损伤患者的研究表明,大脑的不同区域提供语义表征的短暂存储,这些存储的主要功能为保存概念的意义,与语音存储的功能相互独立。

再者,该模型的另一个局限性是它没有考虑到写作者的专业知识在写作中的作用。一些研究发现,熟练掌握相关专业知识的写作者可以避免对短期工作记忆的一些依赖,从而摆脱工作记忆的限制,能够快速、毫不费力地从长时记忆中检索相关知识表征,以帮助他们实现流畅的写作。然而,该模型对此并未加以考虑。

最后,该模型未能充分解释工作记忆个体差异与写作能力之间的关系,缺乏对语音回路、视觉空间画板和中央执行器在个体写作能力中作用的考察和分析,也难以考察个体在这些方面的差异与写作能力之间的关系,因此难以有效应用于个体差异研究。

随着对写作者认知过程的深入挖掘,写作工作记忆模型也在持续更新完善。未来研究可以关注写作者的社会认知情感因素对工作记忆的中介作用,空间工作记忆在书面写作中的作用,工作记忆容量的提升方法,以及模型对写作教学的启发。

第三节　写作社会互动与交际模型

20 世纪 80 年代,研究者将研究焦点从认知视角转向社会视角,开始关注写作过程中的社会语境与社会互动过程。Nystrand(1989:66)指出:"如果说

20世纪70年代是发现写作认知过程的年代,那么20世纪80年代就是发现社会语境在写作过程中重要作用的年代。"

写作的认知模型将写作者视作独立的个体,认为写作与说话不同,写作者不能与读者互动,读者只是写作过程的一个外部环境因素。该模型并未将读者视为写作的核心要素,而是认为生成的文本是"自足"的,不需要读者的互动。20世纪80年代之后,这些观点受到了质疑,写作被视为写作者与读者的一种互动,具有互动性和社会性。学界逐渐开始关注写作者的意图、写作过程与文本的关系以及写作过程与社会语境的关系等。读者作为语言的接收者以及话语共同体的一员,不再被认为只是写作过程的一个外部因素,而是写作的核心因素之一。文本也不再被视为只是一种逻辑形式,而是一个交际事件(de Beaugrande,1985)。

基于对写作者、文本和读者的全新认知,Nystrand(1989:77)提出了写作过程的社会互动模型(见图3-7),强调写作的重要意义在于写作者与读者之间的交流。该模型将写作分为三个部分:写作者(writer)、文本(text)和读者(reader)。

图3-7　写作过程的社会互动模型

模型强调写作者和读者之间的互动过程,认为写作是写作者基于读者的期望和对他们的理解而产出文本的过程,而阅读是读者基于对写作者写作目的的预测来理解文本的过程。因此,书面交流是在写作者和读者各自预测对方意图和目的的基础上进行的。作为语言的使用者,写作者通过文本对读者产生影响,同时作为话语共同体的一员,他们也受读者的影响(Faigley,1986)。写作者在写作过程中也会考虑到读者在阅读作品时的想法。想要知道读者如何理解文本话语,写作者在写作过程中就必须相应地投射自我,从读者的角度出发阅读和思考,即写作者变成读者,读者变成写作者(邓志勇,2002)。

Nystrand(1989)认为,作为写作的主体,写作者承担的主要任务包括:1)发起书面话语(initiate written discourse)。写作者生成的文本首先需要与读者建立一个共同框架,作为沟通的共同立足点,让读者与自己在这一共同框架下校准各自的行为,从而进行有效沟通,比如写作需要确立一个明确的主题,双方才能围绕这一共同主题展开各自有效的写作和阅读行动。2)维持书面话语(sustain written discourse)。一旦写作者开始与读者创建一个共同框架,就会开始引入新的信息,并生成文本来维持书面话语。在写作过程中,写作者会从互惠的角度来评估每一个引入的新信息。如果新信息足以妨碍写作者与读者之间的沟通,有经验的写作者就会意识到读者可能面临的理解风险,从而通过重新表述或放弃等手段重新处理新信息,使读者与自己在话语中建立平衡。3)进行文本细化(elaborate text)。文本是将写作者的想法与目的进行转化的结果,也是一种调节写作者和读者的沟通媒介。在互动模型中,文本的意义并不在于文本实现了写作者的目的,而在于读者理解了文本的潜在意义。写作者需要对文本,包括对单词、短语、句子和段落进行细化,促进自己与读者之间的有效沟通。文本细化主要包括三个方面:体裁、主题和局部。其中,体裁细化主要是阐明写作交际的特征,主题细化主要是阐明书面话语的主题,而局部细化则包括对字、词、句等细节的润色。

社会互动模型将写作视为一种沟通、传达想法和目的的过程,认为写作的过程是一个社会性的活动,强调写作在本质上具有互动性和社会性。该模型把思想表达和信息沟通结合起来,使写作过程由原来的写作者与文本之间的个体活动扩展至写作者、文本、读者之间的循环互动,增强了写作过程本身的社会性功能(王俊菊,2005)。

然而,社会互动模型忽视了认知过程的自主性和社会文化对心理过程的影响(孙素英、肖丽萍,2002),无法全面体现写作的全部过程。为克服这些不足,一些学者提出了基于语言交际理论的写作交际能力模型,认为写作的主要目的是进行交流。

交际理论为写作交际能力模型的发展提供了重要支持。Bachman(1990)、Canale 和 Swain(1980)以及 Hymes(1972)提出的交际能力模型为写作交际能力模型提供了理论基础。Martin(1992)从功能视角出发,提出写作话语模型,该模型考虑了文本和语境问题,但忽略了认知加工因素。之后,Chapelle 等(1997)提出了语言交际模型,对学术语言中听、说、读、写四个技能进行了解释。基于该模型,Grabe 和 Kaplan(1996:226)提出了写作交际能力模型(见图3-8),强调写作是一种受内部和外部因素共同影响的交际活动。

该模型中的外部因素主要为语言使用的语境(context),包括情境(situation)和表现(performance),其中情境包括参与者(participant)、场合(setting)、任务(task)、文本(text)和话题(topic)等因素,而表现则是在言语工作记忆处理后产生的文本输出。

内部因素,即言语工作记忆(verbal working memory),包括三个部分,分别为内部目标设定(internal goal setting)、言语加工(verbal processing)和内部加工输出(internal processing output)。

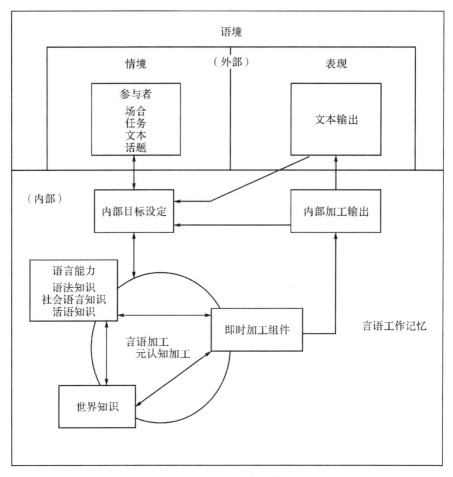

图 3-8　写作交际能力模型

内部目标设定是指语言使用者根据外部情境(参与者、场合、任务、文本、话题)、内部动机、兴趣等为写作文本设定的写作目标。写作者在进行内部目标设定时,提供与写作目标相一致的初始任务表征,这些初始任务表征将激活言语加工,为调节外部情境与内部言语工作记忆搭建桥梁。

言语加工是交际认知加工的中心环节,由语言能力(language competence)、世界知识(knowledge of the world)和即时加工组件(online processing assembly)三部分构成。写作者的语言能力和世界知识水平在写作过程中也起着重要作用。语言能力和世界知识既是工作记忆的一部分,也是长时记忆的一部分,是长时记忆中被言语加工所激活的部分。

语言能力由三种知识组成:语法知识、社会语言知识和话语知识。这三部分知识在内部目标设定和语境信息的基础上激活相关语言资源。语境信息会激活言语工作记忆中的语言资源,尤其是语言知识和社会语言知识。写作中的构思、取材、布局等修辞也属于语言能力的范畴,写好一篇文章离不开对文章的加工润色,其重要性不亚于语法和词汇。一篇修辞效果好的文章往往是写作者在思维过程中努力与读者寻求统一交际的结果。

世界知识是言语加工的第二个主要组成部分,由语境中的话题和内部目标设定激活,并与语言能力相互作用,共同参与问题的解决过程。世界知识和语言能力与内部目标设定一同激活即时加工组件。

即时加工组件的功能是整合语言能力和世界知识所生成的信息资源。即时加工包括各种相对自动化和程序化的加工技能,如词汇通达(lexical access)、句法解析(structures parsing)、命题整合(propositional integration)。

元认知加工是言语加工的一个重要功能,负责协调和帮助即时加工组件,当即时加工组件无法有效工作时,元认知加工可以为内部目标确定和内部加工输出提供预警。

内部加工输出,作为即时加工的结果,是内部操作的最后一个组成部分。在进行内部言语加工时,内部加工输出组件将加工输出与内部目标设定进行比较,使加工输出与目标设定相匹配。

Grabe 和 Kaplan(1996)指出,写作的流程从激发写作动机开始,写作动机可能来自写作者个人或外部情境。写作动机激活写作的内部目标设定。目标设定包括一系列活动,如对语境的评估、对写作结果的初步表述、对写作任务中可能出现的困难的评估、对写作体裁的初步激活以及组织计划。目标设定中的这些初始加工将激活言语加工中的三个组件,即语言能力、世界知识和即时加工组件。语言能力组件将产生相应任务设置要求所需的语言信息,包括读者、主题、环境、语域、结构等。世界知识组件将激活相关信息,从而产生更多的语言资源。与此同时,元认知处理将语言知识和世界知识整合起来进行即时加工。即时加工组件将文本表征发送至内部加工输出组件并检验言语输出是否与目标设定相匹配。若不匹配,元认知处理将对写作目标、任务、组织计划、世界知识和语言知识等内容进行重新评估。若匹配,内部的言语工作记忆则停止生成信息,写作者开始输出文本。

该模型整合了写作者的认知过程,充分考虑了语境的各种参数和言语工作记忆资源,融合了写作过程的认知心理和交际论的成分,将语言交际能力列入言语加工过程中,成为不可或缺的一部分,强化了写作的交际功能。相较于其他模型,该模型更强调写作情景在写作认知过程中的作用,注重社会性学习的作用。

目前,写作认知模型缺少实证支持,还处于探索阶段,难免存在一定的局限性。首先,模型中各部分之间的运作机制需要进一步阐释,比如语言能力的各个组成部分如何相互作用,如何与世界知识和加工机制相互作用。其次,模型并未充分考虑写作者动机、情感、态度、兴趣和语言水平等因素。再次,模型缺乏对写作修改过程的关注。最后,由于其体系过于庞杂,各部分的关系错综复杂,因此难以有效运用于写作过程教学。

未来的写作模型研究应注重大脑中意义生成、发现和创造的隐性过程,对不同水平写作者的认知过程进行区别,寻找除有声思维、文本和访谈之外更加多样化的研究手段。总之,写作过程涉及多维度、多因素的交织影响,是写作者进行交际互动的创造性认知活动的过程,目前对于写作过程的研究仍处于探索阶段,还需更多的理论与实证支持。

第四章　第二语言写作构思过程研究

　　构思引起了国内外二语写作领域的广泛关注,成为现阶段二语写作领域的热点话题之一(Spivey & King,1989;Ong & Zhang,2010;Ong,2014;柯于国,2019;Ellis,2021),并取得了一定的成果,但是对于构思的研究仍存在一些不足。首先,研究内容较为集中,相关研究主要关注构思的分类、策略以及构思对写作结果的影响等(Kellogg,1990;Ellis & Yuan,2004;张正厚等,2010;Johnson,2014;Abrams & Byrd,2016;Rostamian et al.,2018;李玖、王建华,2019),对构思的认知加工过程,如时间的分配、语言的使用以及构思的内容等方面关注相对不足。其次,就构思在写作中的作用,以往的研究结论存在较大的分歧,有待进一步的验证。比如,Ong 和 Zhang(2010)的研究结果表明,构思实际上可能会阻碍第二语言写作的流畅性和词汇复杂度,与 Ellis 和 Yuan(2004)的研究结果相矛盾。再次,以往研究较为关注高水平二语学习者的写作情况,如本科生和研究生(Kellogg,1990;Rau & Sebrechts,1996;Ellis & Yuan,2004),而较少关注较低语言水平二语学习者的写作情况,尤其是初中生。最后,以往研究较多考察传统的纸笔写作构思(Johnson et al.,2012;Baaijen et al.,2014;王静萍、蒲显伟,2016),较少考察以计算机为媒介的写作构思。因此,本研究利用键盘记录方法,结合写作日志和视频刺激回忆访谈,考察中国英语学习者(初中生)在计算机写作中构思过程(任务前和任务中)的时间分配、语言使用和构思内容,以及构思对初中生二语写作的影响。

　　构思一直是中国二语学习者较为薄弱的环节,本研究将为中国学习者英语写作构思的认知过程本质及教学内容和方法提供一定的实证参考。首先,本研究不仅考察任务前构思过程,而且探究任务中构思的认知加工,探索二语学习者如何在写作过程中分配注意力资源,以及这种注意力分配如何反过来影响语言的使用,从而促进我们对学习者二语写作构思过程本质的了解。其次,本研究考察学习者构思的内容和采用的策略,有助于我们了解学习者在构思时可能遇到的困难,从而帮助教师调整教学内容和方法,增强学习者的写作信心,培养学习者的写作兴趣,提高学习者的写作能力。再次,本研究考察构思对二语写作文本的复杂度、准确度和流利度的影响,进一步探索和验证构思与二语书面语产出的内在关系。最后,本研究考察学习者运用计算机进行写作的构思过程,对二语写作构思研究的范围做了进一步拓展。

第一节 研究设计

一、研究问题

基于上述的研究目的,本研究将主要探讨以下两个问题:

(1)初中生计算机英语写作过程中,构思时间分配、构思语言使用和构思具体内容的情况如何?

(2)构思对初中生计算机英语写作的复杂度、准确度和流利度有何影响?

二、研究对象

本研究选取 20 名浙江省金华市某普通中学初三英语学习者为研究对象,其中男生 9 名,女生 11 名,平均年龄为 14.15 岁。所有被试已在学校学习英语 7 年 2 个月,且均未去过英语国家,并已掌握一些基本的写作技巧、具备一定的短文写作能力。此外,所有学习者都能够熟练操作计算机,因此计算机写作对他们来说并不困难。

三、研究工具

(一)写作任务

本研究要求学习者在 40 分钟内完成一篇英语应用文写作,其中任务前构思时间为 10 分钟,写作时间为 30 分钟。本研究选取英语应用文写作作为写作任务,一方面是因为它是初中阶段的教学内容之一,从初一就开始教授,并经常出现在平时的考试中,学习者较为熟悉,所以可以降低写作焦虑等因素对被试产生的影响;另一方面是因为它的难度较低,所以语言水平不同的学习者都能较好地完成任务,这降低了任务难度对写作过程的影响。

本研究的写作任务材料共两份,一份用于练习,一份用于正式测试,两份均选取自中考模拟卷,具体写作材料如下:

1.练习写作材料

假如你叫 Daming,本周六你们班要去浙江大学开展研学活动 (study tour)。请根据下面的内容,给外籍教师 Mike 发一封邮件,告知你们的计划,并邀请他一同前往。

注意:

(1)文中必须包含所给的内容要点,可适当发挥,参考词汇供选择使用;

(2)词数:80—100;

(3)邮件的开头与结尾已给出,不计入总词数。

内容要点和参考词汇:

内容要点	参考词汇
when and where to go	Zhejiang University, this Saturday
how to go	by train
what to do	visit ... , talk with ... , learn about ...
what to take	passport,...
others	meet at the school gate, 7:30 am,...

Dear Mike,

_____

_____

_____

_____

    Yours,

    Daming

2.测试写作材料

上个月,你们班为 Children's Home 的孩子们组织了一次爱心义卖活动。请根据下面信息用英语写一篇短文,向某英语网站投稿,谈谈本次活动和你的体会。

63

Things you did	Things you've learned
hand out notices make things like ... sell the things give away the money	develop life skills communicative skills ...

注意：

(1)短文必须包括上面所有信息，可适当增加细节；

(2)你的体会至少两条；

(3)词数：80—100；

(4)短文首句仅供选择使用，不计入总词数。

参考词汇：义卖活动 charity sale

短文首句：Last month, our class had a charity sale.

（二）计算机辅助工具

写作任务在平板电脑和笔记本电脑上进行，平板电脑主要用于学习者的任务前构思，装有录屏软件 ApowerREC(https://www.apowersoft.cn/)，记录学习者任务前构思的内容和过程。笔记本电脑主要用于学习者的写作和任务中构思，装有录屏软件 Camtasia Studio 8.0(https://www.luping.net.cn/xiazai.html) 和键盘记录软件 Inputlog 8.0 (https://www.inputlog.net/downloads/)，记录写作和任务中构思的内容和过程。平板电脑方便学习者进行画思路图、做标记、写草稿以及涂改等操作，所以任务前构思阶段使用平板电脑；而写作阶段更多的是文本输入和修改，同时也方便使用键盘记录软件，所以写作和任务中构思阶段采用笔记本电脑。

本研究以键盘记录软件 Inputlog 8.0 为主要研究工具，收集写作过程数据。同时，使用录屏软件 Camtasia Studio 8.0 作为辅助工具，记录被试的任务前构思过程。Inputlog 8.0 具有记录、分析、回放等多种功能，可以记录每一次键盘输入和鼠标移动，生成记录文件，并提供停顿分析、一般分析等结果。

Inputlog 8.0 有五个模块：记录(record)、预处理(preprocess)、分析(analyze)、后处理(postprocess)和播放(play)。

记录：该部分记录 Microsoft Word 和其他程序中的事件(键盘、鼠标和语音)。在写作过程中，这些数据被连续存储，并用于后续的处理和分析。此过程不影响电脑的正常使用。操作界面如图 4-1 所示。

图 4-1　Inputlog 8.0 记录模块界面

　　预处理:该部分可在数据分析之前整理记录的数据。该模块可以帮助研究人员整合 Inputlog 8.0 的记录数据,也可以整合其他工具收集的数据,如眼球追踪数据。操作界面如图 4-2 所示。

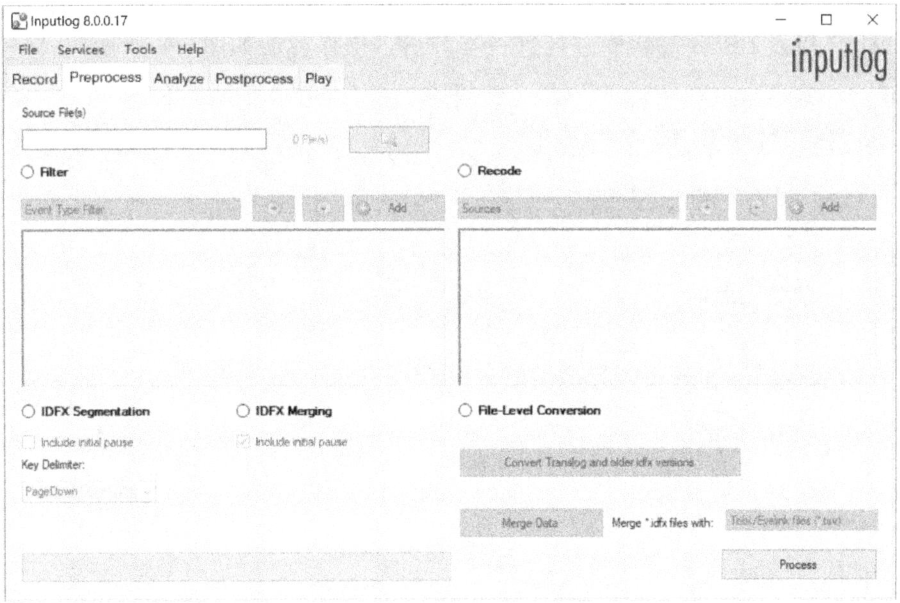

图 4-2　Inputlog 8.0 预处理模块界面

分析:该部分是程序的核心,包括三类过程信息,分别为一般日志(general logging)、线性日志(linear logging)和 S 标注(S-Notation),以及五类分析,分别为摘要(summary)、停顿(pause)、流利度(fluency)、修改(revision)和源分析(source analysis)。操作界面如图 4-3 所示。

图 4-3 Inputlog 8.0 分析模块界面

后处理:该部分可将不同分析整合到一起,并将整合后的分析文件导出到 Excel、R 以及 SPSS 等软件进行进一步分析。操作界面如图 4-4 所示。

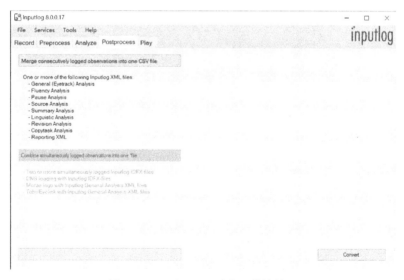

图 4-4 Inputlog 8.0 后处理模块界面

播放：该部分允许研究人员以不同方式（基于时间或修订）回放录制的内容。回放以数据为基础（而不是以视频为基础），播放速度可自主调节。操作界面如图 4-5 所示。

图 4-5　Inputlog 8.0 播放模块界面

本研究主要使用记录和分析两个模块。首先使用记录模块，记录学习者在写作过程中的所有动作（键盘、鼠标、停顿等）数据；之后在分析模块中获取一般分析、摘要分析、停顿分析和 S 标注分析的结果。一般分析展示了整个写作过程，包括键盘和鼠标的每个活动（见图 4-6）；摘要分析展示了汇总式的写作过程信息（见图 4-7）；停顿分析展示了写作中的停顿信息（见图 4-8）。

此外，本研究分别采用在线二语句法复杂度分析器（Web-based L2 Syntactical Complexity Analyzer；https：//aihaiyang. com/software/l2sca/）和在线词汇复杂度分析器（Web-based Lexical Complexity Analyzer；https：//aihaiyang. com/software/lca/）获取句法复杂度指标和词汇复杂度指标。在线二语句法复杂度分析器是 Lu(2010)设计的一款研究工具，可以计算英语文章的句法复杂度。陆小飞和许琪（2016）表示，在线二语句法复杂度分析器获取的句法复杂度指标具有很高的效度，与其他分析器相比，操作更为简便，只需要将文章复制到网站上，即可获得相关结果。在线二语句法复杂度分析器具体操作如下：

inputlog

General Analysis

Meta Information

Logfile	S1_1.idfx
Log Creation	21/03/22 19:34:06.687
Log GUID	e3f83080-caac-469a-a7ad-87a40b9dfa80
Logging Program Version Number	8.0.0.17
Analysis Creation	21/03/22 20:19:18
Analysis GUID	8680694c-98ac-47ce-bd40-15596390b0c6
Analysis Program Version Number	8.0.0.17

Session Identification

Participant	S1
Text Language	EN
Gender	M

#Id	Event Type	Output	Position	DocLength	Character Production	StartTime	StartClock
0	focus	WordLog_S1_20220321193354-Word			0	32	00:00:00
1	mouse	Movement			0	32	00:00:00
2	focus	TASKBAR			0	2125	00:00:02
3	mouse	LEFT Click			0	2125	00:00:02
4	focus	WordLog_S1_20220321193354-Word			0	2266	00:00:02
5	mouse	Movement			0	9719	00:00:09
6	mouse	LEFT Click			0	10797	00:00:10
7	mouse	Movement			0	10828	00:00:10
8	focus	TASKBAR			0	10907	00:00:10
9	mouse	Movement			0	11141	00:00:11
10	mouse	LEFT Click			0	13453	00:00:13
11	mouse	Movement			0	13500	00:00:13
12	focus	Program Manager			0	13563	00:00:13
13	mouse	LEFT Click			0	13625	00:00:13
14	focus	TASKBAR			0	13735	00:00:13
15	mouse	Movement			0	30547	00:00:30
16	focus	WordLog_S1_20220321193354-Word			0	39375	00:00:39
17	mouse	Movement			0	40453	00:00:40
18	keyboard	LCTRL			0	44219	00:00:44
19	mouse	Movement			0	47594	00:00:47
20	mouse	Movement			0	49375	00:00:49

图 4-6　Inputlog 8.0 一般分析

inputlog

Summary Logging File

Meta Information

Logfile	S1_1.idfx
Log Creation	21/03/22 19:34:06.687
Log GUID	e3f83080-caac-469a-a7ad-87a40b9dfa80
Logging Program Version Number	8.0.0.17
Analysis Creation	21/03/22 20:19:18
Analysis GUID	07318fcc-9195-455f-99df-b834382b1b42
Analysis Program Version Number	8.0.0.17

Session Identification

Participant	S1
Text Language	EN
Gender	M

Parameters

Pause Threshold (ms)	0

Process Information

Keystrokes Produced in This Session

Total Keystrokes incl. Inserted and Replaced Characters in Main Document	878
- Total Non-Character Keys	20
- Characters Inserted	0
- Characters Replaced	0
- Total Typed (incl.spaces)	858
- Per Minute (incl. spaces)	47.297
- Total Typed (excl.spaces)	593
- Per Minute (excl.spaces)	32.689

Words

Total Words in Main Document	117
Per Minute	6.450
Mean Word Length	4.915
Median Word Length	4
Standard Deviation Word Length	2.827

Sentences

Total Sentences in Main Document	8
Mean Characters/Sentence	107.250

图 4-7　Inputlog 8.0 摘要分析

inputlog

Pause Logging File

Meta Information

Logfile	S1_1.idfx
Log Creation	21/03/22 19:34:06.687
Log GUID	e3f83080-caac-469a-a7ad-87a40b9dfa80
Logging Program Version Number	8.0.0.17
Analysis Creation	21/03/22 20:19:19
Analysis GUID	850ed7de-6f55-4f9e-86b8-3430b3ee9735
Analysis Program Version Number	8.0.0.17

Session Identification

Participant	S1
Text Language	EN
Gender	M

Parameters

Pause Threshold(ms)	200
P-Burst Threshold(ms)	2000
Pause Analysis Type	Fixed Number of Intervals
Number of Intervals	5

General Information

Overview

Total Process Time	00:18:08
Total Pause Time	00:17:24
Total Active Writing Time	00:00:43
Total Process Time(s)	1088.438
Total Pause Time(s)	1044.729
Total Active Writing Time(s)	43.709
Proportion of Pause Time	95.984 %

General

Total Number of Pauses	714
Arithmetic Mean of Pauses(s)	1.463
Median Pause Time(s)	0.729
Geometric Mean of Pauses(s)	0.808
95% CI Log-Transformed - Low Boundary(s)	0.755
95% CI Log-Transformed - High Boundary(s)	0.865

图 4-8　Inputlog 8.0 停顿分析

首先，打开二语句法复杂度分析器网站，打开网站后即可看到在线二语句法复杂度分析器的文本输入界面，如图 4-9 所示。

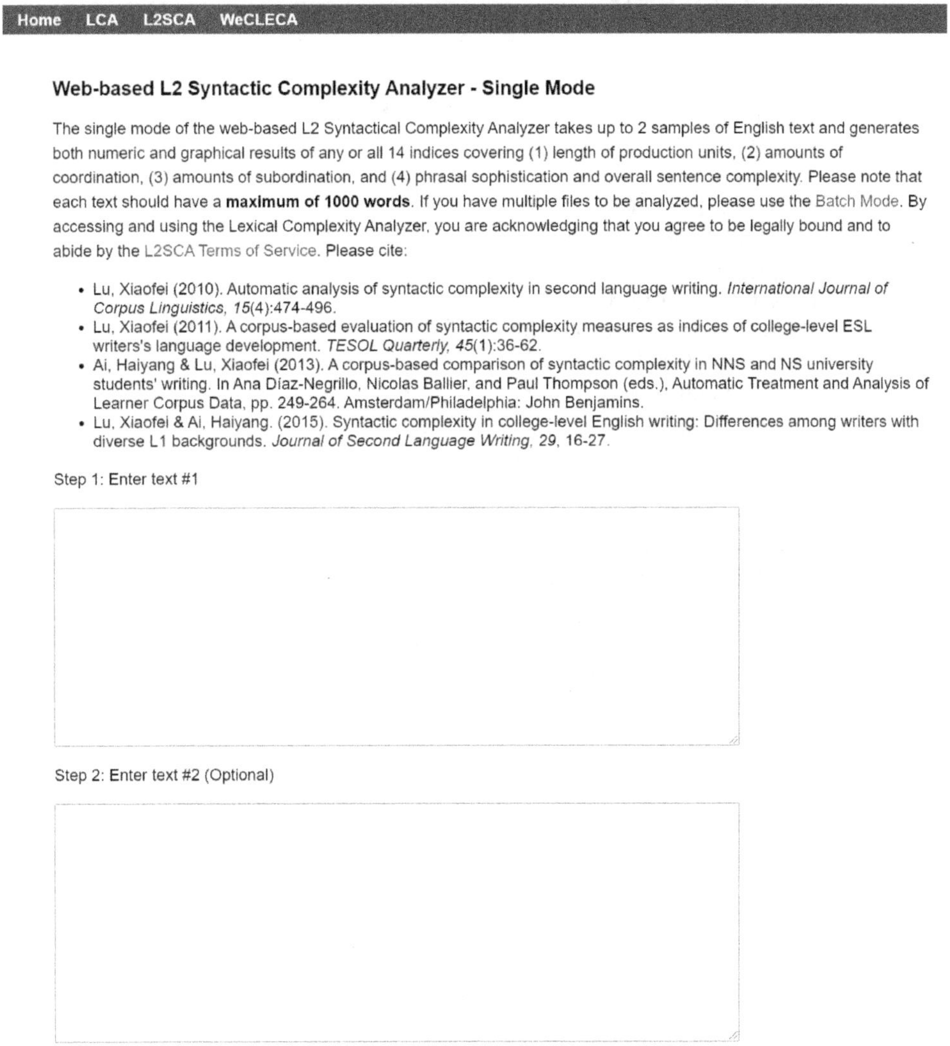

Home   LCA   L2SCA   WeCLECA

Web-based L2 Syntactic Complexity Analyzer - Single Mode

The single mode of the web-based L2 Syntactical Complexity Analyzer takes up to 2 samples of English text and generates both numeric and graphical results of any or all 14 indices covering (1) length of production units, (2) amounts of coordination, (3) amounts of subordination, and (4) phrasal sophistication and overall sentence complexity. Please note that each text should have a **maximum of 1000 words**. If you have multiple files to be analyzed, please use the Batch Mode. By accessing and using the Lexical Complexity Analyzer, you are acknowledging that you agree to be legally bound and to abide by the L2SCA Terms of Service. Please cite:

- Lu, Xiaofei (2010). Automatic analysis of syntactic complexity in second language writing. *International Journal of Corpus Linguistics, 15*(4):474-496.
- Lu, Xiaofei (2011). A corpus-based evaluation of syntactic complexity measures as indices of college-level ESL writers's language development. *TESOL Quarterly, 45*(1):36-62.
- Ai, Haiyang & Lu, Xiaofei (2013). A corpus-based comparison of syntactic complexity in NNS and NS university students' writing. In Ana Díaz-Negrillo, Nicolas Ballier, and Paul Thompson (eds.), Automatic Treatment and Analysis of Learner Corpus Data, pp. 249-264. Amsterdam/Philadelphia: John Benjamins.
- Lu, Xiaofei & Ai, Haiyang. (2015). Syntactic complexity in college-level English writing: Differences among writers with diverse L1 backgrounds. *Journal of Second Language Writing, 29*, 16-27.

Step 1: Enter text #1

Step 2: Enter text #2 (Optional)

图 4-9　在线二语句法复杂度分析器输入界面

然后，将作文文本输入在线二语句法复杂度分析器的文本输入框中，并选取需要计算的指标，然后点击分析（Analyze）按钮，即可获得所需指标数据，具体操作界面如图 4-10 所示。

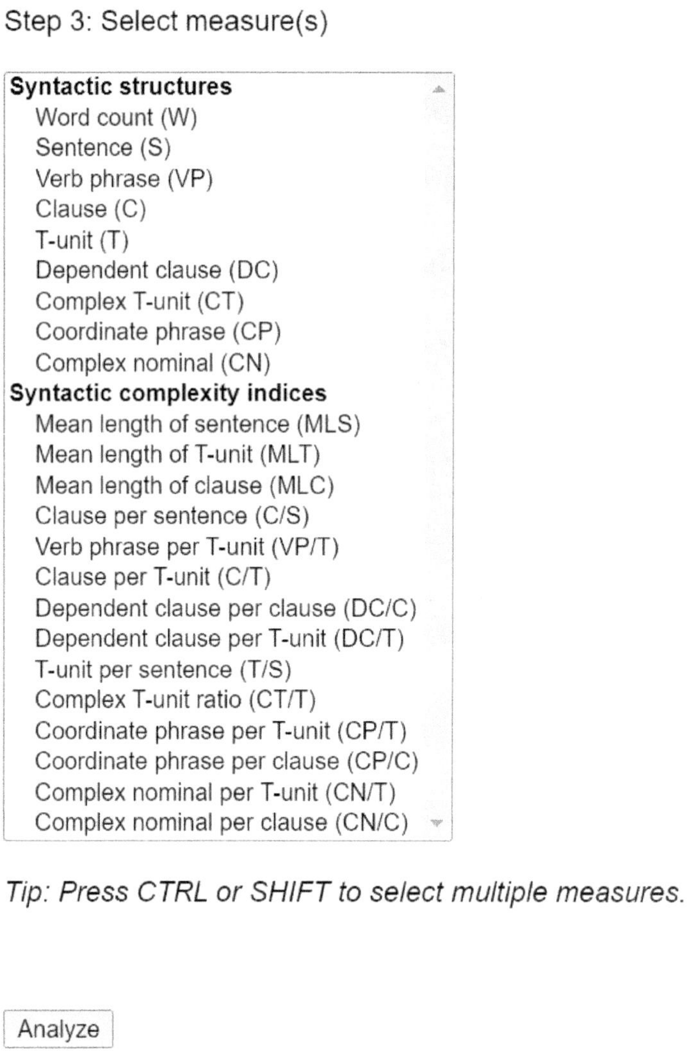

Step 3: Select measure(s)

```
Syntactic structures                          ▲
   Word count (W)
   Sentence (S)
   Verb phrase (VP)
   Clause (C)
   T-unit (T)
   Dependent clause (DC)
   Complex T-unit (CT)
   Coordinate phrase (CP)
   Complex nominal (CN)
Syntactic complexity indices
   Mean length of sentence (MLS)
   Mean length of T-unit (MLT)
   Mean length of clause (MLC)
   Clause per sentence (C/S)
   Verb phrase per T-unit (VP/T)
   Clause per T-unit (C/T)
   Dependent clause per clause (DC/C)
   Dependent clause per T-unit (DC/T)
   T-unit per sentence (T/S)
   Complex T-unit ratio (CT/T)
   Coordinate phrase per T-unit (CP/T)
   Coordinate phrase per clause (CP/C)
   Complex nominal per T-unit (CN/T)
   Complex nominal per clause (CN/C)    ▼
```

Tip: Press CTRL or SHIFT to select multiple measures.

```
Analyze
```

图 4-10   在线二语句法复杂度分析器指标界面

在线词汇复杂度分析器具体操作如下：

首先，打开在线词汇复杂度分析器网站，打开网站后即可看到词汇复杂度分析器的文本输入界面，如图 4-11 所示。

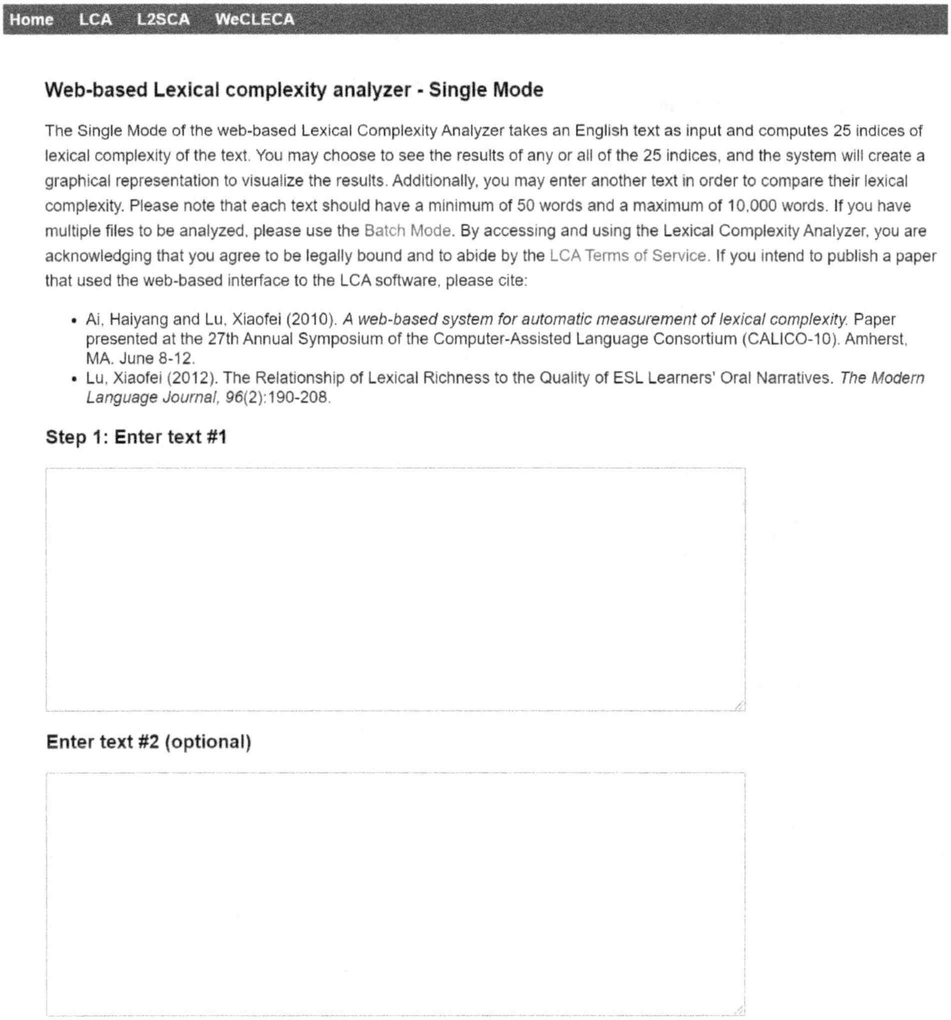

Web-based Lexical complexity analyzer - Single Mode

The Single Mode of the web-based Lexical Complexity Analyzer takes an English text as input and computes 25 indices of lexical complexity of the text. You may choose to see the results of any or all of the 25 indices, and the system will create a graphical representation to visualize the results. Additionally, you may enter another text in order to compare their lexical complexity. Please note that each text should have a minimum of 50 words and a maximum of 10,000 words. If you have multiple files to be analyzed, please use the Batch Mode. By accessing and using the Lexical Complexity Analyzer, you are acknowledging that you agree to be legally bound and to abide by the LCA Terms of Service. If you intend to publish a paper that used the web-based interface to the LCA software, please cite:

- Ai, Haiyang and Lu, Xiaofei (2010). *A web-based system for automatic measurement of lexical complexity.* Paper presented at the 27th Annual Symposium of the Computer-Assisted Language Consortium (CALICO-10). Amherst, MA. June 8-12.
- Lu, Xiaofei (2012). The Relationship of Lexical Richness to the Quality of ESL Learners' Oral Narratives. *The Modern Language Journal, 96*(2):190-208.

Step 1: Enter text #1

Enter text #2 (optional)

图 4-11　在线词汇复杂度分析器输入界面

接着,将作文文本输入在线词汇复杂度分析器的文本输入框中,并选取需要计算的指标和语言变体标准,然后点击提交(submit)按钮,即可获得所需指标数据,具体操作界面如图 4-12 所示。

(三)视频刺激回忆访谈

为了考察学习者任务前构思和任务中构思的具体内容,所有学习者在完成写作任务后立刻参加视频刺激回忆访谈。首先,在写作任务开始之前,研究人员告知学习者写作过程将被录屏,并获得他们的同意。之后,研究人员对学习者进行了视频刺激回忆访谈训练,确保他们熟悉具体的要求,从而提升视频

Step 2: Select indice(s)

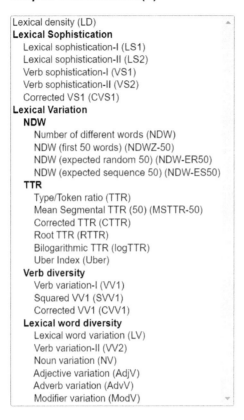

Lexical density (LD)
Lexical Sophistication
   Lexical sophistication-I (LS1)
   Lexical sophistication-II (LS2)
   Verb sophistication-I (VS1)
   Verb sophistication-II (VS2)
   Corrected VS1 (CVS1)
Lexical Variation
 NDW
   Number of different words (NDW)
   NDW (first 50 words) (NDWZ-50)
   NDW (expected random 50) (NDW-ER50)
   NDW (expected sequence 50) (NDW-ES50)
 TTR
   Type/Token ratio (TTR)
   Mean Segmental TTR (50) (MSTTR-50)
   Corrected TTR (CTTR)
   Root TTR (RTTR)
   Bilogarithmic TTR (logTTR)
   Uber Index (Uber)
 Verb diversity
   Verb variation-I (VV1)
   Squared VV1 (SVV1)
   Corrected VV1 (CVV1)
 Lexical word diversity
   Lexical word variation (LV)
   Verb variation-II (VV2)
   Noun variation (NV)
   Adjective variation (AdjV)
   Adverb variation (AdvV)
   Modifier variation (ModV)

Tip: Press CTRL or SHIFT to select multiple indice(s)

Step 3: Select English Variety:

British English ∨

Submit

图 4-12　在线词汇复杂度分析器指标界面

刺激回忆访谈的有效性(Dempsey,2010)。在学习者完成写作任务后,研究人员首先回放平板电脑录制的视频,请他们根据视频内容回忆任务前构思过程。然后,回放笔记本电脑录制的视频,请他们回忆任务中构思过程,尤其是在长时间停顿时的想法。在回忆访谈中,学习者需要说明他们在构思过程中的语言使用情况和构思目标。访谈用汉语进行,并在征得学习者同意后使用录音笔进行录音。每个视频刺激回忆访谈持续时间为 20—25 分钟(平均时长为 23.9 分钟),总时长为 478 分钟。完成数据收集后,对所有访谈进行转写并录入电脑供后续分析。

四、研究过程

整个研究过程主要包含以下四个阶段:准备、练习、数据收集和数据分析(见图 4-13)。

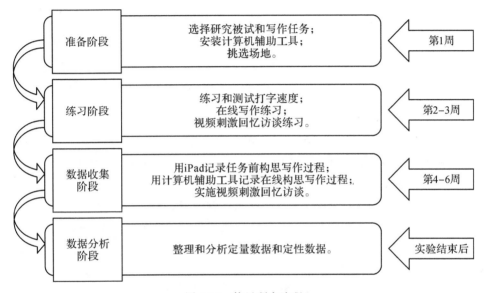

图 4-13　构思研究流程

准备阶段包括被试选取和写作任务的准备。被试是来自浙江省金华市某初中的 20 名初三英语学习者。写作任务的准备主要包括电脑软件的安装与测试、写作材料的准备、场地的选取。写作材料选取英语应用文两篇,一篇用于练习,另一篇用于正式测试。场地选取一个安静的教室,既能让被试对场地比较熟悉,又能让写作过程不受外界干扰。

在写作任务开始之前,被试需要进行打字训练和测试,以减少打字熟练程度对写作过程的影响。打字训练和测试在网上进行(https://dazi.kukuw.com/),选取英文文章"A girl selling matches"作为训练内容,选取英文文章"Chinese travel abroad"作为测试内容。训练内容时间不限,而测试内容限时 5 分钟,具体操作界面如图 4-14 所示。

图 4-14 在线打字测试操作界面

打字测试结果显示,被试的打字速度较为接近,最快的每分钟 105 个单词,最慢的每分钟 72 个单词,平均速度为每分钟 85 个单词。所有被试均表示,打字不会明显阻碍和干扰他们的写作。

然后,被试学习如何使用 Inputlog 8.0 软件进行计算机写作,并参加视频刺激回忆访谈训练。计算机写作训练能够让所有被试熟悉 Microsoft Word 软件的写作规则,比如在标点符号后面加一个空格键,因为这些规则会影响 Inputlog 8.0 的分析结果。在计算机写作过程中,Microsoft Word 中的拼写检查功能将被关闭,以免影响被试的写作过程以及写作的准确度。

在所有准备工作完成后,研究人员随机抽取了 4 名被试进行预测试。结果显示,写作材料难度适当,被试对实验流程和实验任务也比较熟悉,都能按时完成写作任务,并能够顺利完成视频刺激回忆访谈,这验证了研究的可行性。

在预测试顺利结束后,开始启动正式数据收集阶段。在正式数据收集阶段,被试在写作前有 10 分钟时间来构思他们的作文,构思结束后在笔记本电脑上完成写作任务。平板电脑上的录屏软件记录任务前构思过程,笔记本电脑机上的录屏软件记录写作过程和任务中构思。Inputlog 8.0 软件记录了被试写作时的所有输入和停顿。写作完成后,被试参加一对一的视频刺激回忆访谈。

视频刺激回忆访谈完成后,研究人员对访谈内容进行转写,并根据作文文本计算每篇作文的复杂度、准确度和流利度。然后,根据计算机辅助工具收集的定量数据和视频刺激回忆访谈收集的定性数据，对构思时间、构思过程中使用的语言以及构思的具体内容进行整理。数据整理完成后，研究者借助 SPSS 26.0 软件对其进行分析，以解答研究问题。

五、数据分析

本研究采用定量研究和定性研究相结合的混合研究方法，第一阶段为定量数据的收集和分析，第二阶段为定性数据的收集和分析。定量数据主要来自 Inputlog 8.0 的记录数据、录屏文件的转写数据以及在线二语句法复杂度分析器和在线词汇复杂度分析器获得的作文复杂度、准确度和流利度数据；定性数据主要来自视频刺激回忆访谈。定量数据有助于展示学习者写作构思中时间分配、语言使用以及构思与写作表现之间的关系，定性数据则有助于进一步分析学习者写作构思的具体内容、所遇困难以及使用的策略等。

学习者的语言表现通常从复杂度、准确度和流利度三个方面进行衡量 (Skehan，2009)。复杂度与语言使用的精细程度有关(Skehan，1998)，一般来说词汇和句法结构越多，文本就越复杂。本研究考察的作文复杂度包括词汇复杂度和句法复杂度。词汇复杂度使用 MSTTR(mean segmental type-token ratio，平均语段类符形符比)指标来衡量，其有效性得到了较为广泛的认可 (Ellis & Yuan，2004；王静萍、蒲显伟，2016)。句法复杂度采用 C/T(clauses per T-unit，T 单元平均分句数)、DC/T(dependent clauses per T-unit，T 单元平均从属分句数)和 DC/C(dependent clauses per clause，子句平均从属分句数)三个指标。C/T 是指平均每个 T 单元包含的从句数，即分句总数除以 T 单元总数；DC/T 是指平均每个 T 单元包含的从属分句数，即从属分句总数除以 T 单元总数；DC/C 是指平均每个分句包含的从属分句数，即从属分句总数除以分句总数。以上词汇和句法复杂度指标可以分别通过在线词汇复杂度分析器和在线二语句法复杂度分析器获得。

准确度通常指学习者产出的目标语言与目标语言规则系统的一致性程度 (Ellis & Yuan，2004)。本研究采用 EFT/T(error free T-units per T-unit，无错误 T 单元率)来衡量学习者二语写作准确度。EFT/T 指所有 T 单元中无错误 T 单元的比率，即无错误 T 单元总数除以 T 单元总数，其中 T 单元的数量由在线二语句法复杂度分析器获得。

流利度是指在有限时间内产出的单词和语法结构的数量(Skehan，1996)。本研究采用 S/T(平均音节数)指标来衡量学习者二语写作流利度。S/T 是指在写作时间内平均产出的音节数量,即音节总数除以总写作时间。相较于以往常用的 W/T(平均单词数,即单词总数除以总写作时间),S/T 更为合理,因为它消除了单词长度的影响。在本研究中,总写作时间由 Inputlog 8.0 记录,音节数据通过网站(https://www.howmanysyllables.com/)计算获取;具体操作界面如图 4-15 所示。

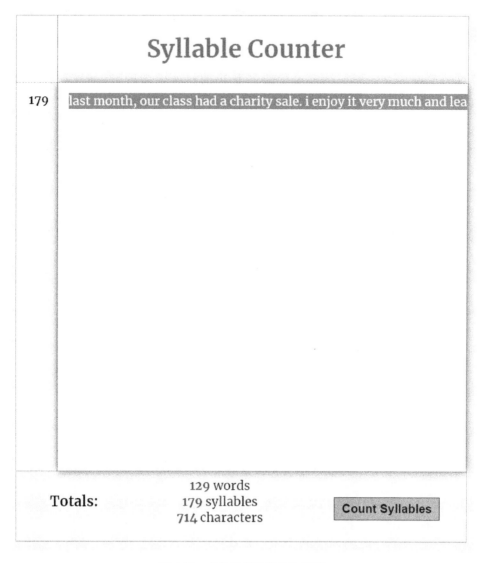

图 4-15 在线音节计算操作界面

本研究采用的所有写作产出的测量指标如表 4-1 所示。

表 4-1　写作产出的测量指标

维度		测量指标
复杂度	句法复杂度	C/T(平均每个 T 单元包含的从句数) DC/T(平均每个 T 单元包含的从属分句数) DC/C(平均每个分句包含的从属分句数)
	词汇复杂度	MSTTR(平均语段类符形符比)
准确度		EFT/T(无错误 T 单元率)
流利度		S/T(平均音节数)

下面,我们通过一篇写作文本来展示具体的计算示例:

Last month, our class had a charity sale. I enjoy it very much and learned a lot. I want to tell you something about it.

First of all, I handed out notice, which can develop people's interest. It can let more people know this charity sale and enjoy it. What's more, I made things like toys which is many children's favourite things. I wanted many children could felt pleased. Besides, I sold the toys to children. They looked happy when they got the toys. Last but not least, I gave away the money.

In my opinion, this charity sale developed my life skills. I learnt some things through it. Moreover, I know the importance of working together. Finally, I extremely enjoyed this charity sale and liked it very much.

我们将其输入在线二语句法复杂度分析器和在线词汇复杂度分析器的输入框中,选取在线二语句法复杂度分析器中的 C/T、DC/T、DC/C 三个指标和在线词汇复杂度分析器中 MSTTR 指标,获得作文复杂度指标数据,如表 4-2 所示。

表 4-2　作文复杂度计算示例

维度	测量指标		计算结果
复杂度	句法复杂度	C/T	1.357
		DC/T	0.357
		DC/C	0.263
	词汇复杂度	MSTTR	0.750

注：C/T、DC/T 和 DC/C 的数据来自在线二语句法复杂度分析器，MSTTR 的数据来自在线词汇复杂度分析器。

我们可通过在线二语句法复杂度分析器以及人工计算获得无错误 T 单元总数和 T 单元总数，并基于这两个数据计算出无错误 T 单元率，如表 4-3 所示。

表 4-3　作文准确度计算示例

维度	测量指标	计算结果	计算指标	数值
准确度	EFT/T	0.643	无错误 T 单元总数	9
			T 单元总数	14

注：T 单元总数的数据来自二语句法复杂度分析器，无错误 T 单元总数由研究人员计算。

同时，我们可通过音节计算网站获得文章总音节数，并通过 Inputlog 8.0 软件获得总写作时间，然后基于这两项数据计算出平均音节数指标，如表 4-4 所示。

表 4-4　作文流利度计算示例

维度	测量指标	计算结果	计算指标	数值
流利度	S/T	7.458	总音节数	179
			总写作时间(分钟)	24

注：总音节数的数据来自音节计算网站(https://www.howmanysyllables.com/)，总写作时间的数据来自 Inputlog 8.0 中的 Pause Analysis。

第二节　结果与讨论

一、英语写作构思过程

(一)构思时间分配

本研究的第一个研究问题旨在从任务前构思和任务中构思的时间分配、语言使用和具体内容等方面探讨初中生英语写作的构思过程。具体构思时间分配情况见表 4-5,其中任务前构思时间指被试从平板电脑上开始写作任务到在笔记本电脑上开始写作之间的时间段,任务中构思时间指在笔记本电脑写作中超过 5 秒的停顿时间(Abdi Tabari,2021)。

表 4-5　任务前和任务中构思时间的描述性统计结果

构思类别	个案数	最小值	最大值	均值	标准差
任务前构思时间/秒	20	179.000	316.000	238.400	47.327
任务中构思时间/秒	20	305.000	642.000	450.100	93.460

从表 4-5 可以看出,被试在任务前构思过程中花费的时间相对较短(均值＝238.400 秒),而在任务中构思过程中花费的时间较长(均值＝450.100 秒)。从最小值、最大值和标准差可以看出,被试之间存在较大的个体差异,尤其是任务中构思时间的最大值是最小值的两倍以上,标准差也高达 93.460 秒。与以往相关研究相比(戴健林等,2001;Abrams & Byrd,2016;王静萍、蒲显伟,2016;Khatib & Farahanynia,2020;Tabari,2022),本研究中任务前构思所花费的时间相对较短。之所以出现这样的结果,可能的一个原因是本研究中的写作任务相对简单,且被试对应用文写作比较熟悉。此外,我们通过访谈也发现,被试普遍对任务前构思不够重视,这也可能是导致上述结果出现的部分原因。尽管本研究给被试提供了足够的任务前构思时间,但他们并不习惯在写作中使用有效的构思策略。通过视频刺激回忆访谈也可以发现,任课老师和被试对任务前构思关注较少,一些被试表示老师几乎没有对如何进行任务前构思进行指导,导致他们"不知道如何在写作前进行构思";也有一些被试认为"边写作边构思更有效";另有部分被试甚至认为,任务前构思"耗时""没必要",直接质疑任务前构思的必要性,并表示:"我在写作时也要思考内容,为什么要把时间浪费在写作前的阶段呢?"

由于任务中构思时间较长且更为复杂,因此本研究将任务中构思的时间切分为三个语言位置:段落前任务中构思时间、句前任务中构思时间和句中任务中构思时间,具体情况见表 4-6。Inputlog 8.0 的数据显示任务中构思时间与段落和句子的边界具有明显的对应关系。此外,这种停顿情况也与视频刺激回忆访谈的定性数据相吻合,表明被试在写作过程中习惯于在这三处位置进行构思。

表 4-6　不同位置的任务中构思时间的描述性统计结果

位置	指标	个案数	最小值	最大值	均值	标准差
段落前	停顿次数/次	20	2.000	3.000	2.200	0.410
	停顿时长/秒	20	15.000	89.000	49.250	19.796
句前	停顿次数/次	20	3.000	13.000	7.750	2.845
	停顿时长/秒	20	35.000	226.000	122.900	52.323
句中	停顿次数/次	20	13.000	43.000	24.000	7.841
	停顿时长/秒	20	142.000	461.000	277.950	87.524

如表 4-6 所示,在任务中构思过程中,句中停顿次数最多(平均 24.000 次),停顿时间也最长(平均 277.950 秒);段落前停顿次数最少(平均 2.200 次),停顿时间也最短(平均 49.250 秒);句前停顿次数和停顿时间均处于中等水平(平均 7.750 次和平均 122.900 秒)。这表明在任务中构思中,句中构思最多,而段落前构思最少。出现这一情况的可能原因是被试对应用文的结构比较熟悉,他们都知道应用文一般分为三个段落;且对每个段落的主题内容也较为清楚。但在具体每个句子的内容、语法结构以及词汇的选择和运用上,受被试英语语言能力所限,他们需要进行较多的构思。

此外,研究者在进一步检查写作中的停顿后发现,停顿位置与句子和从句的边界有明显的对应关系,说明句法结构边界是构思认知加工中的一个重要位置。比如,在复合句中,从句与主句之间以及从句与子句之间存在不同程度的从属关系,内部句法结构复杂,其认知加工难度大(袁辉、徐剑,2014),被试需要投入较多的时间来进行准备和组织,因此在句前和句中位置出现停顿的频率更高,时间更长。

通常情况下,句中的停顿是由微观层面的一些细节引起的,如"避免语法错误""选择合适的词语""倾向于使用高级词汇"。大多数被试在视频刺激回忆访谈中表示,"考虑细节"能使他们获得更高的分数,比如一名被试表示:"我试着写一些更高级的单词和更难的表达来吸引阅卷老师的眼球,这样我的分数就会更高。"然而,也有被试倾向于避免使用"高级词汇",而是选择使用"简单词汇",并注意"避免语法错误",其目的是"避免因单词和语法的错误或使用不当而扣分"。

为了进一步探究任务前构思时间与任务中不同语言位置构思时间之间的关系,本研究借助 SPSS 26.0 进行皮尔逊相关性分析(见表 4-7)。

表 4-7　任务前和任务中构思时间的相关分析结果

类别	指标	段落前	句前	句中
任务前	r	-0.446^*	-0.234	0.268
	p（双尾）	0.049	0.320	0.253
	个案数	20	20	20

注：r 指皮尔逊相关系数，p 指显著性值，* 指在 0.050 水平上显著。

由表 4-7 可知，段落前构思时间与任务前构思时间呈显著的负相关关系（$r=-0.446$，$p=0.049<0.050$），这表明被试在任务前构思过程中花费的时间越多，他们写作时在段落前构思过程中花费的时间就越少。刺激回忆访谈结果表明，被试在任务前构思中更加关注文章的逻辑结构和段落的内容，因此任务前构思时间越长，他们对段落内容和结构的思考就越充分，这意味着写作中段前构思所需投入的时间就越少。此外，句前构思时间与任务前构思时间也呈负相关关系，但未达到统计学显著水平（$r=-0.234$，$p=0.320>0.050$）。句中构思时间与任务前构思时间呈弱正相关关系，也未达到统计学显著水平（$r=0.268$，$p=0.253>0.050$）。造成这一结果的原因可能是，句前和句中的构思更多涉及较为具体的内容，如词汇和语法，而这些内容在任务前构思中难以获得充分考虑，而且这些内容会随着写作的推进而不断地发生改变，较难事先进行准备。

（二）构思语言使用

在整个写作过程中，不论是任务前构思还是任务中构思均没有语言使用限制。也就是说，被试可以使用目标语言英语或母语汉语进行构思。

研究结果表明，不论是任务前构思还是任务中构思，大部分被试倾向于使用母语（见图 4-16）。在任务前构思中，90％的被试（18 人）选择使用汉语，仅 10％（2 人）使用英语。当被问及在任务前构思中使用母语的原因时，一些被试表示这是因为"不会用英语进行构思""英语思考比较困难"以及"试图通过使用母语来节省时间"。一位被试在采访中解释道："我之所以用汉语进行任务前构思是因为我英语不好，写英语作文有困难。更重要的是，我不会运用英语进行构思。我的老师也没有教过我们有关任务前构思的策略，所以我不知道如何进行。"

同样，在任务中构思过程中大多数被试（95％）（19 人）也选择使用汉语，主要也是因为英语水平不高和语言使用习惯的问题。在接受采访时，一位被试表示："我写英语作文的时候无法用英语思考，因为我的英语水平不够。"另一位则表示："在写作时，把中文翻译成英文，比直接用英文构思更习惯。"

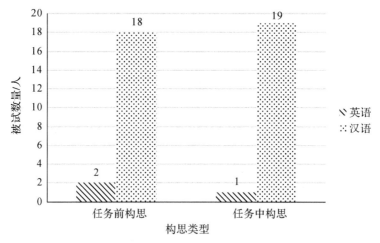

图 4-16　任务前和任务中构思过程的语言使用情况

这些结果与罗明礼(2011)的发现较为一致。他指出,受中国人思维模式的影响,中国学习者倾向于先用中文写文章,再翻译成英文,并总是喜欢根据中国人的逻辑思维方式来架构英语作文。此外,大多数被试表示,用母语构思比用英语构思更省力、更方便。一位被试表示:"在我写下一个单词或一个句式的英语表达之前,我总是先借助母语来思考,因为这对我来说是一种简单、方便的方式。"当然,也有被试指出:"有时由于词汇量不足,将中文翻译成英文需要很长时间。"这也说明在英语作为外语的写作中,寻找合适的英语单词和句型来翻译汉语信息需要大量的认知资源,对工作记忆要求比较高。

本研究的被试为初中生。与相关研究(如,郭纯洁、刘芳,1997;郭嘉等,2022)中的被试相比,他们的英语水平相对较低,在任务前构思和任务中构思中,不可避免地会依赖母语。对他们来说,用中文进行构思,不仅减轻了写作压力,释放了认知负荷,减少了注意力资源消耗,而且在一定程度上提高了写作效率。可以看出,在任务前和任务中构思过程中,母语是决策的重要资源。然而,这也导致了他们在写作中出现了不少中式英语表达。例如,一个被试在描写"雨很大"时,直接表达为"The rain was big.",而不是"The rain was heavy."。由此也给我们一个启示,在二语写作教学中,教师需要向学习者传授使用目标语言进行写作构思的技巧。此外,教师应在英语课堂上引导学习者使用一些惯用的表达和搭配,以提高他们写作的流利度和准确度。

(三)构思具体内容

研究发现,在任务前构思过程中,大多数被试更倾向于对整体结构、段落组织以及主要内容进行构思。图 4-17 和图 4-18 是两个任务前构思的例子。

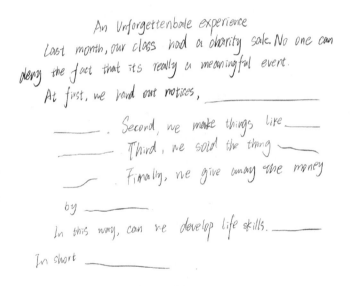

图 4-17　任务前构思示例 1

An Unforgettenbale experience
Last month, our class had a charity sale. No one can deny the fact that its really a meaningful event.
At first, we hand out notices, _____
_____. Second, we make things like _____
_____. Third, we sold the thing _____
_____. Finally, we give away the money
by _____
In this way, can we develop life skills. _____
In short _____

图 4-18　任务前构思示例 2

　　大多数被试表示,他们在任务前构思时主要关注文章全局,而不是具体细节。例如,一位被试表示:"在任务前构思中,我关注的是文章的整体结构、段落内容,而不是单词选择或语法结构等细节。"不过,也有一些被试反映,他们在任务前构思过程中也会思考"合适的句型""固定的搭配"和"高级的词汇"等语言方面的内容,甚至还有被试表示"不习惯在写作前进行构思"。总体而言,被试任务前构思的内容主要为文章结构、主要内容和语言表达。

　　为了进一步探究构思过程的细节,本研究还调查了被试的写作目标,要求被试描述写作过程中最重要的两个写作目标。根据 Flower 和 Hayes(1981)

的写作认知过程理论,目标设置在任务前构思和任务中构思过程中至关重要。调查结果如图 4-19 所示。

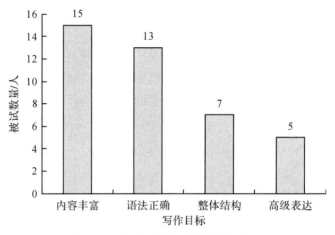

图 4-19　构思过程中设定的写作目标

图 4-19 表明,大部分被试认为内容丰富和语法正确是他们在构思过程中优先考虑的目标,前者 15 人,占被试总人数的 75%;后者 13 人,占被试总人数的 65%;对于整体结构这一目标,有 7 位被试比较关注,占被试总人数的 35%;对于高级词汇、高级短语和句型等高级表达的目标,只有 5 名被试将其列为优先目标之一,占被试总人数的 25%。

从作文文本和访谈结果来看,比较关注语法准确性的被试所写的文章篇幅相对较短。一位被试在采访中表示:"我的目标不是写一篇高分的完美作文。相反,我只想写一篇没有语法错误的作文,比如避免拼写和标点符号错误。"另一位被试则表示:"我想使用高级表达,花了不少时间思考高级词汇。但最后我还是用了一些简单的单词,因为我不确定高级单词的拼写对不对。"相比较而言,那些更注重整体结构和高级表达的被试,更重视文章语言的优美性,在写作得分上相对更高一些。一位被试表示:"我花了很多时间在选词上,因为我想用一些复杂的单词或高级的句型更恰当地表达内容,希望给老师留下深刻的印象。"这些结果与之前的一些研究结果相一致(Schunk & Swartz, 1993),成绩好的写作者更加注重精确、恰当地传达意思,而成绩较差的写作者在写作过程中将更多的注意力资源分配到如何避免语言错误上。

本研究除了分析构思停顿位置和目标设定外,还借助视频刺激回忆访谈和计算机辅助工具(Inputlog 8.0 和 Camtasia Studio 8.0)考察了任务中构思的具体加工内容。基于 Révész 等(2017)的研究,本研究将任务中构思分为三个维度,分别为信息、结构和语言。信息维度进一步分为两类,即新想法的产生和新想法的组织;结构维度仅包含连接词;而语言维度被分为四个更小的类别,分别为单词拼写、语法、固定搭配和高级词汇。表 4-8 展示了任务中构思具体内容的一些示例。

表 4-8　任务中构思的具体内容示例

分类		示例
信息	新想法的产生	被试 5:"这里我在想我们可以在慈善义卖时做些什么。我想添加一些详细的信息,使我的作文更长。"
	新想法的组织	被试 8:"那时我正在想我的作文该怎么组织。我知道慈善义卖的整个过程,但我很难把它写得通顺、有逻辑。"
结构	连接词	被试 6:"这里我停顿了一下,因为我想用一个连接词,这样我的作文会更连贯。但是我不确定这里哪个连接词更好,所以我停顿了很长时间。"
语言	单词拼写	被试 1:"我在这里没有写,是因为我在思考'technology'这个单词是怎么拼写的。"
	语法	被试 17:"在写作过程中,我发现我用错了时态。我应该用一般过去时,但是我一开始用的是一般现在时。"
	固定搭配	被试 20:"这里我想用一个固定搭配,但我不记得它的正确形式是怎么样的。所以我在这里停顿了很长时间。最后,我放弃了。"
	高级词汇	被试 9:"这里我想用'significant'这个词。对我来说,这是个高级单词。所以我想把它写进我的作文里。"

研究发现,虽然被试在段落和句子前主要关注信息、结构和语言这三个方面,但句子内的构思时间最多,且句中的注意力资源分配也更加多样化。因此,本研究仅展现句中构思的具体内容结果(见表 4-9)。

表 4-9　句中构思内容的描述性统计结果

维度	内容	指标	个案数	最小值	最大值	均值	标准差
信息	新想法的产生	停顿次数/次	20	6.000	25.000	12.000	4.995
		停顿时长/秒	20	70.000	305.000	136.950	58.264
	新想法的组织	停顿次数/次	20	1.000	10.000	5.300	2.618
		停顿时长/秒	20	14.000	126.000	75.200	33.883
结构	连接词	停顿次数/次	20	0.000	2.000	0.200	0.523
		停顿时长/秒	20	0.000	13.000	1.300	3.404

续表

维度	内容	指标	个案数	最小值	最大值	均值	标准差
语言	单词拼写	停顿次数/次	20	3.000	11.000	5.000	1.919
		停顿时长/秒	20	18.000	75.000	41.650	17.515
	语法	停顿次数/次	20	0.000	1.000	0.500	0.513
		停顿时长/秒	20	0.000	10.000	3.400	3.761
	固定搭配	停顿次数/次	20	0.000	1.000	0.250	0.444
		停顿时长/秒	20	0.000	16.000	1.850	3.964
	高级词汇	停顿次数/次	20	0.000	5.000	0.750	1.482
		停顿时长/秒	20	0.000	104.000	13.150	28.100

注:分类改编自 Révész 等(2017)。

  如表 4-9 所示,在句中构思的信息维度上,被试花更多的时间在新想法的产生上,平均停顿 12.000 次和 136.950 秒;而在新想法的组织上花的时间相对少一些,平均停顿 5.300 次和 75.200 秒。被试在结构维度上思考的时间最少,平均停顿 0.200 次和 1.300 秒。在语言维度上,被试花的时间主要在单词拼写和高级词汇上,前者平均停顿 5.000 次和 41.650 秒,后者平均停顿 0.750 次和 13.150 秒。在所有的句中构思内容中,被试在固定搭配上停顿次数最少,平均 0.250 次,在思考连接词上停顿的时间最短,平均 1.300 秒。可以看出,被试在句中构思内容上主要关注新想法的产生、新想法的组织和单词的拼写。

  为了更清楚地说明这一点,下文展示了一位被试的写作过程以及后续视频刺激回忆访谈的例子。写作过程示例来源于 Inputlog 8.0 中的 S 标注分析,它提供了被试写作过程完整而清晰的记录,使写作可以被描述为一个线性的分解过程。

  在写作过程示例中,符号"|"表示文章中的断点。换句话说,它是被试在写作过程中偏离线性文章生成的一个点。此符号出现在修改前最后一个动作的位置。每个断点符都有一个下标数字标记顺序,表示断点发生的顺序。大括号"{ }"表示插入的内容,且每个插入点都有一个上标的数字,标记插入的起始断点序号。方括号"[ ]"表示对字符、单词或句子等内容的删除,且每个删除点都有一个上标的数字,标记删除操作断点序号。此外,括号中的数字表示停顿时间,该数据来源于 Inputlog 8.0 中的一般分析。

  被试写作过程示例:

Last (10s) month, • (9s) our • [sla]¹|₁class • had • a • charity
(5s) • sale. • (11s) I • (5s) enjoy • it • very • [u]²|₂much[a=]³|₃ •
(7s) and (17s) learned • [s •]⁴|₄a • lot[•]⁵|₅. • (5s) [L]⁶|₆I •
want • to • tell • [to]⁷|₇(5s) you (8s) something • [sbo]⁸|₈about •
it.[•]⁹|₉

(22s) First[ly]¹⁰|₁₀ • of • all, • (9s) I • handed • out • (6s)
notice, • which • can • develop • (9s) people's • in[ete]¹¹|₁₁terest. •
(30s) I[r]¹²|₁₂t • can • let • more • people • (20s) know{ • }¹³(6s)
this|₁₃ • [v]¹⁴|₁₄charity • sale[. •]¹⁵|₁₅ • and • (7s) enjoy • i[y]¹⁶
|₁₆t[, •]¹⁷|₁₇. • (13s) What'[d]¹⁸|₁₈s • more, • (22s) I • ma[k]¹⁹
|₂₀{d}²⁰e|₁₉ • things • like • to[u]²¹|₂₁ys • (9s) which • [can • let •]²²
|₂₂is • many • children's • (5s) favo[r]²³|₂₃urite • things. • (5s) {I •
wanted • (6s) many • (5s) ch[r]⁴⁶|₄₇{ildren • could • felt[pl]⁴⁸|₄₉
{ • (13s) pleased. • (9s) }⁴⁹}⁴⁷|₄₈}⁴⁵|₄₆ Besides, • (8s) I • sold •
the • [things]²⁴|₂₄(23s) toys • to • children[•]²⁵|₂₅. • (27s) They •
looked • happ[i]²⁶|₂₆y • (5s) when • they • g[it]²⁷|₂₇ot • the • (6s)
toys. (37s) [• I • felt • (44s) extremely • enjoyable (7s), •
because (17s)]²⁸|₂₈ • Last • but • not • least, • (44s) I • gave • a
[w]²⁹|₃₀{a}³⁰ey|₂₉the • money. |₃₁[•]³¹ •

(8s) In • my • opinion, • (12s) this • charity • sale • develop
{ed}³³ • (5s) my{ • }³²life • skills. |₃₂ • |₃₃I • learnt • [more •]³⁵|₃₆
(9s) {some • }³⁶things[t]³⁴|₃₄ • (8s) through • it. |₃₅ • (19s)
Moreover, • (6s) I • (8s) know • the • [i]³⁷|₃₇ • i[npr]³⁸|₃₈
mportance •
(13s) of{ • }⁴⁰working • to[he]³⁹|₃₉gether|₄₀. • (11s) Fina[a]⁴¹|₄₁
lly, • (5s) I • extremely • (8) enjoyed • this • (6s) charity • s[le]⁴²
|₄₂ale[a]⁴³|₄₃ • and • liked • it • ve[y]⁴⁴|₄₄ry • much. • |₄₅

被试视频刺激回忆访谈示例：

    在每一段的开头,我主要考虑的是内容,也就是我要写的东西。
在第一段中,我想简单介绍一下这次慈善活动。在写下第一句要求
的句子后,我想再写两句。因为我觉得如果第一段只有一句话就太

短了。所以我写下了我的感受。由于这篇作文是给一个英文网站的投稿,所以我考虑到了读者。所以我写道"I want to tell you something about it",我觉得写了这句话以后,我的作文逻辑上更流畅了。第二段我想写的是义卖的具体过程。我认为这是这篇作文最重要的部分,我想写下更多的细节来丰富我的作文。我在每句话的开头都用了"First of all""What's more""Besides"和"Last but not least",这样可以使我的作文更有逻辑。在这些连接词之后我停顿了一会儿,因为我习惯了先写下这些词,然后再思考下面的内容。这些连接词是固定的,我在我的大部分作文中都使用它们。提前收集这类连接词既方便又省时,因为它们适用于大多数场合的作文。我花了很多时间在第二段,因为我认为第二段是主体,应该给予更多的关注。所以我想了很长时间,尽可能多地增加细节。最后一段是结语部分,我写下了我对义卖的具体感受。我花了很多时间思考义卖带给我的感悟。因为我以前没有参加过义卖,也没有相关的经验。所以我不得不当场就那次活动编了一些感想。在作文的最后,我停顿了一会儿,因为我想写个结论句,使我的作文更连贯。所以我写道:"Finally, I extremely enjoyed this charity sale and liked it very much."至于在构思过程中使用的语言,我一般使用中文,因为我习惯了先用中文思考,然后再把想法翻译成英文。用这种方法写英语作文对我来说更容易。在写作的过程中,我没有选择很多复杂和高级的表达,因为老师告诉我们作文的准确度更重要。我不想冒险去拿高分,及格就可以了。

上述被试的写作过程示例表明,在句子和从句的开头有一个明显的构思停顿。这一发现与视频刺激回忆访谈的数据一致,这些数据显示,尽管被试在任务前构思过程中已经对文章的结构和内容进行了组织,但他们在写作时仍需要花大量时间思考句子的结构和内容。此外,研究还发现,被试在语篇连贯上的构思时间较少。可能的原因是写作任务相对简单,被试对应用文写作比较熟悉,且字数要求比较低,相较于以往研究中的其他写作任务相对容易(Ong,2013;王静萍、蒲显伟,2016;Tabari,2020)。在这种情况下,被试将更多的注意力资源分配到语言的准确度,特别是语法的准确度上。

综上所述,尽管任务前构思在一定程度上释放了被试的认知负荷,但他们仍然不得不牺牲其他的注意力资源,将有限的注意力分配到特定的写作目标上。本研究中的大部分被试选择优先考虑准确度,视频刺激回忆访谈结果也进一步证实了这一点。在构思的内容方面,大多数被试在任务前构思中倾向于考虑作文的整体结构;而在任务中构思中,他们相对更关注信息,特别是新想法的产生和组织,以及单词拼写、语法、固定搭配和高级词汇等语言层面的内容。

二、构思对写作的影响

(一)构思对写作复杂度的影响

本节讨论任务前构思和任务中构思对写作文本中的句法复杂度和词汇复杂度的影响。句法复杂度采用 C/T、DC/T 和 DC/C 三个指标,词汇复杂度采用 MSTTR 指标。句法复杂度指标的描述性统计结果如表 4-10 所示。

表 4-10 句法复杂度指标的描述性统计结果

指标	个案数	最小值	最大值	均值	标准差
C/T	20	0.900	2.000	1.349	0.228
DC/T	20	0.000	0.692	0.346	0.163
DC/C	20	0.000	0.429	0.247	0.097

从表 4-10 可以看出,在句法复杂度的三项指标中,C/T 的平均得分最高(均值 = 1.349),其次是 DC/T(均值 = 0.346),最低的是 DC/C(均值 = 0.247)。相比较而言,句法复杂度指标的统计量小于以往同类研究(张正厚等,2010;王静萍、蒲显伟,2016;李玖、王建华,2019)。这可能是由于本研究的被试是初中生,他们的英语学习时间较短,语法知识储备相对有限,写作中使用复杂的句式对他们来说更具挑战性,因此他们更倾向于选择基础的句子结构和简单的单词。这种保守的策略以牺牲复杂度为代价,促进了准确度的提升(Skehan,2009)。

为了探究构思时间与句法复杂度指标之间的相关性,本研究采用 SPSS 26.0 软件进行相关性分析。结果表明,任务前构思时间与句法复杂度的三个指标均具有显著的相关性。具体而言,任务前构思时间与句法复杂度指标 DC/T 的相关性最强($r = 0.623$,$p = 0.003 < 0.10$),与 DC/C 的相关性次之($r = 0.580$,$p = 0.007 < 0.050$),与 C/T 的相关性相对较弱($r = 0.490$,$p = 0.028 < 0.050$)(见表 4-11)。任务前构思时间与三个句法复杂度指标均呈现正相关关系,说明任务前构思时间越长,写作文本的句法复杂度越高。然而,

任务中构思总时间则与句法复杂度三个指标 C/T（$p=0.320>0.050$）、DC/T（$p=0.555>0.050$）和 DC/C（$p=0.815>0.050$）均无显著的相关性。

表 4-11　构思时间和句法复杂度的相关分析结果

变量	指标	任务前	任务中
C/T	r	0.490*	0.234
	p（双尾）	0.028	0.320
	个案数	20	20
DC/T	r	0.623**	0.140
	p（双尾）	0.003	0.555
	个案数	20	20
DC/C	r	0.580**	0.056
	p（双尾）	0.007	0.815
	个案数	20	20

注：r 指皮尔逊相关系数，p 指显著性值，* 指在 0.050 水平上显著；** 指在 0.010 水平上显著。

虽然本研究尚未发现任务中构思总时间与句法复杂度的相关性，但为了进一步检测不同位置的任务中构思时间与句法复杂度之间的相关性，本研究将三个位置（段落前、句前和句中）的任务中构思时间与句法复杂度进行相关分析和回归分析。

不同位置任务中构思时间与句法复杂度的相关分析结果显示，只有段前构思时间与句法复杂度指标 DC/C 具有中度负相关性，且达到统计学意义（$r=-0.490$，$p=0.028<0.050$）（见表 4-12）。此外，段前构思时间与 DC/T 指标的相关虽然不具有统计学意义，但临近显著水平（$r=-0.429$，$p=0.059\approx0.050$），但是段前构思时间与 C/T 指标无显著的相关性（$p=0.611>0.050$），句前构思时间与句法复杂度三个指标 C/T（$p=0.343>0.050$）、DC/T（$p=0.383>0.050$）和 DC/C（$p=0.529>0.050$）均无显著的相关性，句中构思时间与句法复杂度三个指标 C/T（$p=0.072>0.050$）、DC/T（$p=0.108>0.050$）和 DC/C（$p=0.268>0.050$）也均无显著的相关性。以上结果表明，仅段前和句前的构思时间与句法复杂度存在一定的负相关性，段前和句前的构思时间越长，句法复杂度反而越低。

表 4-12　不同位置任务中构思时间和句法复杂度的相关分析结果

变量	指标	段前	句前	句中
C/T	r	−0.121	−0.224	0.411
	p(双尾)	0.611	0.343	0.072
	个案数	20	20	20
DC/T	r	−0.429	−0.206	0.370
	p(双尾)	0.059	0.383	0.108
	个案数	20	20	20
DC/C	r	−0.490*	−0.150	0.260
	p(双尾)	0.028	0.529	0.268
	个案数	20	20	20

注:r 指皮尔逊相关系数,p 指显著性值,* 指在 0.050 水平上显著。

为进一步探索任务前构思时间与句法复杂度的关系,我们将任务前构思时间与句法复杂度指标进行了回归分析,其中任务前构思时间为预测变量,句法复杂度指标为被预测变量。结果表明,任务前构思时间与句法复杂度 C/T 指标的回归决定系数 R^2 为 0.240($F=5.674$,$p=0.028<0.050$)(见表 4-13)。这说明,任务前构思时间可以有效预测句法复杂度 C/T 指标,解释力为 24%。

表 4-13　任务前构思时间对 C/T 指标的回归分析结果

预测变量	被预测变量	B	β	R^2	调整后 R^2	F	p
任务前构思时间	C/T	0.002	0.490	0.240	0.197	5.674	0.028*

注:B 指非标准化系数,β 指标准化系数,R^2 指判定系数,F 指 F 检验值,p 指显著性值,* 指在 0.050 水平上显著。

同时,任务前构思时间与 DC/C 指标的回归决定系数 R^2 为 0.337($F=9.139$,$p=0.007<0.010$)(见表 4-14),说明任务前构思时间可以有效预测句法复杂度 DC/T 指标,解释力为 33.7%。

表 4-14　任务前构思时间对 DC/C 指标的回归分析结果

预测变量	被预测变量	B	β	R^2	调整后 R^2	F	p
任务前构思时间	DC/C	0.001	0.580	0.337	0.300	9.139	0.007**

注:B 指非标准化系数,β 指标准化系数,R^2 指判定系数,F 指 F 检验值,p 指显著性值,** 指在 0.010 水平上显著。

此外,任务前构思时间与 DC/T 指标的回归分析决定系数 R^2 为 0.388 ($F=11.418,p=0.003<0.010$)(见表 4-15),说明任务前构思时间可以有效预测句法复杂度 DC/T 指标,解释力为 38.8%。

表 4-15　任务前构思时间对 DC/T 指标的回归分析结果

预测变量	被预测变量	B	β	R^2	调整后 R^2	F	p
任务前构思时间	DC/T	0.002	0.623	0.388	0.354	11.418	0.003**

注:B 指非标准化系数,β 指标准化系数,R^2 指判定系数,F 指 F 检验值,p 指显著性值,** 指在 0.010 水平上显著。

综上所述,我们可以发现任务前构思时间与句法复杂度具有较强的相关性,且任务前构思时间能有效预测句法复杂度,对 DC/T、DC/C 和 C/T 三个句法复杂度指标的解释力分别为 38.8%、33.7% 和 24%。这一结果与前期相关研究的结果基本一致(Foster & Skehan,1996;Yuan & Ellis,2003;Ellis & Yuan,2004;王静萍、蒲显伟,2016)。Yuan 和 Ellis(2003)指出,任务前构思时间可以提高语法的复杂度。王静萍和蒲显伟(2016)也指出,任务前构思时间在一定程度上有利于写作成品的句法复杂度。这些结果也证实了 Ellis 和 Yuan(2004)的观点,即任务前构思时间可以为二语写作者提供一些时间来构建他们特定的写作内容,这些内容将伴随着词汇和句法结构的检索,为随后的写作调用,从而促进写作文本的句法复杂度的提升。

此外,本研究不仅考虑了写作文本的句法复杂度,还考虑了其中的词汇复杂度。表 4-16 展示了词汇复杂度指标(MSTTR)的描述性统计结果。

表 4-16　词汇复杂度指标的描述性统计结果

指标	个案数	最小值	最大值	均值	标准差
MSTTR	20	0.680	0.850	0.783	0.043

从表 4-16 可以看出,词汇复杂度指标(MSTTR)的均值为 0.783,相对比较高(Ellis & Yuan,2004),说明被试总体上比较重视词汇的丰富性和多样性。当然,MSTTR 的数值也受到了作文篇幅的影响。本研究的被试是初中生,他们写的作文与其他研究中研究对象的作文相比,篇幅相对较短(张正厚等,2010),在词汇量相当的情况下,文章越短,MSTTR 值也就越高。

为了探究任务前构思时间以及不同语言位置的任务中构思时间与 MSTTR 之间的相关性,本研究进行了皮尔逊相关性分析,研究结果如表 4-17 和表 4-18 所示。

构思时间和词汇复杂度的相关分析结果表明,任务前构思时间与词汇复杂度没有显著的相关性($p=0.754>0.050$),同时任务中构思时间与词汇复杂度也没有显著的相关性($p=0.499>0.050$)(见表 4-17)。这与 Ellis 和 Yuan (2004)的结果一致,他们发现任务前构思时间不会影响被试写作文本的词汇多样性。Ortega(1999)对此提出了构思能力上限效应,指出学习者的知识水平限制了其构思能力,即使提供充分的构思时间,他们没有掌握的知识也不可能被识别和运用。因此,构思时间并不一定会影响写作文本的词汇多样性,而学习者自身的词汇知识水平才可能是影响写作文本词汇多样性的决定性因素。

表 4-17　构思时间和词汇复杂度的相关分析结果

变量	指标	任务前	任务中
MSTTR	r	-0.075	-0.161
	p(双尾)	0.754	0.499
	个案数	20	20

注:r 指皮尔逊相关系数,p 指显著性值。

　　为了进一步探究背后的原因,本研究对所有被试的笔记进行了分析。结果发现,只有 3 位被试在任务前构思中准备了有关具体内容的关键词或从句,其中包括几个复杂的单词、词组和句型(如 initially、simultaneously、digest、spare no effort to、sympathize with、be worth doing)。王静萍和蒲显伟(2016)指出,在任务前构思过程中,被试可能会将大部分认知资源分配给概念和想法的产生和表达,难以分配更多的工作记忆资源来丰富其文章中的词汇表达。因此,任务前构思时间并没有改善写作文本的词汇复杂度。

　　对于任务中构思时间和词汇复杂度的相关性,相关分析结果表明,只有段前构思时间与词汇复杂度具有显著的正相关性($r=0.530$,$p=0.016<0.050$),而句前和句中构思时间与词汇复杂度均无显著的相关性($p=0.355>0.050$;$p=0.498>0.050$)(见表 4-18)。

表 4-18　任务中构思时间和词汇复杂度的相关分析结果

变量	指标	段前	句前	句中
MSTTR	r	0.530^{*}	-0.218	-0.161
	p(双尾)	0.016	0.355	0.498
	个案数	20	20	20

注:r 指皮尔逊相关系数,p 指显著性值,$*$ 指在 0.050 水平上显著。

为进一步考察段前构思时间与词汇复杂度之间的关系,我们进行了回归分析,其中段前构思时间为预测变量,词汇复杂度指标 MSTTR 为被预测变量。结果显示,段前构思时间对词汇复杂度具有显著的预测作用,其解释力为 28.1%($R^2=0.281$,$F=7.038$,$p=0.016<0.050$)(见表 4-19)。也就是说,段前构思时间有助于写作者生成更为多样化的词汇表达。

表 4-19　段前构思时间对词汇复杂度的回归分析结果

预测变量	被预测变量	B	β	R^2	调整后 R^2	F	p
段前构思时间	MSTTR	0.001	0.530	0.281	0.241	7.038	0.016*

注:B 指非标准化系数,β 指标准化系数,R^2 指判定系数,F 指 F 检验值,p 指显著性值,* 指在 0.050 水平上显著。

综上所述,本研究结果显示,就句法复杂度而言,任务前构思时间与 C/T、DC/C 和 DC/T 三项句法复杂度指标之间存在显著的正相关关系;而任务中构思时间与句法复杂度指标之间的相关性相对较低。回归分析结果表明,任务前构思时间对句法复杂度具有显著的预测作用,但只对句法复杂度的两个指标(DC/T 和 DC/C)具有较强的预测能力。就词汇复杂度而言,任务前构思时间与词汇复杂度指标 MSTTR 之间没有显著的相关性,而任务中的段前构思时间与词汇复杂度指标 MSTTR 之间呈显著的正相关性。

(二)构思对写作准确度的影响

本研究采用无错误 T 单元率(EFT/T)作为衡量写作文本准确率的指标,表 4-20 显示了准确度的统计结果。

表 4-20　准确度指标的描述性统计结果

指标	个案数	最小值	最大值	均值	标准差
EFT/T	20	0.500	0.800	0.664	0.077

注:EFT/T 指无错误 T 单元率。

从表 4-20 可以看出,准确度的均值为 0.664,相对而言比较高,说明被试比较重视文本的正确性。另外,从访谈中也发现,大部分被试将准确度作为写作的优先考虑目标。当然,这一结果也可能是受文本长度的影响。由于无错误 T 单元率指标与文本长度具有一定的关联性,而本次写作任务有字数限定,因而无错误 T 单元率指标也相对较高。

为了探究构思时间与写作文本准确度之间的相关性,本研究采用了皮尔逊相关性分析。结果显示,任务前构思时间与准确度呈负相关关系,且达到统计学显著性水平($r=-0.489$,$p=0.029<0.050$)(见表 4-21);而任务中构思时间与准确度之间并无显著的相关关系($p=0.416>0.050$)。

表 4-21　构思时间和准确度的相关分析结果

变量	指标	任务前构思时间	任务中构思时间
EFT/T	r	-0.489^*	0.192
	p(双尾)	0.029	0.416
	个案数	20	20

注:r 指皮尔逊相关系数,p 指显著性值,* 指在 0.050 水平上显著。

此外,本研究还分析了三种不同语言位置的任务中构思时间与准确度之间的相关性。从表 4-22 可以看出,句前构思时间与写作准确度有中等程度的相关性,且具有统计学意义($r=0.578$,$p=0.008<0.010$);而段前构思时间和句中构思时间与写作准确度均无显著的相关性($p=0.148>0.050$,$p=0.360>0.050$)。

表 4-22　不同位置任务中构思时间和准确度的相关分析结果

变量	指标	段前	句前	句中
EFT/T	r	0.336	0.578^{**}	-0.216
	p(双尾)	0.148	0.008	0.360
	个案数	20	20	20

注:r 指皮尔逊相关系数,p 指显著性值,** 指在 0.010 水平上显著。

为进一步考察构思时间与写作文本准确度之间的关系,以及构思时间对写作文本准确度的预测能力,我们进行了回归分析,其中构思时间为预测变量,而准确度指标 EFT/T 为被预测变量。回归分析结果表明,任务前构思时间可以有效预测准确度指标 EFT/T($F=5.652$,$p=0.029<0.050$),预测力为 23.9%($R^2=0.239$)(见表 4-23)。

表 4-23　任务前构思时间对准确度的回归分析结果

预测变量	被预测变量	B	β	R^2	调整后 R^2	F	p
任务前构思时间	EFT/T	-0.001	-0.489	0.239	0.197	5.652	0.029^*

注:B 指非标准化系数,β 指标准化系数,R^2 指判定系数,F 指 F 检验值,p 指显著性值,* 指在 0.050 水平上显著。

此外,任务中的句前构思时间也可以有效预测准确度指标 EFT/T($F=$ 9.052,$p=0.008<0.010$),且预测能力比较强,为 33.5%($R^2=0.335$),是一个比较理想的准确度预测指标(见表 4-24)。

表 4-24　句前构思时间对准确度的回归分析结果

预测变量	被预测变量	B	β	R^2	调整后 R^2	F	p
句前构思时间	EFT/T	0.001	0.578	0.335	0.298	9.052	0.008**

注:B 指非标准化系数,β 指标准化系数,R^2 指判定系数,F 指 F 检验值,p 指显著性值,** 指在 0.010 水平上显著。

从上述分析可以看出,构思时间对写作文本的准确度具有一定的影响,尤其是任务前构思时间。Kellogg(1996)认为,写作准确度的提高主要取决于写作者对自己写作过程的监控能力,而任务前构思可以减轻写作中信息处理的负担和压力(Abdi Tabari,2020),因此写作者可以将更多的认知资源分配到语言形式的监控上,提高写作文本的准确度。

此外,本研究也发现,任务中的句前构思时间对写作文本的准确度具有一定的影响,但并未发现段前和句中的构思时间对写作文本准确度的影响。通过访谈发现,被试句前构思更多关注句子的语法结构,段前构思更多关注段落内容,而句中构思则更多关注单词的拼写。段前构思常常难以关注和监控语言形式,而句中构思也不一定能保证写作者产出准确的单词,只有句前的思考对写作文本的准确度具有较为明显的影响。

(三)构思对写作流利度的影响

为考察构思与写作流利度之间的关系,我们将构思时间与流利度指标进行了相关分析,结果见表 4-25 和表 4-26。

表 4-25 展示了写作流利度指标(平均音节数)的描述性统计情况,平均值为 8.179,即平均每分钟产出 8.179 个音节,相对而言流利度并不高。

表 4-25　流利度指标的描述性统计结果

指标	个案数	最小值	最大值	均值	标准差
S/T	20	4.961	11.143	8.179	2.024

注:S/T 指总音节数与总写作时间比。

表 4-26 显示了构思时间与流利度的相关性分析结果,结果表明任务前构思时间与流利度指标呈强正相关关系,且达到统计学意义($r=0.834$,$p=0.000<0.001$),但任务中构思时间与流利度则没有显著的相关性($p=0.767>0.050$)。

表 4-26　构思时间和流利度的相关分析结果

变量	指标	任务前	任务中
S/T	r	0.834***	0.071
	p(双尾)	0.000	0.767
	个案数	20	20

注:r 指皮尔逊相关系数,p 指显著性值,*** 指在 0.001 水平上显著。

　　为进一步考察任务前构思时间对流利度指标的预测作用,本研究还进行了回归分析,其中任务前构思时间为预测变量,流利度指标 S/T 为被预测变量。结果表明,任务前构思时间可有效预测写作流利度($F = 41.149$,$p = 0.000 < 0.001$),预测力高达 69.6%($R^2 = 0.696$)(见表 4-27)。

表 4-27　任务前构思时间和流利度的回归分析结果

预测变量	被预测变量	B	β	R^2	调整后 R^2	F	p
任务前构思时间	S/T	0.036	0.834	0.696	0.679	41.149	0.000***

注:B 指非标准化系数,β 指标准化系数,R^2 指判定系数,F 指 F 检验值,p 指显著性值,*** 指在 0.001 水平上显著。

　　这一研究结果支持了以往研究的一些结论(Ong & Zhang,2010;Johnson *et al.*,2012;Tabari,2016;王静萍、蒲显伟,2016;Rostamian *et al.*,2018),认为任务前构思有助于提高写作流利度。Kellogg(1996)指出,任务前构思可以促进行文中的转译加工,减少所需的注意资源,降低工作记忆负荷,从而提高写作速度。此外,Ellis 和 Yuan(2004)也指出,任务前构思之所以有助于提高写作流利度,可能出于两个原因:其一,任务前构思能够使写作者对文章的结构和内容提前进行加工和构思,从而减轻写作过程中的工作记忆压力;其二,任务前构思有助于增强语言学习者对二语写作的信心和兴趣,从而降低他们对写作过程的监控。

　　至于任务中的构思时间,不同语言位置的构思时间与流利度均无显著的相关性(段前:$p = 0.058 > 0.050$,句前:$p = 0.930 > 0.050$,句中:$p = 0.509 > 0.050$),但段落前构思时间与流利度具有临近的负相关性($r = -0.415$,$p = 0.058 \approx 0.050$)(见表 4-28)。

表 4-28　不同位置任务中构思时间和准确度的相关分析结果

变量	指标	段前	句前	句中
S/T	r	−0.415	0.021	0.157
	p（双尾）	0.058	0.930	0.509
	个案数	20	20	20

注：r 指皮尔逊相关系数，p 指显著性值。

综上所述，本研究的结果表明，任务前构思与二语写作的流利度具有显著的相关性，而且任务前构思是二语写作流利度的一个有效预测指标，具有较高的预测力；但任务中构思与二语写作流利度并无显著的相关性。

第三节　小　结

本研究从构思时间的分配（包括任务前构思时间和任务中构思时间）、构思过程中使用的语言，以及构思的具体内容三个方面考察了初中生英语写作构思过程，并分析了任务前和任务中构思对二语写作复杂度、准确度和流利度的影响，旨在探索二语写作过程（process）与文本（product）之间的联系。研究的主要结果如下：

关于构思时间的分配，研究发现学习者分配给任务前构思的时间较少，而较多时间分配给任务中构思；在任务中构思中，段前构思时间最短，句前构思时间次之，而句中构思时间最长；在任务中构思中，句子和从句之前的停顿与句子边界有明显的对应关系。就构思的使用语言，无论是任务前构思过程还是任务中构思过程，大多数学习者选择使用母语进行构思，从而导致他们在最终文本中出现较多的中式英语偏误。就构思的具体内容，在任务前构思中，大多数学习者倾向于思考作文的结构；而在任务中构思过程中，他们更注重新想法的生成和组织，以及包括拼写、语法、固定搭配和高级词汇等方面的语言问题。

关于构思对二语写作复杂度、准确度和流利度的影响，一方面，相关性分析结果显示，任务前构思时间与三个句法复杂度指标之间存在显著的正相关性，任务前构思时间与流利度之间也存在同样的显著正相关性，而任务前构思时间与准确度呈显著的负相关性；任务中构思中的段前时间与 DC/C 呈显著的负相关性，与词汇复杂度呈显著的正相关性；任务中构思中的句前构思时间与准确度呈显著的正相关性。此外，回归分析结果表明，任务前构思时间对流利度和句法复杂度三项指标均有显著的预测作用,尤其是对 DC/T 和 DC/C 两项指标的预测力较强;任务前构思时间可以预测写作的准确度,但预测力相对较弱;对于不同语言位置的任务中构思时间,段前构思时间与句法复杂度指标 DC/C 和词汇复杂度存在显著的相关性,但预测力不强,而句前构思时间可以有效预测写作的准确度,具有较强的预测力。

第五章 第二语言写作行文过程研究

自 Flower 和 Hayes(1981)提出写作过程理论和模型以来,写作的行文过程也逐渐引起学者们的关注(Sanders *et al.*,1996;Révész *et al.*,2017;Zarrabi *et al.*,2022)。一些学者关注行文与写作各个阶段之间的关系,以及行文与写作结果之间的关系(Abdel Latif,2009;Révész *et al.*,2022);也有一些学者考察二语写作行文中的停顿现象(Miller,2000;聂玉景、李征娅,2016;Medimorec & Risko,2017;徐翠芹,2019),探索不同写作任务中的停顿现象(Beauvais *et al.*,2011;Barkaoui,2019)、不同语言水平写作者产生的停顿(van Hell *et al.*,2008;徐翠芹,2017)以及停顿与写作质量的关系(Zarrabi & Bozorgian,2020;Zarrabi *et al.*,2022)等。

相对而言,有关写作行文停顿的研究起步晚、数量少,尤其是对二语写作行文中停顿的特征,停顿特征与二语写作文本质量之间的关系,以及停顿的原因等问题的探索不足,且现有研究对象主要集中在本科生、研究生等高水平二语学习者,对高中生的研究极为少见。为弥补这些不足,本研究选取高中生作为研究对象,考察其在英语写作行文阶段的停顿特征,包括不同语言位置和不同时间位置的停顿时长和停顿频次,并探索出现这些停顿的原因。此外,本研究进一步考察了行文阶段的停顿特征与文本质量之间的关系。

Révész 等(2022)指出,写作过程的理论模型需要考虑语言水平在第二语言写作中的作用。因此,本研究也考察了语言水平与写作行为及其相关认知过程的关系,进一步验证和细化了二语写作认知过程理论。同时,本研究选取高中生作为研究对象,拓展了二语写作过程研究对象的范围,进一步丰富了中国英语学习者的写作过程研究。

就现实意义而言,本研究通过分析停顿的特征和产生停顿的原因,进一步了解高中生在写作过程中遇到的困难,有助于教师有针对性地开展教学,引导他们积极运用停顿策略对写作过程进行有效管理,促进外语写作能力的提升。此外,本研究通过对写作停顿特征与写作成绩关系的探索,为外语写作自动评分系统提供一定的实证支持。

第一节　研究设计

一、研究问题

本研究旨在探讨计算机写作模式下高中生在英语写作行文中的停顿特征,考察这些停顿特征与写作成绩之间的关系,并分析产生停顿的原因。研究问题如下:

1.高中生英语写作行文中的停顿在语言位置和时间位置上有何特征?

2.写作行文中的停顿与写作成绩的相关性如何?

3.高中生英语写作行文中出现停顿的原因是什么?

二、研究对象

本研究的研究对象为浙江省永康市一所高中的高一英语学习者,随机选取两个平行班的 42 名学习者参与本次研究。被试年龄为 15～17 岁,平均年龄为 15.64 岁;英语学习时间为 6～7 年,平均学习时间为 6.78 年。所有学习者均无海外学习经历。

为深入探究不同语言水平学习者的停顿特征,根据期中考试作文的成绩,本研究将排名前 21 名的学习者定为高水平组,排名后 21 名的学习者定为低水平组,T 检验结果显示,两组学习者的写作成绩具有显著的差异($t=12.101, p=0.000<0.001$)。

参与本研究的学习者每周有计算机课,对计算机的操作和打字均较为熟练。通过在线打字训练和测试(https://dazi.kukuw.com/),所有学习者的打字速度都能达到每分钟 80 个单词以上,平均速度为每分钟 85.6 个单词。

三、研究工具

本研究主要通过键盘记录、写作测试和视频刺激回忆访谈等途径收集研究数据。

(一)键盘记录

本研究的键盘记录工具为 Inputlog 8.0 软件。该软件可以记录写作过程中所有的键盘输入、鼠标移动以及语音输入,数据会自动保存在日志文件中。Inputlog 8.0 的另一个特点是,日志文件信息可以通过其他专门设计的软件

（Microsoft Excel，SPSS 22.0）进行转换，以方便分析写作中停顿的特征。详细情况请参考第四章第一节研究工具中的相关介绍。

本研究主要运用 Inputlog 8.0 软件中的分析模块，通过分析模块的选项卡，我们可以获取一般信息、停顿信息和流利度信息。

停顿日志文件包括三个主要部分：一般信息（general information）、停顿位置（pause locations）和分段摘要（summary per interval）。一般信息的内容如图 5-1 所示，包括写作过程中停顿行为的一些总体信息，如总写作时间（total process time）、总停顿时间（total pause time）和停顿次数（total number of pauses）等。

General Information

Overview

Total Process Time	00:18:08
Total Pause Time	00:17:24
Total Active Writing Time	00:00:43
Total Process Time (s)	1088.438
Total Pause Time (s)	1044.729
Total Active Writing Time (s)	43.709
Proportion of Pause Time	95.984 %

General

Total Number of Pauses	714
Arithmetic Mean of Pauses (s)	1.463
Median Pause Time (s)	0.729
Geometric Mean of Pauses (s)	0.808
95% CI Log-Transformed - Low Boundary (s)	0.755
95% CI Log-Transformed - High Boundary (s)	0.865
Coefficient of Variation	117.120 %
Standard Deviation (s)	3
Id of the First Key Event	18
Start Time of the First Key Event (ms)	44219

P-Bursts at 2000 ms

Number of P-Bursts	105
Number of P-Bursts per min.	5.788
Mean Process Time P-Bursts (s)	4.932
Median Process Time P-Bursts (s)	3.515
Standard Deviation P-Bursts (s)	5.421
Mean Typed In P-Bursts (chars)	8.171
Median Typed In P-Bursts (chars)	5
Standard Deviation P-Bursts (chars)	11.723

图 5-1　Inputlog 8.0 停顿一般信息

Inputlog 中的停顿位置包括词内（within words）、词前（before words）、句前（before sentences）、句后（after sentences）、段前（before paragraphs）、段后（after paragraphs）等位置的停顿信息，如停顿次数（number of pauses）、平均停顿次数（arithmetic mean of pauses）、停顿次数中位数（median pause times）、变异系数（coefficient of variation）和标准差（standard deviation）等（见图 5-2）。

Pause Location

Within Words

Number of Pauses	397
Arithmetic Mean of Pauses (s)	0.877
Median Pause Time (s)	0.516
Geometric Mean of Pauses (s)	0.599
95% CI Log-Transformed - Low Boundary (s)	0.557
95% CI Log-Transformed - High Boundary (s)	0.644
Coefficient of Variation	84.812 %
Standard Deviation (s)	1.825

Before Words

Number of Pauses	112
Arithmetic Mean of Pauses (s)	2.110
Median Pause Time (s)	1.060
Geometric Mean of Pauses (s)	1.158
95% CI Log-Transformed - Low Boundary (s)	0.971
95% CI Log-Transformed - High Boundary (s)	1.381
Coefficient of Variation	119.379 %
Standard Deviation (s)	4.390

Before Sentences

Number of Pauses	1
Arithmetic Mean of Pauses (s)	
Median Pause Time (s)	
Geometric Mean of Pauses (s)	
95% CI Log-Transformed - Low Boundary (s)	
95% CI Log-Transformed - High Boundary (s)	
Coefficient of Variation	
Standard Deviation (s)	

Before Paragraphs

Number of Pauses	6
Arithmetic Mean of Pauses (s)	2.810
Median Pause Time (s)	2.225
Geometric Mean of Pauses (s)	1.909
95% CI Log-Transformed - Low Boundary (s)	0.626

图 5-2　Inputlog 8.0 停顿位置信息

　　分段摘要在停顿日志记录中也很重要。研究者可以通过设定时间段（interval）的数量（例如，5 个时间段，10 个时间段）或时间段的长度（例如，60 秒，5 分钟）将整个写作划分成几个部分，并展示每个部分的开始时间、停顿次数、平均停顿次数、停顿次数中位数、变异系数和标准差等信息，如图 5-3 所示。

Summary per Interval

Interval #1

Start Time	00:00:00
Number of Pauses	135
Arithmetic Mean of Pauses (s)	1.480
Median Pause Time (s)	0.942
Geometric Mean of Pauses (s)	0.963
95% CI Log-Transformed - Low Boundary (s)	0.828
95% CI Log-Transformed - High Boundary (s)	1.120
Coefficient of Variation	109.413 %
Standard Deviation (s)	1.861

Interval #2

Start Time	00:03:37
Number of Pauses	172
Arithmetic Mean of Pauses (s)	1.262
Median Pause Time (s)	0.640
Geometric Mean of Pauses (s)	0.729
95% CI Log-Transformed - Low Boundary (s)	0.636
95% CI Log-Transformed - High Boundary (s)	0.837
Coefficient of Variation	114.066 %
Standard Deviation (s)	2.089

Interval #3

Start Time	00:07:15
Number of Pauses	139
Arithmetic Mean of Pauses (s)	1.529
Median Pause Time (s)	0.673
Geometric Mean of Pauses (s)	0.779
95% CI Log-Transformed - Low Boundary (s)	0.665
95% CI Log-Transformed - High Boundary (s)	0.911
Coefficient of Variation	118.476 %
Standard Deviation (s)	3.887

Interval #4

Start Time	00:10:53
Number of Pauses	122

图 5-3　Inputlog 8.0 停顿时间段信息

（二）写作测试

本研究的写作测试采用应用文写作。应用文写作是学习者在初中和高中阶段要求掌握的写作体裁，对学习者来说较为熟悉。测试内容选自一份十校联考试卷，具体的写作内容和要求如下：

> 校园欺凌(campus bullying)现象时有发生，引起越来越多人的关注。假如你是李华，近日加入了网上某论坛关于"How to deal with campus bullying"的讨论，请你根据以下提示用英语写一篇博文：
>
> 1.陈述现象及其危害；
>
> 2.提出相应的建议；
>
> 3.期待大家的回复评论。
>
> 注意：
>
> 1.词数80左右；
>
> 2.可以适当增加细节，以使行文连贯。

（三）视频刺激回忆访谈

为考察写作停顿行为背后的原因，我们采用了视频刺激回忆访谈。访谈在完成写作任务后立即进行，这样可以减少被试记忆衰退对访谈的影响。被试根据键盘记录和屏幕记录回放对写作过程进行回忆，并口头报告写作过程中的思维活动，尤其是停顿期间的思维活动。同时，研究者设计了一些访谈提纲，积极鼓励他们分享自己的想法，主要包括以下四个问题：

1.你觉得这个写作任务怎么样？容易？有点困难？还是非常困难？

2.你在写作过程中遇到了什么样的困难？

3.你在写作过程中是如何处理这些困难的？

4.在写作过程中，你在哪些地方出现较长时间的停顿？在哪些地方出现较多次数的停顿？

四、研究过程

研究过程主要包括实验前准备、写作测试、刺激回忆访谈和数据处理与分析，具体流程如下：

首先进行实验前的准备，主要包括软件的安装和调试、实验对象的培训、实验材料的准备和实验场地布置等工作。实验人员在笔记本电脑上安装Inputlog 8.0软件和Camtasia Studio 8.0软件，并进行调试。调试好后，对实验对象进行集中培训,确保他们能够熟练操作这些软件。之后,选取写作测试材料并将其输入计算机供实验使用。实验场地选取安静的空闲教室。

接着进行写作测试。为了符合学习者的写作习惯,42 名被试在写作前有 5 分钟的纸上构思时间。写作在笔记本电脑上进行,但被试不允许访问网络资源。写作过程通过 Inputlog 8.0 软件和 Camtasia Studio 8.0 软件进行记录。

之后进行视频刺激回忆访谈。当被试完成写作后,立即对他们进行视频刺激回忆访谈。研究人员给学习者播放录制的视频,要求被试根据视频回放和作文文本对写作过程进行回忆和说明。视频刺激回忆访谈将进行全程录音,以供后续分析。

在所有被试完成写作测试后,两位教师对被试的作文进行评分。这两位教师都是该校的英语教师,具有丰富的教学和评卷经验,教龄分别为 7 年和 11 年。评分标准参照高考英语应用文写作评分标准。作文成绩以两位教师评分的平均分计算。斯皮尔曼相关分析结果显示两教师的评分一致性比较理想($r=0.924, p<0.001$)。此外,研究人员将刺激回忆访谈的录音进行转写,供后续分析。

最后,Inputlog 数据和写作测试成绩导入 SPSS 中进行量化分析,而视频刺激访谈转写材料则进行质性分析。

五、数据分析

本研究的数据分析包括两个部分:定量分析和定性分析。

(一)定量分析

定量分析主要基于键盘记录数据,对语言位置和时间位置停顿特征以及停顿特征与写作成绩之间的相关性进行分析。

1.语言位置的停顿分析

不同语言位置的停顿表明了写作者处理文本的过程和特点(Alamargot et al.,2007)。本研究将考察单词、句子和段落三个层面语言位置的停顿,单词层面包括词前、词内、词间和词后,句子层面包括句前、句间和句后,段落层面包括段前、段间和段后。

词前停顿指在计算机写作中输入空格后的停顿,意味着写作者完成上一个单词后,思考下一个单词的过程。词内停顿指的是单词内部的停顿,意味着写作者正在思考这个单词,或者写作者在拼写这个单词时遇到了困难。词后停顿指在输入空格前的停顿。词间停顿指词前停顿和词后停顿的组合。句前停顿指计算机写作中前一个句子结束（即输入句号和问号等句子结束标点符号），并输入后续的空格之后（即准备输入新句子前）的停顿，通常代表写作者在构思如何写下一句话。句后停顿指在句号和问号等句子结束标点符号之后，但未输入后续的空格之前的停顿。句间停顿是句前和句后组合的停顿。段前停顿指的是在按回车键（Enter）后与按下一个键前之间的停顿。段后停顿指在句号和问号等终结标点符号后与按下回车键前之间的停顿。段间停顿指段落之间段前停顿和段后停顿的组合。一般来说，词前、句前和段前的停顿与构思有关；词后、句后和段后的停顿与检查和修改有关；而词内停顿则可能反映出写作者在单词拼写方面存在的问题。

2.时间位置的停顿分析

停顿的时间位置分析能从宏观的角度探索停顿在整个写作过程中的分布特征。为了更好地调查高中生写作认知过程管理的有效性以及对写作结果的影响，我们将每位被试的写作过程划分为5个等长的时间段，并对不同时间段的停顿频次和停顿时长进行比较。由于停顿频次受时间段长度的影响，我们将每位被试在不同时间段的原始停顿频次统一转换为5分钟的标准化停顿频次，公式如下：

$$标准化停顿频次 = 300 \times \frac{停顿频次}{时间段长度（秒）}$$

3.停顿特征与写作成绩的相关性分析

为考察停顿特征与写作质量之间的关系，本研究分别将语言位置的停顿次数和时长以及时间位置的停顿次数和时长与写作成绩进行皮尔逊相关检验。语言位置的停顿次数和时长分别从单词、句子和段落三个层面开展分析。时间位置的停顿次数和时长分别从五个时间段开展分析。

（二）定性分析

视频刺激回忆访谈的结果可以作为定量分析的补充。通过访谈我们不仅仅可以探究在语言和时间位置上的停顿原因，而且能够了解学习者在写作时的感受和想法，并揭示他们的认知资源分配模式。本研究对访谈数据的处理分为三个步骤：首先，研究者对42份访谈记录进行转录；然后，研究人员识别并编码所有与停顿有关的回答；最后，研究者对编码后的数据进行分析。

第二节　结果与讨论

一、写作过程中的停顿特征

表 5-1 展示了学习者在写作过程中的总写作时间、总停顿时长和总停顿频次的均值和标准差。结果显示,学习者在写作过程中产生了大量的停顿,平均总停顿时长为 466.000 秒,占总写作时间(平均 1131.020 秒)的 41.20%,也就是说学习者写作过程中超过 2/5 的时间是停顿。此外,停顿的频率也比较高,平均总停顿频次为 106.700 次,平均每 10.060 秒发生 1 次停顿。标准差的数据也表明学习者间的个体差异也比较大,尤其是在总写作时间(标准差＝422.150)和总停顿时长(标准差＝280.860)方面。

表 5-1　总写作时间、停顿时长和停顿频次

指标	个案数	均值	标准差
总写作时间/秒	42	1131.020	422.150
总停顿时长/秒	42	466.000	280.860
总停顿频次/次	42	106.700	17.880

(一)语言位置上的停顿特征

表 5-2 展示了各语言位置的停顿时长和停顿频次的均值和标准差。可以看出,在停顿时长方面,段前的停顿时长最长(平均 9.520 秒),其次是句间(平均 8.510 秒),而后是句前(平均 7.630 秒),最短的是段后停顿(平均 2.410 秒);在停顿频次方面,词间平均停顿次数最多,平均 58.360 次,其次是词前,平均 25.520 次,最少的是段后停顿,平均 0.640 次。

表 5-2　不同语言位置的停顿时长和停顿频次

语言位置	停顿时长(个案数＝42)		停顿频次(个案数＝42)	
	均值/秒	标准差	均值/次	标准差
词前	5.680	2.840	25.520	11.980
词内	5.070	1.510	16.930	7.960
词后	4.850	1.770	16.210	8.560
词间	5.410	1.630	58.360	19.720

语言位置	停顿时长(个案数＝42)		停顿频次(个案数＝42)	
	均值/秒	标准差	均值/次	标准差
句前	7.630	3.360	3.880	1.890
句后	4.800	3.850	1.860	1.630
句间	8.510	6.690	1.950	1.430
段前	9.520	6.200	2.330	1.180
段后	2.410	3.760	0.640	0.760
段间	4.910	2.240	3.290	2.280

为分析不同语言位置的停顿之间的差异,我们进行了两两对比分析。结果显示,就单词层面的停顿时长而言,词前和词间的停顿时长显著长于词后的停顿时长($p＝0.031＜0.050$;$p＝0.012＜0.050$),而词前的停顿时长与词内的停顿时长($p＝0.091＞0.050$)、词前的停顿时长与词间的停顿时长($p＝0.362＞0.050$)以及词内的停顿时长与词间的停顿时长($p＝0.170＞0.050$)的停顿时长均无显著的差异(见表5-2和表5-3)。这表明写作者在行文阶段,单词的构思和提取需要花费相对较长的时间,占用较多的认知资源。

表 5-3　单词层面停顿时长的对比分析结果

(I)单词	(J)单词	均值差(I－J)	标准误差	p	95%置信区间的差异	
					下界	上界
词前	词内	0.610	0.353	0.091	−0.102	1.322
	词后	0.832*	0.372	0.031	0.080	1.584
	词间	0.270	0.293	0.362	−0.321	0.861
词内	词前	−0.610	0.353	0.091	−1.322	0.102
	词后	0.222	0.267	0.410	−0.316	0.761
	词间	−0.340	0.243	0.170	−0.830	0.151
词后	词前	−0.832*	0.372	0.031	−1.584	−0.080
	词内	−0.222	0.267	0.410	−0.761	0.316
	词间	−0.562*	0.214	0.012	−0.994	−0.130
词间	词前	−0.270	0.293	0.362	−0.861	0.321
	词内	0.340	0.243	0.170	−0.151	0.830
	词后	0.562*	0.214	0.012	0.130	0.994

注:p指显著性值,*指在0.050水平上显著。

其次,在句子层面,句前和句间的停顿时长显著长于句后的停顿时长($p=0.000<0.001$;$p=0.001<0.010$),而句前与句间的停顿时长并无显著的差异($p=0.389>0.050$)(见表 5-2 和表 5-4)。这表明,写作者通常需要一定的时间来考虑句子的内容、语法或结构,而且在行文阶段,句前的构思相比句后的检查花费的时间更多。

表 5-4　句子层面停顿时长的对比分析结果

（I）句子	（J）句子	均值差 （I-J）	标准 误差	p	95%置信区间的差异	
					下界	上界
句前	句后	2.829***	0.727	0.000	1.361	4.297
	句间	-0.885	1.017	0.389	-2.938	1.169
句后	句前	-2.829***	0.727	0.000	-4.297	-1.361
	句间	-3.713**	1.088	0.001	-5.912	-1.515
句间	句前	0.885	1.017	0.389	-1.169	2.938
	句后	3.713**	1.088	0.001	1.515	5.912

注:p 指显著性值,** 指在 0.010 水平上显著,*** 指在 0.001 水平上显著。

最后,在段落层面,段前、段间和段后三者的停顿时长之间均存在显著的差异,具体而言,段前的停顿时长($p=0.000<0.001$)和段间的停顿时长($p=0.010\leqslant0.010$)显著长于段后的停顿时长,且段前的停顿时长显著长于段间的停顿时长($p=0.000<0.001$)(见表 5-2 和表 5-5)。这表明,在写作行文阶段,写作者段前的构思时间显著长于段后的检查时间,主要的精力在于构思和行文,而不是检查。

表 5-5　段落层面停顿时长的对比分析结果

（I）段落	（J）段落	均值差 （I-J）	标准 误差	p	95%置信区间的差异	
					下界	上界
段前	段后	7.112***	1.196	0.000	4.698	9.527
	段间	4.612***	0.993	0.000	2.607	6.618
段后	段前	-7.112***	1.196	0.000	-9.527	-4.698
	段间	-2.500*	0.560	0.010	-3.632	-1.368
段间	段前	-4.612***	0.993	0.000	-6.618	-2.607
	段后	2.500*	0.560	0.010	1.368	3.632

注:p 指显著性值,* 指在 0.010 水平上显著,*** 指在 0.001 水平上显著。

　　此外,从表5-2和上述的分析结果来看,停顿时长随着语言单元层次的提高而增加。该结果与之前的一些研究结果相一致(Chanquoy *et al.*,1996;Miller,2000),说明随着语言单元层次的提高,二语写作者需要投入更多的认知资源进行加工。

　　在停顿频次方面,单词层面上,除词内和词后的停顿频次不存在显著差异之外($p=0.719>0.050$),其他位置的停顿频次之间均具有显著性差异,具体而言,词前的停顿频次显著高于词内的停顿频次($p=0.000<0.001$)和词后的停顿频次($p=0.001≤0.001$),词间的停顿频次显著高于词前的停顿频次($p=0.000<0.001$)、词内的停顿频次($p=0.000<0.001$)和词后的停顿频次($p=0.000<0.001$)(见表5-2和表5-6)。

表 5-6　单词层面停顿频次的对比分析结果

(I)单词	(J)单词	均值差 (I−J)	标准 误差	p	95%置信区间的差异	
					下界	上界
词前	词内	8.595***	1.789	0.000	4.982	12.208
	词后	9.310***	2.562	0.001	4.135	14.484
	词间	−32.833***	3.290	0.000	−39.477	−26.189
词内	词前	−8.595***	1.789	0.000	−12.208	−4.982
	词后	0.714	1.975	0.719	−3.274	4.702
	词间	−41.429***	3.368	0.000	−48.231	−34.626
词后	词前	−9.310***	2.562	0.001	−14.484	−4.135
	词内	−0.714	1.975	0.719	−4.702	3.274
	词间	−42.143***	2.502	0.000	−47.196	−37.090
词间	词前	32.833***	3.290	0.000	26.189	39.477
	词内	41.429***	3.368	0.000	34.626	48.231
	词后	42.143***	2.502	0.000	37.090	47.196

注:p 指显著性值,*** 指在 0.001 水平上显著。

　　在句子层面,句前停顿频次显著高于句后停顿频次($p=0.000<0.001$)和句间停顿频次($p=0.000<0.001$),而句间停顿频次和句后停顿频次并无显著的差异($p=0.766>0.050$)(见表5-2和表5-7)。

表 5-7　句子层面停顿频次的对比分析结果

(I)句子	(J)句子	均值差 （I－J）	标准 误差	p	95％置信区间的差异	
					下界	上界
句前	句后	2.024***	0.355	0.000	1.307	2.741
	句间	1.929***	0.329	0.000	1.263	2.594
句后	句前	−2.024***	0.355	0.000	−2.741	−1.307
	句间	−0.095	0.318	0.766	−0.736	0.546
句间	句前	−1.929***	0.329	0.000	−2.594	−1.263
	句后	0.095	0.318	0.766	−0.546	0.736

注：p 指显著性值，*** 指在 0.001 水平上显著。

最后，在段落层面，段前的停顿频次比段后的停顿频次更高（p＝0.000＜0.001），而段间的停顿频次比段前的停顿频次（p＝0.012＜0.050）和段后的停顿频次（p＝0.000＜0.001）更高（见表 5-2 和表 5-8）。

表 5-8　段落层面停顿频次的对比分析结果

(I)段落	(J)段落	均值差 （I－J）	标准 误差	p	95％置信区间的差异	
					下界	上界
段前	段后	1.690***	0.203	0.000	1.280	2.100
	段间	−0.952*	0.362	0.012	−1.684	−0.221
段后	段前	−1.690***	0.203	0.000	−2.100	−1.280
	段间	−2.643***	0.321	0.000	−3.292	−1.994
段间	段前	0.952*	0.362	0.012	0.221	1.684
	段后	2.643***	0.321	0.000	1.994	3.292

注：p 指显著性值，* 指在 0.050 水平上显著，*** 指在 0.001 水平上显著。

从以上结果可以发现，词前、句前和段前均相应地比词后、句后和段后停顿的数量多，停顿更为频繁。这一结果与停顿时长方面基本一致。也就是说，行文过程中构思的频次比检查和修改的频次要高。

但是，在停顿频次方面的另一个发现是，停顿频次随着语言单元层次的提高而减少，也就是说停顿频次与语言单元层次呈负相关关系（见图 5-4）。这一结论同此前的一些研究结论相符（聂玉景、李征娅，2016；Mohsen & Qassem，2020）。

综上所述，我们可以发现，随着语言单元层次的提升，停顿次数减少，但是停顿时长增加。根据写作的工作记忆模型，高阶认知过程需要更多的认知资

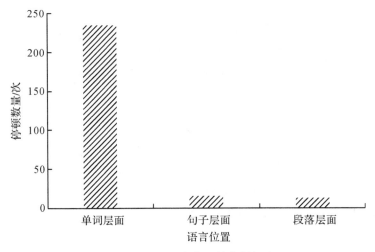

图 5-4　不同语言位置的停顿频次

源和更高的语言能力支持,而句子和段落的开头更有可能涉及高层次的构思活动,因此会产生更长的停顿。一些研究也表明,较大语篇单元之间的边界对停顿具有预测作用(Matsuhashi,1987;Beauvais *et al.*,2011),产生停顿的频次也会相对较低。此外,受二语语言水平所限,写作者可能会花更多的时间在语言问题的处理尤其是单词的选择和运用上(聂玉景、李征娅,2016)。另一个可能的解释是写作环境。Van Waes 和 Schellens(2003)发现,写作者在计算机上写作比在纸上写作更零碎,同时在计算机上写作也比在纸上写作更倾向于修改文字。

　　为了进一步了解二语写作过程中停顿的特征,本研究进一步探讨了不同语言水平的学习者的停顿差异。表 5-9 展示了不同语言水平的学习者在单词层面上停顿频次的描述性统计结果。可以看出,高分组比低分组在词前的停顿频次上稍多(平均次数分别为 26.620 次和 20.430 次),而在词内(平均次数分别为 11.900 次和 16.950 次)、词后(平均次数分别为 16.430 次和 18.600 次)和词间(平均次数分别为 55.620 次和 61.100 次)的停顿频次上均稍少一些。

表 5-9　不同语言水平写作者在单词层面的停顿频次

停顿位置	语言水平	个案数	均值/次	标准差	最大值/次	最小值/次
词前	高分组	21	26.620	14.060	59.000	4.000
	低分组	21	20.430	9.680	47.000	11.000
词内	高分组	21	11.900	9.530	7.280	3.170
	低分组	21	16.950	6.240	10.440	3.320

续表

停顿位置	语言水平	个案数	均值/次	标准差	最大值/次	最小值/次
词后	高分组	21	16.430	9.440	39.000	3.000
	低分组	21	18.600	7.370	35.000	4.000
词间	高分组	21	55.620	21.230	125.000	35.000
	低分组	21	61.100	18.300	109.000	33.000

T 检验结果显示,高分组与低分组在词前的停顿频次($t=0.588,p=0.046<0.050$)和词内的停顿频次($t=-3.019,p=0.015<0.050$)上具有显著的差异,而在词后的停顿频次($t=-1.885,p=0.174>0.050$)和词间的停顿频次上无显著的差异($t=-1.221,p=0.222>0.050$)(见表5-10)。

表 5-10　不同语言水平写作者在单词层面停顿频次的 T 检验结果

停顿位置	t	p(双尾)
词前	0.588*	0.046
词内	−3.019*	0.015
词后	−1.885	0.174
词间	−1.221	0.222

注:t 指 T 检验值,p 指显著性值,* 指在 0.050 水平上显著。

在停顿时长上,不同语言水平的写作者在单词层面上的情况如表5-11所示。高分组比低分组在词前的停顿时长稍微长一些(平均时长分别为5.070秒和4.690秒),但在词内(平均时长分别为3.000秒和5.130秒)、词后(平均时长分别为4.670秒和5.020秒)和词间(平均时长分别为5.310秒和5.500秒)的停顿时长稍短一些。

表 5-11　不同语言水平写作者在单词层面的停顿时长

停顿位置	语言水平	个案数	均值/秒	标准差	最大值/秒	最小值/秒
词前	高分组	21	5.070	1.620	9.450	3.350
	低分组	21	4.690	3.720	18.710	1.750
词内	高分组	21	3.000	1.400	7.280	3.170
	低分组	21	5.130	1.810	10.440	3.320
词后	高分组	21	4.670	1.510	8.360	2.950
	低分组	21	5.020	2.020	11.370	2.670

续表

停顿位置	语言水平	个案数	均值/秒	标准差	最大值/秒	最小值/秒
词间	高分组	21	5.310	1.460	8.590	3.130
	低分组	21	5.500	1.810	12.610	3.790

T 检验结果显示,高分组与低分组在词内的停顿时长上具有显著的差异($t=-1.277$,$p=0.032<0.050$),而在词前($t=-1.409$,$p=0.159>0.050$)、词后($t=-0.365$,$p=0.715>0.050$)和词间的停顿时长($t=-0.151$,$p=0.880>0.050$)上均无显著的差异(见表 5-12)。也就是说,语言水平较高的写作者在词内的加工时间比语言水平较低的写作者明显更少。

表 5-12　单词层面停顿时长的 T 检验结果

停顿位置	t	p(双尾)
词前	-1.409	0.159
词内	-1.277^*	0.032
词后	-0.365	0.715
词间	-0.151	0.880

注:t 指 T 检验值,p 指显著性值,* 指在 0.05 水平上显著。

综合停顿频次和停顿时长的结果,我们发现,在行文阶段,低分组学习者可能会在单词的运用上遇到更多的困难,主要的原因可能是他们对心理词汇的提取效率更低,对单词的拼写和意义不够熟悉,导致他们在词内的停顿频次更多且停顿时间更长。该结果与前人研究结论基本一致(Miller,2000;Wengelin,2007;聂玉景、李征娅,2016;Révész et al.,2022)。Kellogg(1996)认为,语言的熟练程度与第二语言写作者的停顿密切相关,一般熟练程度较低的写作者可能会在较低的文本单元(词内和词间)上有更频繁和更长时间的停顿,这些停顿应该与语言编码有关(Révész et al.,2019)。

此外,本研究结果也表明,高分组在词前的停顿频次比低分组显著更多,但停顿时长上并无显著的差异。这说明高分组的写作者的单词构思更频繁,更重视对单词的选择,但在构思的时间上并没有比低分组更长。这有可能是因为低水平组的一些学习者倾向于选择一些较为简单的单词来替换不熟悉或不确定的单词,节约了单词构思时间。比较两组写作文本可以发现,两组之间的词汇多样性存在明显差异,高水平组的学习者倾向于使用更多样化的词汇,如下面的这个高分组作文例子。

Nowadays, campus bullying is increasingly frequent among our adolescents. It's harmful for this phenomenon that teenagers might be affected by it. Here are my points of view to confront this situation.

First and foremost, it's significant that we should take measures to prevent this inappropriate behavior. It will not only influence students' mental health, but also physical health. Bullying is quite normal and there is no doubt that everyone wants to shrink from it. Apart from that, it can stir up troubles among students. As a result of the campus bullying, the relationships between them can be destroyed. In face of campus bullying, schools have no rights to refuse to strengthen the education of students' mental health. What makes difference to campus bullying is holding more activities about mental construction so that the teenagers will raise their awareness of campus bullying. Delivering speeches is a proper choice, students can learn from it efficiently.

As far as I'm concerned only by putting into practice can we make progress in preventing campus bullying. I am anticipating your thoughts.

文本中用"adolescents"和"teenagers"来表达遭受校园欺凌的主体；在描述校园欺凌的危害和建议时，使用了不同的动词来表达，如"influence""stir""strengthen"和"improve"。此外，"my points of view"和"as far as I'm concerned"等结构也被用来表达自己的观点。与此相比，低分组的作文则更倾向于较为简单的单词和词组，词汇的丰富性和复杂度相对较低，如下面的例子。

It is my point of more and more campus bullying in these years.

The society's education is ended from the moment that campus bullying threads students' life. If there are many bullies of power and spirit, it will cause moral issues. For the situation of campus bullying, from my points of view, we should take more care of children's daily life which can find campus bullying as quickly as we can. Teachers should take more responsibilities of kids' life not only the time of class. Finally, we should make some speech or other activities to call on students to ban the bullying.

What's your idea of dealing with bullying, I'm glad to read your replies.

高分组和低分组在句子层面上的停顿频次描述性统计结果如表 5-13 所示。高分组在句前的停顿频次高于低分组(平均停顿频次分别为 4.520 次和 3.240 次),而在句后的停顿频次(平均停顿频次分别为 2.090 次和 2.430 次)和句间的停顿频次(平均停顿频次分别为 2.120 次和 2.680 次)上则低于低分组。

表 5-13　不同语言水平写作者在句子层面的停顿频次

停顿位置	语言水平	个案数	均值/次	标准差	最大值均值/次	最小值均值/次
句前	高分组	21	4.520	2.210	9.000	1.000
	低分组	21	3.240	1.260	6.000	2.000
句后	高分组	21	2.090	1.520	6.000	0.000
	低分组	21	2.430	1.660	5.000	0.000
句间	高分组	21	2.120	1.330	6.000	1.000
	低分组	21	2.680	1.320	6.000	0.000

T 检验结果显示,高分组和低分组在句子三个不同位置上的停顿频次均具有显著的差异(句前:$t=2.044$,$p=0.041<0.050$;句后:$t=-2.100$,$p=0.036<0.050$;句间:$t=-3.145$,$p=0.002<0.010$)(见表 5-14)。

表 5-14　不同语言水平写作者在句子层面停顿频次的 T 检验结果

停顿位置	t	p(双尾)
句前	2.044*	0.041
句后	-2.100*	0.036
句间	-3.145**	0.002

注:t 指 T 检验值,p 指显著性值,* 指在 0.050 水平上显著,** 指在 0.010 水平上显著。

在句子层面的停顿时长上,高分组比低分组在句前的停顿更长(平均停顿时长分别为 8.840 秒和 6.300 秒),而在句后的停顿(平均停顿时长分别为 3.870 秒和 5.730 秒)和句间的停顿(平均停顿时长分别为 8.920 秒和 9.110 秒)上则更短(见表 5-15)。

表 5-15　不同语言水平写作者在句子层面的停顿时长

停顿位置	语言水平	个案数	均值/秒	标准差	最大值/秒	最小值/秒
句前	高分组	21	8.840	3.500	16.110	4.230
	低分组	21	6.300	2.280	9.320	2.340
句后	高分组	21	3.870	3.400	14.620	0.000
	低分组	21	5.730	4.060	14.340	0.000
句间	高分组	21	8.920	5.000	22.600	2.580
	低分组	21	9.110	8.120	30.770	0.000

T 检验结果显示,高分组与低分组在句前的停顿时长($t=2.164$,$p=0.030<0.050$)、句后的停顿时长($t=-2.524$,$p=0.012<0.050$)和句间的停顿时长($t=-1.315$,$p=0.043<0.050$)上均具有显著的差异(见表 5-16)。

表 5-16　不同语言水平写作者在句子层面停顿时长的 T 检验结果

停顿位置	t	p(双尾)
句前	2.164*	0.030
句后	-2.524*	0.012
句间	-1.315*	0.043

注:t 指 T 检验值,p 指显著性值,* 指在 0.050 水平上显著。

以上结果表明,在句子层面上,高分组和低分组不论在停顿频次还是停顿时长上均具有显著的差异,但在不同位置表现的情况不同。高分组在句前的停顿频次和停顿时长上均高于低分组,而在句后和句间的停顿频次和停顿时长则相反,低分组要高于高分组。结果说明,高分组写作者花更多的时间在句子的构思上,倾向于先构思后行文;而低分组写作者则花更多的时间在句子的行文和修改上,倾向于边行文边构思,并也做了更多的修改。

高分组和低分组在段落层面上的停顿频次描述性统计结果如表 5-17 所示。高分组在段前的停顿频次(平均停顿频次分别为 2.950 次和 1.710 次)和段间的停顿频次(平均停顿频次分别为 3.340 次和 3.230 次)上高于低分组,而在段后的停顿频次(平均停顿频次分别为 0.510 次和 0.780 次)上则稍低于低分组。

表 5-17　不同语言水平写作者在段落层面的停顿频次

停顿位置	语言水平	个案数	均值/次	标准差	最大值/次	最小值/次
段前	高分组	21	2.950	1.160	5.000	0.000
	低分组	21	1.710	1.100	5.000	0.000
段后	高分组	21	0.510	0.810	2.000	0.000
	低分组	21	0.780	0.680	2.000	0.000
段间	高分组	21	3.340	2.360	8.000	1.000
	低分组	21	3.230	2.240	10.000	1.000

T 检验结果显示,高分组与低分组在段前的停顿频次上具有显著的差异($t = 2.470$,$p = 0.014 < 0.050$),而在段后的停顿频次($t = -1.387$,$p = 0.165 > 0.050$)和段间的停顿频次($t = -0.384$,$p = 0.701 > 0.050$)上并无显著的差异(见表 5-18)。

表 5-18　不同语言水平写作者在段落层面停顿频次的 T 检验结果

停顿位置	t	p(双尾)
段前	2.470*	0.014
段后	−1.387	0.165
段间	−0.384	0.701

注:t 指 T 检验值,p 指显著性值,* 指在 0.050 水平上显著。

在段落层面的停顿时长上,高分组比低分组在段前(平均停顿时长分别为 10.260 秒和 8.290 秒)和段后(平均停顿时长分别为 2.060 秒和 1.760 秒)更长,而在段间的停顿(平均停顿时长分别为 4.390 秒和 5.430 秒)上则更短。

表 5-19　不同语言水平写作者在段落层面的停顿时长

停顿位置	语言水平	个案数	均值/秒	标准差	最大值/秒	最小值/秒
段前	高分组	21	10.260	7.310	26.820	0.000
	低分组	21	8.290	4.920	16.320	0.000
段后	高分组	21	2.060	4.110	16.090	0.000
	低分组	21	1.760	3.360	14.750	0.000
段间	高分组	21	4.390	1.970	10.600	2.370
	低分组	21	5.430	2.410	10.960	2.360

　　T检验结果显示,高分组与低分组在段前的停顿时长上具有显著的差异($t=1.765$,$p=0.049<0.050$),而在段后($p=0.166>0.050$)和段间($p=0.174>0.050$)的停顿时长上并无显著的差异(见表 5-20)。

表 5-20　不同语言水平写作者在段落层面停顿时长的 T 检验结果

停顿位置	t	p
段前	1.765*	0.049
段后	1.386	0.166
段间	−1.359	0.174

注:t 指 T 检验值,p 指显著性值,* 指在 0.050 水平上显著。

　　以上的结果表明,高分组在段前的停顿频次和时长上均显著高于低分组;而在段后和段间上,无论停顿频次或停顿时长,都无显著的差异。这说明高分组写作者在段落的构思上相较于低分组写作者投入更多的时间和精力。该结果与以往的一些研究结果基本一致(徐翠芹,2011;聂玉景、李征娅,2016),主要的差异在于以往研究发现高分组写作者在修改上也比低分组写作者更多、更频繁(Révész et al.,2022)。产生这一差异的可能原因是本研究为限时作文,写作者将主要时间和精力分配到文章的构思和行文上,没有充足的时间进行修改。此外,高中生的修改意识可能也不够强。总体来说,高分组写作者不仅在语言水平上与低分组有差异,更重要的是在写作策略上也有所不同。高分组的写作者具有更强的构思意识。

　　(二)时间位置上的停顿特征

　　表 5-21 展示了在各时间段位置中的停顿情况。具体来看,在停顿时长上,时间段 1 最长(平均 9.730 秒),时间段 2 最短(平均 5.620 秒),且从时间段 2 到时间段 5 逐渐变长(平均值分别为 5.620 秒、5.830 秒、6.310 秒和8.150 秒);在停顿频次上,时间段 1 最少(平均 20.630 次),时间段 5 最多(平均 28.740 次),且从时间段 1 到时间段 5 逐步增多(平均值分别为 20.630 次、22.870 次、25.980 次、26.320 次和 28.740 次)。

表 5-21　不同时间段的停顿时长和停顿频次

时间位置	停顿时长(个案数=42)		停顿频次(个案数=42)	
	均值/秒	标准差	均值/次	标准差
时间段 1	9.730	2.030	20.630	5.240
时间段 2	5.620	2.000	22.870	5.400

续表

时间位置	停顿时长(个案数=42)		停顿频次(个案数=42)	
	均值/秒	标准差	均值/次	标准差
时间段 3	5.830	1.950	25.980	4.990
时间段 4	6.310	3.650	26.320	6.290
时间段 5	8.150	8.920	28.740	5.450

为分析不同时间位置停顿之间的差异,我们进行了两两对比分析。结果显示,在停顿时长上,时间段 1 的停顿时长分别与时间段 2 的停顿时长($p=0.012<0.050$)、时间段 3 的停顿时长($p=0.025<0.050$)和时间段 4 的停顿时长($p=0.038<0.050$)具有显著的差异,但与时间段 5 的停顿时长无显著的差异($p=0.278>0.050$);时间段 5 的停顿时长也分别与时间段 2 的停顿时长($p=0.046<0.050$)、时间段 3 的停顿时长($p=0.042<0.050$)和时间段 4 的停顿时长($p=0.048<0.050$)具有显著的差异;但时间段 2 的停顿时长与时间段 3 的停顿时长($p=0.532>0.050$)和时间段 4 的停顿时长($p=0.597>0.050$)无显著的差异,时间段 3 与时间段 4 的停顿时长也无显著的差异($p=0.343>0.050$)(见表 5-22)。这说明,写作的起始阶段和最后阶段相较于中间阶段停顿更长时间;也就是说,在构思和修改阶段,写作者需要消耗更多的认知资源。

表 5-22　不同时间段的停顿时长对比分析结果

(I)时间段	(J)时间段	均值差(I−J)/秒	标准误差	p	95%置信区间的差异	
					下界	上界
1	2	−2.240*	0.328	0.012	−0.558	5.766
	3	−6.350*	0.304	0.025	−0.714	5.515
	4	−4.690*	0.562	0.038	−0.723	6.547
	5	−4.110	1.338	0.278	−5.123	1.281
2	1	2.240*	0.328	0.012	−4.766	0.558
	3	−4.110	0.324	0.532	−0.858	0.450
	4	−2.450	0.578	0.597	−0.860	1.475
	5	−1.870*	1.336	0.046	−5.223	0.173

续表

（I）时间段	（J）时间段	均值差（I−J）/秒	标准误差	p	95％置信区间的差异 下界	上界
3	1	6.350*	0.304	0.025	−5.515	0.714
	2	4.110	0.324	0.532	−0.450	0.858
	4	1.660	0.534	0.343	−0.567	1.590
	5	2.240*	1.386	0.042	−5.121	0.478
4	1	4.690*	0.562	0.038	−5.547	0.723
	2	2.450	0.578	0.597	−1.475	0.860
	3	−1.660	0.534	0.343	−1.590	0.567
	5	−1.840*	1.388	0.048	−5.637	−0.029
5	1	−1.580	1.338	0.278	−0.281	5.123
	2	2.530*	1.336	0.046	−0.173	5.223
	3	2.320*	1.386	0.042	−0.478	5.121
	4	1.840*	1.388	0.048	0.029	5.637

注：p 指显著性值，* 指在 0.050 水平上显著。

在停顿频次上，时间段 3 的停顿频次分别与时间段 1 的停顿频次（$p=0.015<0.050$）、时间段 2 的停顿频次（$p=0.032<0.050$）和时间段 5 的停顿频次（$p=0.042<0.050$）具有显著的差异，但与时间段 4 的停顿频次无显著差异（$p=0.343>0.050$）；此外，时间段 4 的停顿频次与时间段 1 的停顿频次也具有显著差异（$p=0.038<0.050$），但与时间段 2 的停顿频次（$p=0.597>0.050$）、时间段 3 的停顿频次（$p=0.343>0.050$）、时间段 5 的停顿频次（$p=0.548>0.050$）均无显著的差异；而且时间段 1 的停顿频次与时间段 2 的停顿频次（$p=0.112>0.050$）和时间段 5 的停顿频次（$p=0.278>0.050$）无显著的差异，时间段 2 的停顿频次与时间段 5 的停顿频次无显著的差异（$p=0.446>0.050$）（见表 5-23）。可以看出，写作的中间阶段停顿最频繁，也就是说，在行文阶段写作者遇到的困难比较多，问题比较琐碎。

表 5-23 不同时间段的停顿频次对比分析结果

（I）时间段	（J）时间段	均值差（I-J）/次	标准误差	p	95%置信区间的差异	
					下界	上界
1	2	−2.240	0.328	0.112	−4.534	0.060
	3	−6.350*	0.304	0.015	−3.440	0.748
	4	−4.690*	0.562	0.038	−2.957	1.579
	5	−4.110	1.338	0.278	−2.200	1.987
2	1	2.240	0.328	0.112	−0.060	4.534
	3	−4.110*	0.324	0.032	−0.983	2.765
	4	−2.450	0.578	0.597	−0.237	3.332
	5	−1.870	1.336	0.446	0.041	4.219
3	1	6.350*	0.304	0.015	−0.748	3.440
	2	4.110*	0.324	0.032	−2.765	0.983
	4	1.660	0.534	0.343	−1.507	2.819
	5	2.240*	1.386	0.042	−1.069	3.547
4	1	4.690*	0.562	0.038	−1.579	2.957
	2	2.450	0.578	0.597	−3.332	0.237
	3	−1.660	0.534	0.343	−2.819	1.507
	5	0.580	1.388	0.548	−1.790	2.955
5	1	4.110	1.338	0.278	−1.987	2.200
	2	1.870	1.336	0.446	−4.219	−0.041
	3	−2.240*	1.386	0.042	−3.547	1.069
	4	−0.580	1.388	0.548	−2.955	1.790

注：p 指显著性值，* 指在 0.050 水平上显著。

为进一步分析不同水平写作者在写作过程中的停顿分布情况，我们分别将高分组和低分组在 5 个时间段中的停顿时长和停顿频次进行分析。结果显示，高分组学习者在时间段 5 停顿时长最长（分别比时间段 1、时间段 2、时间段 3 和时间段 4 平均多 1.636 秒、4.902 秒、4.873 秒和 6.438 秒），在时间段 1 的停顿时长次之（分别比时间段 2、时间段 3 和时间段 4 的停顿时长平均多 2.266 秒、2.838 秒和 3.802 秒），而在时间段 4 的停顿时长最短（分别比时间段 1、时间段 2、时间段 3 和时间段 5 的停顿时长平均少 3.802 秒、1.536 秒、

1.564 秒和 6.438 秒)。两两对比分析的结果显示,时间段 5 的停顿时长分别与时间段 2 的停顿时长($p=0.034<0.050$)、时间段 3 的停顿时长($p=0.044<0.050$)和时间段 4 的停顿时长($p=0.019<0.050$)具有显著的差异,但与时间段 1 的停顿时长无显著的差异($p=0.223>0.050$),而时间段 1 的停顿时长分别与时间段 3 的停顿时长($p=0.045<0.050$)和时间段 4 的停顿时长($p=0.012<0.050$)具有显著的差异,时间段 2 的停顿时长($p=0.020<0.050$)和时间段 3 的停顿时长($p=0.015<0.050$)也分别与时间段 4 的停顿时长具有显著的差异,但时间段 1 的停顿时长与时间段 2 的停顿时长($p=0.556>0.050$)和时间段 5 的停顿时长($p=0.223>0.050$)无显著的差异,时间段 2 的停顿时长与时间段 1 的停顿时长($p=0.556>0.050$)和时间段 3 的停顿时长($p=0.949>0.050$)也无显著的差异(见表 5-24)。以上结果说明,高分组的写作者在修改和构思阶段花费的时间较多,对修改尤为重视。

表 5-24　高分组不同时间段的停顿时长对比分析结果

(I) 时间段	(J) 时间段	均值差 (I−J)/秒	标准 误差	p	95%置信区间的差异	
					下界	上界
1	2	2.266	0.444	0.556	−0.660	1.193
	3	2.838*	0.386	0.045	−0.567	1.043
	4	3.802*	0.650	0.012	0.445	3.158
	5	−1.636	2.542	0.223	−9.937	0.666
2	1	−2.266	0.444	0.556	−1.193	0.660
	3	−0.029	0.444	0.949	−0.956	0.899
	4	1.536*	0.610	0.020	0.264	2.808
	5	−4.902*	2.505	0.034	−10.127	0.324
3	1	−2.838*	0.386	0.045	−1.043	0.567
	2	0.029	0.444	0.949	−0.899	0.956
	4	1.564*	0.490	0.015	0.541	2.587
	5	−4.873*	2.581	0.044	−10.257	0.511
4	1	−3.802*	0.650	0.012	−3.158	−0.445
	2	−1.536*	0.610	0.020	−2.808	−0.264
	3	−1.564*	0.490	0.015	−2.587	−0.541
	5	−6.438*	2.513	0.019	−11.679	−1.196

续表

（I） 时间段	（J） 时间段	均值差 （I−J）/秒	标准 误差	p	95％置信区间的差异	
					下界	上界
5	1	1.636	2.542	0.223	−0.666	9.937
	2	4.902*	2.505	0.034	−0.324	10.127
	3	4.873*	2.581	0.044	−0.511	10.257
	4	6.438*	2.513	0.019	1.196	11.679

注：p 指显著性值，* 指在 0.050 水平上显著。

如表 5-25 所示，低分组写作者则在时间段 3 的停顿时长最长（分别比时间段 1、时间段 2、时间段 4 和时间段 5 的停顿时长平均多 2.437 秒、1.379 秒、1.541 秒和 3.231 秒），在时间段 4 的停顿时长次之（分别比时间段 1、时间段 2 和时间段 5 的停顿时长平均多 0.978 秒、0.920 秒和 2.772 秒），而在时间段 1 的停顿时长最短（分别比时间段 2、时间段 3、时间段 4 和时间段 5 的停顿时长平均少 0.058 秒、2.437 秒、0.978 秒和 0.206 秒）。两两对比分析的结果显示，时间段 3 的停顿时长分别与时间段 1 的停顿时长（$p=0.033<0.050$）和时间段 5 的停顿时长（$p=0.022<0.050$）具有显著的差异，而其他时间段的停顿时长之间均无显著的差异，具体而言，时间段 1 的停顿时长分别与时间段 2 的停顿时长（$p=0.908>0.050$）、时间段 4 的停顿时长（$p=0.249>0.050$）和时间段 5 的停顿时长（$p=0.745>0.050$）无显著的差异，时间段 2 的停顿时长分别与时间段 1 的停顿时长（$p=0.908>0.050$）、时间段 3 的停顿时长（$p=0.438>0.050$）、时间段 4 的停顿时长（$p=0.330>0.050$）和时间段 5 的停顿时长（$p=0.833>0.050$）无显著的差异，时间段 3 的停顿时长分别与时间段 2 的停顿时长（$p=0.438>0.050$）和时间段 4 的停顿时长（$p=0.556>0.050$）无显著的差异，时间段 4 的停顿时长分别与时间段 1 的停顿时长（$p=0.249>0.050$）、时间段 2 的停顿时长（$p=0.330>0.050$）、时间段 3 的停顿时长（$p=0.556>0.050$）和时间段 5 的停顿时长（$p=0.167>0.050$）无显著的差异，时间段 5 的停顿时长分别与时间段 1 的停顿时长（$p=0.745>0.050$）、时间段 2 的停顿时长（$p=0.833>0.050$）和时间段 4 的停顿时长（$p=0.167>0.050$）无显著的差异（见表 5-25）。以上结果说明，低分组的学习者在行文阶段花费的时间较多，对构思和修改相对不够重视。

表 5-25　低分组不同时间段的停顿时长对比分析结果

（I）时间段落	（J）时间段	均值差（I－J）/秒	标准误差	p	95%置信区间的差异	
					下界	上界
1	2	−0.058	0.491	0.908	−1.081	0.966
	3	−2.437*	0.469	0.033	−1.414	0.541
	4	−0.978	0.824	0.249	−2.697	0.742
	5	−0.206	0.624	0.745	−1.508	1.097
2	1	0.058	0.491	0.908	−0.966	1.081
	3	−1.379	0.479	0.438	−1.377	0.619
	4	−0.920	0.921	0.330	−2.840	1.000
	5	−0.148	0.692	0.833	−1.592	1.296
3	1	2.437*	0.469	0.033	−0.541	1.414
	2	1.379	0.479	0.438	−0.619	1.377
	4	1.541	0.904	0.556	−2.427	1.345
	5	3.231*	0.752	0.022	−1.337	1.799
4	1	0.978	0.824	0.249	−0.742	2.697
	2	0.920	0.921	0.330	−1.000	2.840
	3	−1.541	0.904	0.556	−1.345	2.427
	5	2.772	0.538	0.167	−0.350	1.894
5	1	0.206	0.624	0.745	−1.097	1.508
	2	0.148	0.692	0.833	−1.296	1.592
	3	−3.231*	0.752	0.022	−1.799	1.337
	4	−2.772	0.538	0.167	−1.894	0.350

注：p 指显著性值，* 指在 0.050 水平上显著。

此外，在停顿频次方面，表 5-26 显示高分组的写作者在时间段 3 的停顿频次最高（分别比时间段 1、时间段 2、时间段 4 和时间段 5 的停顿频次平均高 2.799 次、0.093 次、2.358 次和 3.682 次），其次为时间段 2（分别比时间段 1、时间段 4 和时间段 5 的停顿频次平均高 2.706 次、2.265 次和 3.589 次），停顿频次最低的是时间段 5（分别比时间段 1、时间段 2、时间段 3 和时间段 4 的停顿频次平均低 0.883 次、3.589 次、3.682 次和 1.324 次）。两两对比分析的结果显示，时间段 2 的停顿频次（$p=0.026<0.050$）和时间 3 的

停顿频次($p=0.023<0.050$)分别与时间段 5 的停顿频次具有显著的差异，而其他时间段的停顿频次无显著的差异，具体而言，时间段 1 的停顿频次与时间段 2 的停顿频次($p=0.122>0.050$)、时间段 3 的停顿频次($p=0.063>0.050$)、时间段 4 的停顿频次($p=0.806>0.050$)和时间段 5 的停顿频次($p=0.564>0.050$)无显著的差异，时间段 2 的停顿频次与时间段 1 的停顿频次($p=0.122>0.050$)、时间段 3 的停顿频次($p=0.937>0.050$)和时间段 4 的停顿频次($p=0.112>0.050$)无显著的差异，时间段 3 的停顿频次与时间段 1 的停顿频次($p=0.063>0.050$)、时间段 2 的停顿频次($p=0.937>0.050$)和时间段 4 的停顿频次($p=0.166>0.050$)无显著的差异，时间段 4 的停顿频次与时间段 1 的停顿频次($p=0.806>0.050$)、时间段 2 的停顿频次($p=0.112>0.050$)、时间段 3 的停顿频次($p=0.166>0.050$)和时间段 5 的停顿频次($p=0.468>0.050$)无显著的差异，时间段 5 的停顿频次与时间段 1 的停顿频次($p=0.564>0.050$)和时间段 4 的停顿频次($p=0.468>0.050$)无显著差异（见表 5-26）。可见，高分组的写作者在行文阶段停顿最为频繁。

表 5-26　高分组不同时间段的停顿频次对比分析结果

(I) 时间段	(J) 时间段	均值差 (I−J)/次	标准误差	p	95%置信区间的差异	
					下界	上界
1	2	−2.706	1.677	0.122	−6.205	0.793
	3	−2.799	1.424	0.063	−5.769	0.171
	4	−0.441	1.775	0.806	−4.145	3.263
	5	0.883	1.506	0.564	−2.258	4.024
2	1	2.706	1.677	0.122	−0.793	6.205
	3	−0.093	1.168	0.937	−2.530	2.344
	4	2.265	1.361	0.112	−0.573	5.104
	5	3.589*	1.488	0.026	0.485	6.694
3	1	2.799	1.424	0.063	−0.171	5.769
	2	0.093	1.168	0.937	−2.344	2.530
	4	2.358	1.638	0.166	−1.059	5.776
	5	3.682*	1.496	0.023	0.562	6.802

续表

（I）时间段	（J）时间段	均值差（I−J）/次	标准误差	p	95％置信区间的差异	
					下界	上界
4	1	0.441	1.775	0.806	−3.263	4.145
	2	−2.265	1.361	0.112	−5.104	0.573
	3	−2.358	1.638	0.166	−5.776	1.059
	5	1.324	1.791	0.468	−2.412	5.060
5	1	−0.883	1.506	0.564	−4.024	2.258
	2	−3.589*	1.488	0.026	−6.694	−0.485
	3	−3.682*	1.496	0.023	−6.802	−0.562
	4	−1.324	1.791	0.468	−5.060	2.412

注：p 指显著性值，* 指在 0.050 水平上显著。

如表 5-27 所示，在停顿频次方面，低分组的写作者在时间段 2 的停顿频次最高（分别比时间段 1、时间段 3、时间段 4 和时间段 5 的停顿频次平均高 1.767 次、1.875 次、0.830 次和 0.671 次），其次为时间段 5（分别比时间段 1、时间段 3 和时间段 4 的停顿频次平均高 1.096 次、1.204 次和 0.159 次），最低为时间段 3（分别比时间段 1、时间段 2、时间段 4 和时间段 5 的停顿频次平均低 0.108 次、1.875 次、0.045 次和 1.204 次）；但两两比较的结果显示，所有时间段的停顿频次上均无显著的差异（所有 $p>0.050$）（见表 5-27）。

表 5-27　低分组不同时间段的停顿频次对比分析结果

（I）时间段	（J）时间段	均值差（I−J）/次	标准误差	p	95％置信区间的差异	
					下界	上界
1	2	−1.767	1.571	0.274	−5.045	1.511
	3	0.108	1.473	0.942	−2.964	3.179
	4	−0.938	1.419	0.516	−3.897	2.022
	5	−1.096	1.429	0.452	−4.076	1.884
2	1	1.767	1.571	0.274	−1.511	5.045
	3	1.875	1.438	0.207	−1.125	4.875
	4	0.830	1.139	0.475	−1.546	3.205
	5	0.671	1.399	0.637	−2.247	3.589

（I）时间段	（J）时间段	均值差（I−J）/次	标准误差	p	95％置信区间的差异	
					下界	上界
3	1	−0.108	1.473	0.942	−3.179	2.964
	2	−1.875	1.438	0.207	−4.875	1.125
	4	−0.045	1.315	0.436	−3.789	1.698
	5	−1.204	1.588	0.457	−4.516	2.109
4	1	0.938	1.419	0.516	−2.022	3.897
	2	−0.830	1.139	0.475	−3.205	1.546
	3	0.045	1.315	0.436	−1.698	3.789
	5	−0.159	1.547	0.919	−3.386	3.069
5	1	1.096	1.429	0.452	−1.884	4.076
	2	−0.671	1.399	0.637	−3.589	2.247
	3	1.204	1.588	0.457	−2.109	4.516
	4	0.159	1.547	0.919	−3.069	3.386

注：p 指显著性值。

以上结果表明，不同语言水平的写作者在写作策略和写作认知加工管理上具有明显差异。语言水平较高的写作者在时间段 1 中停顿的频次较低，但停顿时长较长，表明他们比较重视构思，且是深度构思。在行文的中间阶段，语言水平较高的写作者反映出更为有效的监控，出现更为频繁但时间更短的停顿。此外，语言水平较高的写作者也比较重视文本的修改。在写作的最后阶段，他们的停顿时间增加但停顿频次减少，说明学习者倾向于进行通读修改（徐翠芹，2017）。

二、停顿特征与写作成绩的相关性

（一）不同语言位置的停顿与写作成绩的相关性

本研究采用皮尔逊相关分析来考察不同语言位置的停顿与写作成绩的相关性，其中停顿包括停顿频次和停顿时长两个指标，而语言位置包括单词、句子和段落三个层面。

从单词层面上来看，在停顿频次上，词前的停顿频次与写作成绩具有显著的正相关性（$r=0.328$，$p=0.022<0.050$），而词内停顿频次与写作成绩具有显著的负相关性（$r=-0.219$，$p=0.016<0.050$），其他位置的停顿频次与写

作成绩均无显著的相关性,具体而言,词后的停顿频次与写作成绩无显著的相关性($p=0.214>0.050$),词间的停顿频次与写作成绩也无显著的相关性($p=0.053>0.050$)(见表5-28)。

表5-28　单词层面停顿频次与写作成绩的相关分析结果

语言位置	r	p(双尾)
词前	0.328*	0.022
词内	−0.219*	0.016
词后	−0.378	0.214
词间	−0.289	0.053

注:r指皮尔逊相关系数,p指显著性值,*指在0.050水平上显著。

在停顿时长上,词内的停顿时长与写作成绩具有显著的负相关性($r=−0.437,p=0.006<0.010$),而其他位置的停顿时长均与写作成绩无显著的相关性,具体而言,词前的停顿时长与写作成绩无显著的相关性($p=0.880>0.050$),词后的停顿时长与写作成绩无显著的相关性($p=0.727>0.050$),词间的停顿时长与写作成绩也无显著的相关性($p=0.880>0.050$)(见表5-29)。

表5-29　单词层面停顿时长与写作成绩的相关分析结果

语言位置	r	p(双尾)
词前	−0.024	0.880
词内	−0.437**	0.006
词后	0.056	0.727
词间	0.024	0.880

注:r指皮尔逊相关系数,p指显著性值,**指在0.010水平上显著。

以上结果显示,无论是词内的停顿时间还是词内的停顿频次都与写作成绩具有显著的相关性。这可能主要是因为词内的加工反映了写作者的语言水平(Wengelin,2006),词内的停顿意味着学习者对单词拼写和使用的不熟悉和不确定,停顿越多、越长意味着语言水平越低。单词层面的停顿通常被认为是写作过程中的低阶认知加工(Révész et al.,2019),但由于高中生英语水平所限,低阶的词汇加工仍然对写作文本质量产生显著的影响。

从句子层面上看,在停顿频次上,句前的停顿频次($r=0.277,p=0.045<0.050$)和句间的停顿频次($r=0.439,p=0.004<0.010$)与写作成绩具有显著的正相关性,而句后的停顿频次与写作成绩无显著的相关性($p=0.218>0.050$)(见表5-30)。

表 5-30　句子停顿频次与写作成绩的相关分析结果

语言位置	r	p（双尾）
句前	0.277*	0.045
句后	0.194	0.218
句间	0.439**	0.004

注：r 指皮尔逊相关系数，p 指显著性值，* 指在 0.050 水平上显著，** 指在 0.010 水平上显著。

在停顿时长上，句前的停顿时长（$r=0.301$，$p=0.043<0.050$）和句后的停顿时长（$r=0.319$，$p=0.039<0.050$）与写作成绩具有显著的正相关性，而句间的停顿时长与写作成绩无显著的相关性（$p=0.645>0.050$）（见表 5-31）。

表 5-31　句子停顿时长与写作成绩的相关分析结果

语言位置	r	p（双尾）
句前	0.301*	0.043
句后	0.319*	0.039
句间	−0.073	0.645

注：r 指皮尔逊相关系数，p 指显著性值，* 指在 0.050 水平上显著。

以上结果表明，句前停顿越频繁，停顿时间越长，文本质量越好。Damian 和 Stadthagen-Gonzalez(2009)指出，在文本单元前停顿反映了对即将进行的写作活动的构思和转译。本研究的调查也发现，文本质量高的学习者倾向于使用更多的时间来构思句子的内容、词汇和语法结构，以提高句子的质量。例如，下面是第 41 号被试(S41)的一个句前构思过程（见图 5-5），其 S 标注的写作过程如下：

［　］It is ｛AW｝ very ｛AW｝ hard←←［　］what：s ¹|₁what's ｛AS｝ more，［　］Is ²|₂it's ｛AW｝

very ｛AW｝ harmful ｛AW｝ students.

Note：［　］：Caps lock　｛　｝：After words　←：Back：

|：Revision

从 Camtasia Studio 的记录和访谈来看，起初学习者想用"It is very hard"，然而，他接着加了一个连词"What's more，it is harmful …"，使句与句之间更有逻辑，可以发现该学习者在句前停顿时考虑句子结构或语篇连贯性。

id	type	output	startClock	endClock	pauseLocationFull
441	keyboard	SPACE	0:04:50	0:04:50	BEFORE SENTENCES
442	keyboard	CAPS LOCK	0:04:51	0:04:51	UNKNOWN
443	keyboard	I	0:04:51	0:04:51	BEFORE WORDS
444	keyboard	CAPS LOCK	0:04:51	0:04:52	UNKNOWN
445	keyboard	t	0:04:52	0:04:52	BEFORE WORDS
446	keyboard	'	0:04:53	0:04:53	WITHIN WORDS
447	keyboard	s	0:04:53	0:04:53	WITHIN WORDS
448	keyboard	SPACE	0:04:54	0:04:54	AFTER WORDS
449	keyboard	v	0:05:01	0:05:01	BEFORE WORDS
450	keyboard	e	0:05:01	0:05:01	WITHIN WORDS
451	keyboard	r	0:05:01	0:05:02	WITHIN WORDS
452	keyboard	y	0:05:02	0:05:02	WITHIN WORDS
453	keyboard	SPACE	0:05:02	0:05:02	AFTER WORDS
454	keyboard	h	0:05:02	0:05:02	BEFORE WORDS
455	keyboard	a	0:05:02	0:05:03	WITHIN WORDS
456	keyboard	=	0:05:03	0:05:03	WITHIN WORDS
457	keyboard	=	0:05:03	0:05:03	WITHIN WORDS
458	keyboard	BACK	0:05:04	0:05:04	REVISION
473	keyboard	SPACE	0:05:15	0:05:15	AFTER WORDS
474	keyboard	CAPS LOCK	0:05:16	0:05:16	UNKNOWN
475	keyboard	W	0:05:16	0:05:16	BEFORE WORDS
476	keyboard	CAPS LOCK	0:05:16	0:05:16	UNKNOWN
477	keyboard	h	0:05:17	0:05:17	BEFORE WORDS
478	keyboard	a	0:05:17	0:05:17	WITHIN WORDS
479	keyboard	t	0:05:17	0:05:17	WITHIN WORDS
480	keyboard	;	0:05:18	0:05:18	AFTER WORDS
481	keyboard	s	0:05:18	0:05:18	WITHIN WORDS
482	keyboard	SPACE	0:05:18	0:05:18	AFTER WORDS
483	keyboard	BACK	0:05:19	0:05:19	REVISION
484	keyboard	BACK	0:05:19	0:05:19	REVISION
485	keyboard	BACK	0:05:19	0:05:19	REVISION
486	keyboard	'	0:05:20	0:05:20	BEFORE WORDS
487	keyboard	s	0:05:21	0:05:21	WITHIN WORDS
488	keyboard	SPACE	0:05:21	0:05:21	AFTER WORDS
489	keyboard	m	0:05:21	0:05:22	BEFORE WORDS
490	keyboard	o	0:05:22	0:05:22	WITHIN WORDS
491	keyboard	r	0:05:22	0:05:22	WITHIN WORDS
492	keyboard	e	0:05:22	0:05:22	WITHIN WORDS
493	keyboard	,	0:05:23	0:05:23	AFTER WORDS
494	keyboard	SPACE	0:05:23	0:05:23	AFTER WORDS

图 5-5　Inpulog 8.0 句前片段记录(S41)

此外,句后的停顿时长与写作成绩之间的显著相关性表明,句子层面的检查和修改行为越多,写作成绩越好。例如,第 38 号被试(S38)的一个句后停顿 S 标注如下:

$$\{ \cdot \ \cdot \ \}^{11}|_{12}\mathrm{As} \cdot \mathrm{we} \cdot \mathrm{all} \cdot \mathrm{know}[\ \cdot\ ]^{1}|_{1}, \mathrm{campus} \cdot \mathrm{bullying}[\mathrm{is}]^{2}$$

$$|_{2} \cdot \mathrm{is} \cdot \mathrm{a} \cdot \{\mathrm{frightened}[\mathrm{t}]^{8}|_{9}\{ \cdot \mathrm{thing}\}^{9}|_{10}\}^{7}|_{8} \cdot \mathrm{tha}[\mathrm{t}[\ \cdot \mathrm{was}]^{3} \cdot$$

happen$]^{21}$ $|_{22}$ {happened}^{22} $|_{23}$ ed $|_3$ • from • time • to • ti{ • [at]^{14} $|_{15}$ {in • the}^{15} $|_{16}$ • school}^{13} $|_{14}$ m{which, {was • happened • {with • the • s[a]^{24} $|_{25}$ {cary • languege • or • the • [me[n]^{26} $|_{27}$ {anly • k}^{27}]^{28} $|_{28}$ $|_{29}$ {fight[ing]^{36} • {mean[•]^{34} $|_{35}$ ing{ • }^{35} $|_{36}$ }^{33} $|_{34}$ to • the{ • }^{31} $|_{32}$ {weak}^{30} $|_{31}$ • {one • }^{32} $|_{33}$ }^{29} $|_{30}$ }^{25} $|_{26}$ }^{23} $|_{24}$ }^{20} $|_{21}$ }^{16} e[.]^4 $|_4$, causing • a • [ilt]^5 $|_5$ lot • [pro[biem]^6 $|_6$ blems $|_7$ }^{10} proble[ms $|_{11}$ }^{12} $|_{13}$, such • as • damaging • [t]^{17} $|_{17}$ student'[s]^{18} $|_{18}$ s{ • }^{19} $|_{20}$ body $|_{19}$ •

从上面的 S 标注可以看出,学习者在"As we all know, campus bullying is a … that happened from time to time"这句话后面停顿了一下。然后,他用逗号代替了句号,并使用了非谓语动词"causing"。后在 ^{8} $|_9$ 的位置上,他在句子中加上了"frightened thing"。后又在 ^{14} $|_{15}$ 的修改位置上,他把"at school"改成了"in the school"。接下来,他在"cause"前面加了"which",目的是构造非限制性定语从句。他在这句话中加入具体的内容,并使用连词"and"的复合句引出校园欺凌的危害。最后,他将"As we all know, campus bullying is a … that happened from time to time"替换为"As we all know, campus bullying is a frightened thing that happened from time to time in the school, which was happened with the scared language or fight in order to bully the weak one, and it caused a lot problems, such as damaging student's body and mental health and making student frightened for going to school"。这种句后检查和修改的过程有利于提高句子结构的复杂度,用一个句子完成所有的内容表达,从而帮助他获得更高的分数。

从段落层面上来看,在停顿频次上,段前的停顿频次与写作成绩具有显著的负相关性($r=-0.362, p=0.018<0.050$),而段后的停顿频次($p=0.289>0.050$)和段间的停顿频次($p=0.525>0.050$)与写作成绩无显著的相关性(见表 5-32)。

表 5-32　段落停顿频次与写作成绩的相关分析结果

语言位置	r	p(双尾)
段前	-0.362^*	0.018
段后	0.168	0.289
段间	-0.101	0.525

注:r 指皮尔逊相关系数,p 指显著性值,* 指在 0.050 水平显著。

在停顿时长上,段前的停顿时长与写作成绩具有显著的正相关性($r=0.426,p=0.026<0.050$),而段后的停顿时长($p=0.413>0.050$)和段间的停顿时长($p=0.089>0.050$)与写作成绩无显著的相关性(见表 5-33)。

表 5-33　段落停顿时长与写作成绩的相关分析结果

语言位置	r	p(双尾)
段前	0.426*	0.026
段后	0.130	0.413
段间	−0.266	0.089

注:r 指皮尔逊相关系数,p 指显著性值,* 在 0.050 水平显著。

以上结果表明,段前的停顿频次低、时间长,预示着较好的写作表现。这说明,段前的深度构思有利于写作成绩的提升。此外,结果也表明,段后和段间的停顿与写作质量之间没有显著的相关性。Mohsen 和 Qassem(2020)的研究结果也表明,段间的停顿与写作质量之间并无显著的相关性。

(二)不同时间位置的停顿与写作成绩的相关性

为了解不同时间段的停顿行为与写作表现之间的关系,我们将不同时间段的停顿频次和停顿时长分别与作文成绩进行相关分析。

结果显示,在停顿频次上,不同时间位置的停顿频次与作文成绩之间没有显著的相关性(时间段 1:$p=0.546>0.050$,时间段 2:$p=0.723>0.050$,时间段 3:$p=0.694>0.050$,时间段 4:$p=0.189>0.050$,时间段 5:$p=0.163>0.050$)(见表 5-34)。

表 5-34　不同时间位置停顿频次与写作成绩的相关分析结果

时间位置	r	p(双尾)
时间段 1	−0.096	0.546
时间段 2	−0.056	0.723
时间段 3	0.062	0.694
时间段 4	−0.207	0.189
时间段 5	−0.219	0.163

注:r 指皮尔逊相关系数,p 指显著性值。

在停顿时长上,仅时间段 1 的停顿时长与写作成绩之间具有显著的正相关性($r=0.324,p=0.021<0.050$),其他时间段的停顿时长与写作成绩之间

无显著的相关性(时间段 2:$p=0.941>0.050$,时间段 3:$p=0.591>0.050$,时间段 4:$p=0.495>0.050$,时间段 5:$p=0.214>0.050$)(见表 5-35)。

表 5-35 不同时间位置停顿时长与写作成绩的相关分析结果

时间位置	r	p(双尾)
时间段 1	0.324*	0.021
时间段 2	−0.012	0.941
时间段 3	0.085	0.591
时间段 4	−0.108	0.495
时间段 5	0.196	0.214

注:r 指皮尔逊相关系数,p 指显著性值,* 指在 0.050 水平显著。

以上结果表明,总体而言在不同时间段的停顿与写作成绩之间并没有显著的相关性(除了时间段 1 的停顿时长)。Van Waes 和 Schellens(2003)指出,在以计算机为媒介的写作中,写作者的写作时间倾向于均匀地分布在整个写作过程中。但是,在刚开始写作的阶段(时间段 1)中,更长时间的构思有利于文本质量的提升。

此外,其他一些因素也可能对上述结果带来一定影响。首先,所有被试均来自同一所学校的平行班,被试之间缺乏较大的差异性,这是一个潜在的影响因素。其次,应用文写作是被试从初中到高中的必考题目,也是被试在高中学习期间训练最多的写作体裁,被试都比较熟悉应用文写作的写作模式,因此可能导致不同语言水平的被试在各个阶段停顿的差异并不那么明显。

三、停顿的原因

在前几节定量数据分析的基础上,本小节主要采用定性方法——视频刺激回忆访谈,来探究停顿背后的原因,了解被试在写作时的写作困难和写作策略。为了区分不同水平被试的停顿原因,本研究分别对高分组和低分组被试的停顿原因进行探索。

首先,我们调查了被试对这项任务的难易度感知,结果如图 5-6 所示。在高分组中,约 74.3% 的被试认为这个写作任务对他们来说很容易,23.1% 的被试表示这是一个正常难度的写作任务,仅有 2.6% 的被试认为这个写作任务有一定的难度。与高分组被试相比,低分组有 75.6% 的被试认为这个写作任务有点难,21.2% 的被试认为这是一个正常难度的写作任务,有 3.2% 的被试认为这是一个简单的写作任务。

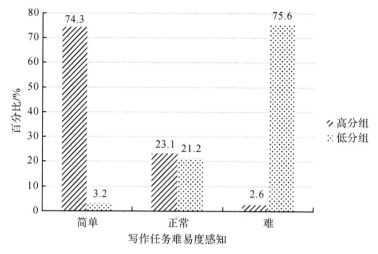

图 5-6　学习者对写作任务的难易度感知结果

其次,为了进一步详细探究不同水平的被试在写作过程中停顿时间长、频次高的原因,探索写作中的难点,我们进一步询问了他们停顿的原因以及遇到问题时的应对策略。经过调查发现,停顿的原因主要包括单词、语法、内容和其他四个方面。从图 5-7 可以看出,无论是高分组还是低分组被试,因内容构思而停顿所占的比例最高(高分组占 47.6%,低分组占 38.9%),其次是单词(27.3%、33.6%),语法位居第三(18.9% 和 20.4%),所占比例最低的是其他(6.2% 和 7.1%)。同时,低分组的被试在单词、语法和其他方面比高分组的被试产生更多的停顿。可见低分组被试在写作中更多地受单词和语法等语言能力所限制。

此外,本研究发现,写作主题是导致被试停顿的一个重要因素。尽管被试们表示之前听说过这个话题,但大部分被试对校园欺凌这个话题并不熟悉。例如,他们不确定校园欺凌应该包含什么样的内容,因此他们可能无法提取相关的背景知识进行写作,所以会停顿很长时间。访谈中,一些被试表示:"对校园欺凌这个话题并不熟悉,我不知道接下来该写什么","我只是写了我知道的内容,所以我的作文很短,因为我不知道应该写什么"。

除了对写作主题的不熟悉,单词是影响停顿的另一个重要因素。从单词的角度来看,两组之间也存在差异。对于高分组的被试来说,他们的困难在于高级词汇的检索和使用,这导致他们的停顿经常出现在词前。但对于低分组的被试来说,出现停顿的原因则主要是他们对单词拼写的不确定性。如同下面的访谈所示:

第 36 号被试(S36)访谈片段(高分组):

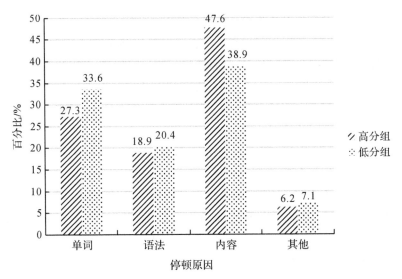

图 5-7　两组学习者的主要停顿原因

研究人员：你认为这个写作任务难度怎么样？简单的？有难度的？还是正常难度的？

被试：我觉得这对我来说比较容易。

研究人员：好的，有没有什么问题阻碍了你的写作过程？

被试：有时候我想用更复杂、更高级的词。例如，我不想用"cause"或"lead to"，我想用老师之前教我们的"stir up"来表达。

第 15 号被试(S15)访谈片段(低分组)：

研究人员：你认为这个写作任务难度怎么样？简单的？有难度的？还是正常难度的？

被试：我觉得这对我来说有点难。

研究人员：你能举几个例子吗？或者你能告诉我你在哪里停顿了很长时间吗？

被试：我认为我在单词层面上停顿得比较多。例如，我不记得如何拼写"phenomenon"这个单词，尽管我以前学过。还有，我想表达"坏学生会把一些学生拖进厕所"，但是，我不知道如何拼写"拖"。

研究人员：你是如何处理这个问题的？

被试：我修改了很多次"phenomenon"这个词。而且，我用了另一个句子来避免使用这个词，我用"push"来代替"drag"这个词。

另外,在语法方面,研究发现,高水平的被试进行长时间的停顿是因为他们更倾向于尝试使用复杂的句子结构,如主语从句或非谓语动词,而水平较低的被试的停顿主要是由于语法使用的不确定性,例如句子的时态和语态。以下为两个被试的访谈记录:

第 39 号被试(S39)访谈片段(高分组):

> 研究人员:你认为这个写作任务难度怎么样?简单的?有难度的?还是正常难度的?
>
> 被试:这个写作任务对我来说比较容易,因为这种类型的作文我已经写过很多次了。我们的老师也经常让我们写这种类型的作文。
>
> 研究人员:好的,很好。你在写作过程中是否遇到过困难,因而出现了长时间的停顿?
>
> 被试:有的,我想使用一些更高级的单词和结构,我也想尝试使用我昨天学过的非谓语动词的语法结构。
>
> 研究人员:你准确地使用了这个结构吗?
>
> 被试:我花了一些时间来写这个结构,我不确定,我修改了几次。

第 7 号被试(S7)访谈片段(低分组):

> 研究人员:你认为这个写作任务难度怎么样?简单的?有难度的?还是正常难度的?
>
> 被试:我觉得有点难。
>
> 研究人员:你在写作过程中遇到了哪些问题?
>
> 被试:我对时态不太清楚,尤其是在谈论校园欺凌的时候。我不知道该用现在时还是过去时,因为我认为所描述的现象是已经发生过的行为。

至于其他方面的原因,其一与写作模式有关。对于被试来说,他们习惯了用笔和纸进行写作,通过计算机写作在一定程度上影响了高阶认知活动(Olive & Kellogg,2002;Alves et al.,2007)。在计算机上写作时,写作者需要同时考虑将思想转化为文字的过程和监督写作的过程,写作的困难在于手、脑和眼睛活动的协调。如果打字不能自动化,他们的写作过程将不可避免地受到一定程度的影响。例如,一位被试在访谈中就提及了这一问题:

　　研究人员:你认为这个写作任务难度怎么样? 简单的? 有难度的? 还是正常难度的?

　　被试:我觉得这是正常难度的。

　　研究人员:是什么样的困难让你停在这里?

　　被试:我在这里停顿了一下,因为我不知道我是如何把这一行的内容移到上一行的,我平时较少使用计算机进行写作。

　　研究人员:你解决这个问题了吗?

　　被试:没有,我不知道怎么操作。

　　其二是心理因素,主要体现在两个方面。第一,与情绪情感有关。由于平时较少通过计算机进行写作,测试时他们会觉得有些紧张。这也在一定程度上影响了写作的过程。第二,与写作环境有关。实验时,被试被要求在安静的教室里进行独自写作,这样的写作环境可以确保他们不受任何干扰。但事实上,对于被试来说,尤其是对于低水平组的被试来说,单独写作也在一定程度增加了他们的紧张感,对他们的思想造成了一定的负担(Wengelin,2006)。例如,一位被试的访谈中也涉及这一因素:

　　研究人员:你认为这个写作任务难度怎么样? 简单的? 有难度的? 还是正常难度的?

　　被试:我认为这个写作任务不太难,但我有点紧张。

　　研究人员:所以,你在这里长时间的停顿是因为你紧张吗? 你当时在想什么呢?

　　被试:我不习惯这种写作环境。我以前从来没有独自在教室里写过英语作文,所以,当我在这里写的时候,我有点分心。

　　综上所述,学习者在二语写作中产生停顿的主要原因包括内容的构思、单词的提取、语法的运用、心理焦虑和写作环境等。不同写作能力的学习者在停顿原因上表现出不同的特点。写作能力较高的学习者的停顿更多的是由思考内容的丰富性和语言的多样性引起的,而写作能力较低的学习者的停顿更多的是由思考语言的准确性引起的。当然,两组人的停顿行为也受到一些共同因素的影响,如写作模式和写作环境。

第三节　小　结

本研究旨在了解高中生英语写作中的停顿特征,并进一步探讨高分组、低分组两组不同水平的高中生停顿特征的差异,包括语言停顿位置(单词、句子、段落)和时间停顿位置。此外,本研究还探讨了停顿特征与写作成绩之间的相关性,对两组学习者的停顿行为背后的原因进行了总结。主要结论如下:

首先,写作中的停顿特征,主要发现包括:1)文本的层次结构对停顿的分布有影响。停顿时长随着语言层次的提升而增加,停顿频次随着语言层次的提升而减少;而且词前、句前和段前的停顿比词后、句后和段后的停顿更多,停顿更为频繁。2)不同英语水平的学习者在停顿上具有较大的差异。高分组和低分组学习者在词前、词内、句前、句后、句间和段前的停顿频次上具有显著的差异,且在词内、句前、句后、句间和段前的停顿时长上具有显著的差异。3)停顿在整个过程中并不是均匀分布的。语言水平较高的写作者在时间段 1 中停顿的频次较低,但停顿时长较长;在行文的中间阶段,语言水平较高的写作者也反映出更为有效的监控,出现更为频繁但时间更短的停顿。

其次,关于停顿特征与写作成绩之间的相关性,研究发现,词前、词内、句前、句间和段前的停顿频次与写作成绩具有显著的相关性,且词内、句前、句后和段前的停顿时长与写作成绩具有显著的相关性。其中,词前、句前和句间的停顿频次以及句前、句后和段后的停顿时长与写作成绩呈显著的正相关关系,而词内和段前停顿频次以及词内停顿时长与写作成绩呈显著的负相关关系。

最后,本研究发现高中生英语写作停顿的原因主要包括内容的构思、单词的提取、语法的运用、心理焦虑和写作环境等,且不同写作能力的学习者在停顿原因上表现出较大的差异。

第六章 第二语言写作修改过程研究

近年来,二语写作修改研究主要关注修改的过程(Lu & Révész,2021)、修改的内容(Zetterholm & Lindström,2022)、修改的影响因素(Link *et al.*,2022)以及修改对写作文本的影响(Chung *et al.*,2021;Cui *et al.*,2022),但缺乏对中国学习者二语写作修改行为的关注,尤其鲜少对中学生展开相关研究。因此,本研究选取国内的高中生为研究对象,考察其自发修改的类型、时间分布、影响因素以及自发修改与写作文本质量的关系。

修改行为可有效揭示写作者在写作过程中注意力资源的分配以及不同写作认知加工之间的相互作用(Xu,2018)。本研究通过键盘记录和刺激回忆访谈等方法分析二语写作过程中的修改行为,探索二语写作过程中的认知资源分配和认知加工活动,进一步验证和细化二语写作认知加工模型(Hayes & Flower,1980;Hayes,1996)。

Beach(1992)指出,学会修改是学习者提高写作水平的必要条件。本研究通过考察影响二语写作修改的语言因素,分析词汇和语法对二语写作修改的影响,并探索自发修改与二语写作质量的关系,有助于我们探索有效的二语写作教学方式,增强学习者在写作过程中自发修改的能力,从而提升其二语写作水平。

此外,本研究选取国内的高中生为研究对象,进一步拓展了二语写作的研究范围,丰富了二语写作过程研究。

第一节 研究设计

一、研究问题

本研究主要考察以下三个问题:

1. 学习者在限时写作过程中的修改类型和时间分布特征如何?

2. 学习者的英语词汇水平和语法水平对写作过程中的自发修改有何影响?

3. 学习者写作过程中的自发修改和最终的作文质量相关性如何?

二、研究对象

本研究的被试为浙江省一所重点高中的两个高一平行班的英语学习者。两个班共 91 名学习者,但其中 22 名学习者未能达到打字速度要求,因此最终 69 名学习者参与了本研究,其中男生 31 名,女生 38 名,平均年龄为 15.68 岁。这 69 位学习者已经学习英语近 8 年,均无海外学习经历,且大部分学习者都具有较好的打字和计算机操作能力。

三、研究工具

(一)写作测试

根据学校的教学计划,高中第一学期的写作要求为应用文写作。为了能更真实地反映被试的写作水平,本研究选取应用文写作作为测试题。应用文是中考作文的考试题型,被试在初中阶段已经掌握应用文写作,所以对应用文写作较为熟悉。本研究的测试题为其他地区往年的高一期末考试模拟卷中的写作试题,具体测试内容和要求如下:

> 假如你是李华,你的美国笔友 Mark 本学期开始选修汉语课程。最近,他给你发来电子邮件,询问如何学好汉语。请给他回一封邮件,针对如何学好汉语提一些建议。
>
> 注意事项:
>
> 1. 请将作文字数控制在 100 词左右;
>
> 2. 可以适当增加细节,以使行文连贯;
>
> 3. 写作将在计算机上进行,请在 30 分钟之内写完。

写作测试在笔记本电脑上完成,要求被试具有一定的打字和电脑操作能力。在本研究开始前,我们对两个班的被试进行了打字练习测试。打字练习测试通过互联网打字测试网站(https://dazi.kukuw.com/)进行。为了避免打字速度影响二语写作过程,我们对被试的打字速度做了限制,选取每分钟打字 80 个单词以上的学习者参加本研究。

(二)键盘记录

为了在计算机上清晰地记录写作者的写作过程,我们使用了键盘记录软件 Inputlog 8.0(Leijten & Van Waes,2006、2013)和屏幕记录程序 Morae (http://www.techsmith.com/morae.html)。键盘记录可有效记录写作者在使用计算机时的每一个写作活动,包括停顿、鼠标移动、击键和编辑工具的使用,以及每个操作的精确时间和持续时间。当写作完成时,将生成各种写作中的数据,并用于进一步处理。为了识别修改,本研究主要使用该软件中的修改分析(如图 6-1 所示)和 S 标注分析(如图 6-2 所示)。修改分析结果主要包括元信息(meta information)、实验识别信息(session identification)、摘要信息(summary)和修改信息(revisions),其中元信息包括日志文件名、日志文件创建时间和软件版本号等信息,实验识别信息包括被试名、写作文本语言、被试性别和被试年龄等信息,摘要信息包括各类修改的汇总信息,而修改信息则包含修改类别、修改内容、每次修改的起始时间、每次修改的结束时间、每次修改的时长、每次修改的字符数和单词数等信息。S 标注分析结果主要包括元信息、实验识别信息和被试整个写作文本的标注信息,其中元信息和实验识别信息与上述修改信息中的元信息和实验识别信息一样,而被试整个写作文本的标注信息包括修改的类别、修改内容、每次修改的位置和每次修改的顺序等信息。

(三)刺激回忆访谈

为了更深入了解学习者的修改过程,探索其修改的原因和目的,我们在学习者写作任务完成后立即进行了刺激回忆访谈(Révész et al.,2019)。访谈使用汉语进行,学习者通过观看笔记本电脑中录制的视频来回忆写作过程。在出现修改的地方,研究人员会暂停视频播放,请学习者回忆他们当时的想法。访谈过程在得到学习者的同意后会被全程录音,以便对修改类型进行进一步分类。

(四)语言水平测试

本研究采用第二语言词汇水平测试(Vocabulary Levels Test,VLT)评估学习者词汇量的广度(Schmitt et al.,2001)。根据学习者的英语水平,我们选择了 2000 词汇量测试。该测试共有 30 个题项,右边是 3 个定义,左边是 6 个单词,要求学习者在空格中选择正确的单词匹配其定义,测试题每题 1 分,满分为 30 分,测试时间为 20 分钟(详见附录一)。二语词汇水平成绩为学习者在词汇测试中的得分。

inputlog

Revision Matrix Notation

Meta Information

Logfile	XCX_0.idfx
Log Creation	15/09/22 11:41:33.609
Log GUID	196bb54e-b063-469e-a4fa-d51a06fe724b
Logging Program Version Number	8.0.0.17
Analysis Creation	23/09/22 15:58:08
Analysis GUID	f8a29621-042f-43e0-ae40-50dfb2fc7982
Analysis Program Version Number	8.0.0.17

Session Identification

Participant	XCX
Text Language	EN
Age	16
Gender	female
Session	3

Summary

Type	#Revisions	Edits	Duration	Length	Chars	Chars without space	Words
Normal Production	71	1109	14:10.389	897	682	541	176
Deletion	79	266	00:56.960	187	201	0	48
Insertion	24	189	00:22.137	135	34	0	7
Production + Revisions	174	1564	15:29.486	1219	917	541	231
Total Processing Time			23:56.171				

R-Bursts

Number Of R-Bursts	71
Mean RBurst Time (s)	11.972
Median R-Burst Time (s)	4.1
StDev R-Burst Time (s)	16.978
Mean R-Burst Chars	9.606
Median R-Burst Chars	6.000
StDev R-Burst Chars	10.294

Revisions

#Revision	Type	Content	Edits	Start	End	Duration	BeginPos	EndPos	Length	Chars	Chars without space	Words
0	Normal Production	Dear-Msa	15	00:03.171	00:09.411	00:06.240	0	8	8	7	6	2
1	Deletion	as	2	00:11.083	00:11.340	00:00.257	8	6	2	2	2	1
0	Normal Production	ark'	4	00:11.769	00:14.494	00:02.725	6	10	4	3	3	1

图 6-1　Inputlog 8.0 修改信息界面

inputlog

S-Notation File

Meta Information

Logfile	XCX_0.idfx
Log Creation	15/09/22 11:41:33.609
Log GUID	196bb54e-b063-469e-a4fa-d51a06fe724b
Logging Program Version Number	8.0.0.17
Analysis Creation	06/10/22 22:39:45
Analysis GUID	d5bc6886-c789-47a7-8c28-9658671fba1b
Analysis Program Version Number	8.0.0.17

Session Identification

Participant	XCX
Text Language	EN
Age	16
Gender	female
Session	3

Dear·M[sa]¹|₁ark[']²|₂,···I'm·so·delighted·to·know·that·you[o·]³|₃·will·have·[[c]¹⁶|₁₇{c}¹⁷]¹⁸|₁₈|₁₉{C}¹⁹hinese·class·in[t]⁴|₄·this·term·,and·[[i]⁵|₅I[·]⁶|₆·[w]⁷|₇w[i[i]⁸|₈lii]⁹|₉ill·]¹⁰|₁₀I·will·give·you·some·suggestions·about·h[a]¹¹|₁₂{o}¹²w·to·learn·[|₁₁c]¹⁴|₁₅{C}¹⁵|₁₆hines[e]¹³|₁₃e|₁₄·[WELL]²⁰|₂₀well.Here·are·my·[[honest]²¹|₂₁sugge]²²|₂₂advice.···First·of·all[[·]²³|₂₃.]²⁴|₂₄,you·can·watch·some·Chinese·movies[z]²⁵|₂₅,[I]³²|₃₃{i}³³|₃₄t's·a·great·idea·to·practice·your·listening[·]²⁶|₂₆.[S[E]²⁷|₂₇econd,]²⁸|₂₈If·you·[like]³⁵|₃₆{intereste[d{·in}³⁹|₄₀|₄₁{d·in}⁴¹|₄₂}³⁶|₃₇·music·,you·can·listen·C[HINE]²⁹|₂₉hine[{·}³⁷|₃₈]³⁸|₃₉se·[mus[ic[[·]³⁰|₃₀,]³¹|₃₁,|₃₂]³⁴ic]₃₅]⁴²son gs,it'[a]⁴³|₄₃s[[·a·]⁴⁴|₄₄·also]⁴⁷·a·funny·way·to·lear[n.A[N]⁴⁵|₄₅nd·learnin]⁴⁶|₄₆n.[|₄₇And·l]⁴⁸|₄₈Le[ran]⁴⁹|₄₉arning·some·C{h}⁵¹inese·hist[p]⁵⁰|₅₀ory]⁵¹·also·can·h[a\]⁵²|₅₂elp·you·understa[b]⁵³|₅₃nd·[[you]⁵⁴|₅₄d]⁵⁵|₅₅the·words·more·deeply.L[sat]⁵⁶|₅₆ast·but·n[ot[{·}⁵⁸|₅₉]⁵⁹|₆₀{·}⁶¹|₆₂]|₆₂|₆₃{ot}⁶³|[|₆₄·l[a]⁵⁷|₅₇east[,|₅₈]⁶⁰,|₆₁]⁶⁴·least[·]⁶⁵|₆₅,[·]⁶⁶|₆₆having·[some]⁶⁷|₆₇com{m}⁶⁹unicati[p]⁶⁸|₆₈on|₆₉·with·local[{·}⁷³|₇₄·C[inese]⁷⁰|₇₀hinese·pe[ao]⁷¹|₇₁0[l]⁷²|₇₂ple[,₇₃·is·[a{·}⁷⁹|₈₀]⁸¹{very[·]⁷⁸|₇₉,⁷⁷|₇₈·im[m]⁷⁵|₇₅porta[b]⁷⁶|₇₆n[t]⁸⁰·|₇₇t|₈₁,it·will·make·yo[u]⁸²·|₈₂r·pro[n[p]⁸³o]|₈₃ouncia[t]⁸⁴o|₈₄ion]⁸⁵g|₈₅ounclat[i]⁸⁶n|₈₆on[·more·correctly.···This·is·all[·]⁸⁷|₈₇·my·r[a]⁸⁸|₈₉{e}⁸⁹commondation[|₈₈·]⁹⁰|₉₀s·,hope·you·will·get·a·go]¹⁰²|₁₀₃{more·}¹⁰³od·grades·in·your·Chinese·class!I[,]⁹¹|₉₁'m·looking[f]⁹²|₉₂·forword·to·your·eraly·reply!·································{·
·}⁹⁶|₉₇Y[OUR]⁹³|₉₃our's{··}⁹⁸|₉₉{·{·····················}¹⁰¹|₁₀₂{L}¹⁰⁰|₁₀₁}⁹⁷[|₉₈
·]⁹⁹|₁₀₀Li[hu]⁹⁴|₉₄H[U]⁹⁵|₉₅ua|₉₆·

图 6-2　Inputlog 8.0 S 标注界面

　　为了测试学习者的语法水平,我们采用了牛津等级考试(Oxford Placement Test)语法测试的第一部分(Grammar Test Part 1)。测试内容包括两部分,第一部分为句子,第二部分为段落,每个部分 25 题,共 50 题。所有题目均为选

147

择题,每题包含 3 个选项,要求学习者从中选择最佳答案(详见附录二)。语法水平测试总分为 50 分,每题 1 分,测试时间为 30 分钟。

四、研究过程

首先,我们在计算机实验室进行在线打字测试。然后,我们在英语课堂上分别进行了二语词汇和语法水平测试,测试时间分别为 20 分钟和 30 分钟。之后我们进行写作测试,每位学习者单独在笔记本电脑上完成。写作测试开始前,学习者有 10 分钟的时间熟悉键盘打字,然后按照要求在 30 分钟内完成写作任务。整个写作过程使用键盘记录软件 Inputlog 8.0 和屏幕记录程序 Morae 进行记录和录制。写作任务完成后,学习者马上根据键盘记录和屏幕记录的视频回放,对写作过程尤其是修改过程进行刺激回忆访谈。最后,我们对写作文本、键盘记录、屏幕记录和刺激回忆访谈的数据进行分析。

五、数据分析

(一)修改的编码

根据 Van Waes 和 Schellens(2003)、Lindgren 和 Sullivan(2006)以及 Stevenson 等(2006)提出的方法,我们对键盘记录软件里生成的修改数据进行编码。编码分三步进行:首先,鉴定出写作过程中的所有修改;然后,根据修改的位置对修改进行分类,将其分为即时修改和语境修改;最后,将所有即时修改和语境修改进一步划分为一些子类别。

为了探究学习者在写作过程中修改的时间分布,相关研究大多会将每个被试的写作时间分成三到五个相等的时间段(Barkaoui,2016;Gánem-Gutiérrez & Gilmore,2018)。依据 Barkaoui(2016)的研究,我们将被试在完成写作时所花费的实际时间分为三个相等的时间段,然后对时间段内的修改进行编码和统计。

每位被试的写作文本长度不一,因此为避免写作字数不同对写作修改频次带来的影响,我们将修改频次进行标准化处理,将每个类别的修改次数除以文本的总字数,再乘以 100(New,1999;Choi,2007;Barkaoui,2016)。

此外,为了保证编码的可靠性,安排两位研究人员一起对数据进行编码。两人首先讨论了自己对编码方案的理解,达成一致意见后,同时对写作修改进行编码。如果出现编码结果不一致的情况,两人通过讨论确定最终编码。

(二)作文的评分

学习者的作文由两位高考阅卷经验丰富的老师打分,两位老师将给作文一个整体评分(Stevenson *et al*.,2006;Lindgren *et al*.,2008)。评分范围为 0—

15 分,基于高考评分标准,重点关注写作内容、语法、词汇和衔接。在评分之前,为了隐藏学习者的身份信息,所有的文章都用数字做了标记。如果得分差距超过 3 分,则将该文章退回给两位评分者重新评分。皮尔逊相关分析结果表明,两人的评分一致性程度非常高($r=0.931,p=0.000<0.001$)。最后,两位老师给出分数的平均分将被视为被试的最终写作测试成绩。

(三)统计分析

所有数据编码后,我们采用 SPSS 26.0 软件进行统计分析。首先,将被试的词汇、语法水平和被试的修改进行皮尔逊相关分析,检验这两个因素是否与书面文本写作中不同类型和时间分布的修改具有显著的相关性。然后,通过回归分析进一步考察词汇和语法水平对相关修改的影响。最后,通过皮尔逊相关检验,探讨不同类型和时间分布的自发修改与写作成绩之间的相关性。

第二节　结果与讨论

一、修改的类别和时间分布

(一)修改的类别

所有被试一共进行了 3700 次修改,平均每位被试修改 53.620 次(标准差为 22.360;范围为 14.000—113.000)。然而,考虑到写作的字数会影响他们的修改行为,我们将修改次数标准化,发现每个被试平均每 100 个单词进行了 44.700 次修改,最少为 12.840 次,最多为 100 次。

为了更清晰地展示自发修改的类型,我们根据 Barkaoui(2016)的修改分类,将所有的修改归为四个维度,即位置、目的、语言单元和动作。其中,位置维度分为即时修改和语境修改;目的维度分为即时—概念修改、即时—形式修改、即时—打字修改、即时—不明修改、语境—内容修改、语境—语言修改、语境—语篇修改、语境—打字修改和语境—不明修改;语言单元维度分为单词及以下、单句及以下和句子及以上;动作维度分为添加、删减、替换和重新排序(见表 6-1)。

表 6-1　每 100 词修改情况的描述性统计结果

维度	子类别	最小值/次	最大值/次	均值/次	标准差	占比/%
位置	即时修改	11.010	91.840	37.060	14.310	82.920
	语境修改	0.000	31.190	7.640	5.380	17.080
目的	即时—概念修改	0.000	27.270	5.110	4.070	11.060
	即时—形式修改	2.750	57.140	20.610	9.410	45.850
	即时—打字修改	2.500	24.810	11.140	4.820	25.610
	即时—不明修改	0.000	1.780	0.200	0.440	0.410
	语境—内容修改	0.000	12.500	2.100	2.460	4.400
	语境—语言修改	0.000	21.100	4.420	3.230	10.120
	语境—语篇修改	0.000	3.550	0.600	0.850	1.410
	语境—打字修改	0.000	2.500	0.510	0.680	1.190
	语境—不明修改	0.000	0.880	0.010	0.110	0.050
语言单元	单词及以下	0.000	6.570	2.400	1.850	33.560
	单句及以下	0.000	24.770	5.000	4.400	65.750
	句子及以上	0.000	2.040	0.240	0.510	2.690
动作	添加	0.000	12.500	3.710	2.550	51.280
	删减	0.000	7.340	1.660	1.690	24.460
	替换	0.000	16.510	2.220	2.440	27.210
	重新排序	0.000	1.640	0.080	0.280	1.050

如表 6-1 所示，就修改位置而言，即时修改占总修改数的 82.920%（平均为每 100 词 37.060 次），而语境修改的平均值仅为每 100 词 7.640 次，接近即时修改的 1/5，仅占总修改数的 17.080%。这一结果与之前大多数学者的研究结果基本一致（Barkaoui,2016；Lu & Révész,2021；顾琦一等,2022）：大多数修改都发生在写作当下，即即时修改。写作当下所做的修改通常反映了写作者对当前语句的关注，而不是对整个文章的规划和修改（Whalen & Ménard,1995；Stevenson *et al.*,2006），也说明在写作过程中写作者倾向于即时构思自己的想法并将其转化为文本。刺激回忆访谈也发现，大部分学习者（81.160%）表示，他们在写作前只构思了主要内容，而不是具体的表达和细节，大多数情况下具体的表达和修改发生在写作当下。

即时修改通常发生在转译过程中，而语境修改则一般发生在转译过程之后(Lindgren & Sullivan,2006)。即时修改不需要重读已完成的文本,而语境修改常常需要阅读和评估已完成的文本,这也导致语境修改往往比即时修改对认知资源的要求更高。由于写作时间和认知资源的限制,二语写作者倾向于使用需要较少认知资源的即时修改。

在修改目的的维度上,与语言相关的修改,如即时修改中的形式修改和语境修改中的语言修改最多,占总修改量的 55.970%,说明消除语言问题是二语写作修改的主要目的。其次是打字修改,占 26.800%,其中很大一部分也是由语言问题导致的,对单词拼写和语法的不确定导致不少打字修改。再次是内容/概念的修改,占 15.460%。

语篇修改最少,仅占 1.410%。最常见的语篇修改是在提出建议之前添加连词,如"What's more""Firstly",这可以使文章的内容更好地衔接与过渡。此外,学习者还会在句子中插入一些程度副词,如"so""very",以加强句子表达的感情。也就是说,除了语言和内容之外,一些学习者还比较注重语篇的衔接和连贯以及语篇的感情色彩。

可以看出,语言修改比与意义相关的修改要多很多,这一结果与早期研究的大多数发现相呼应(Van Waes & Schellens,2003;Barkaoui,2016;Xu,2018;Lu & Révész,2021)。相关研究对此也提出了几种可能的解释:

首先是二语学习者的语言水平有限(Broekkamp & van den Bergh,1996;Murphy & Roca de Larios,2010;Lu & Révész,2021)。与母语写作相比,第二语言写作者由于二语水平有限,通常要花更多的时间来处理语言问题,因此倾向于把更多注意力放在语言表达的修改上,而不是内容的修改上。二语语言水平可能会限制他们对认知资源的分配,阻碍他们对篇章、内容和意义的思考和加工(Whalen & Ménard,1995;Chenoweth & Hayes,2001;Schoonen et al.,2003)。Hacker(1994)指出,语言修改相对更容易,使用的认知资源更少;而内容修改通常对认知要求更高,因此要么被推迟,要么被忽略(Chanquoy,2009)。Broekkamp 和 van den Bergh(1996)也认为,由于二语写作者完全投入于语言的准确性,因此他们很可能会进行更多的语言修改。然而,专注于表面的修改会导致写作者注意力的冲突,从而会使他们减少对文本内容等其他方面的关注。

其次可能与二语写作者对修改及写作的观念有关。Porte(1996)发现,二语写作者倾向于认为,评分者最关注的是语法的准确性和词汇的多样性。因此,这些学习者在修改时经常把精力集中在语言表达上,试图通过使用更准确的语言来取得更好的成绩。在刺激回忆访谈中,一些被试表示为了让自己的语言表达尽量变得更高级、更地道,会使用一些短语来美化句型,比如"not only …""on no account"等。例如,在写作中,一位学习者将之前的表达"reading is the most vital part in learning Chinese"改成了"what arouses your interest most must be reading"。她解释说,把这句话改成主语从句会让她的表达看起来更高级,因为很多高分作文也是这么写的。

再次,写作条件也可能影响了被试的修改行为。考虑到时间的限制,正如Crawford等(2008)所指出的那样,一些写作者选择进行较保险的修改,将注意力集中于语言表达的改善,而不是文本结构和内容的改变。他们会尽量避免大范围的修改,即使在文本中添加新内容也往往是出于满足最低字数的要求,因为在限时写作中时间较为有限。Khuder和Harwood(2015)也发现,在测试环境下会出现更多语言相关的修改;而无时间限制时,则会出现更多内容相关的修改。

本研究中,内容修改较少的另一个原因可能是写作测试的任务难度不高。本次写作内容要求被试就汉语学习方法提出一些建议。该话题对被试来说较为熟悉,没有太大的挑战性,所以他们不需要花太多的时间思考写作内容,也不需要频繁地改变他们想要表达的内容,因此会留出更多的时间来思考和修改语言问题。一些学习者在刺激回忆访谈中表示,他们可以根据自身的汉语和英语学习经历提供一些学习建议,所以内容上并不需要太多的思考和修改,但比较地道、复杂、高级的英语词汇、语法和句式则需要不少时间来思考和修改。

此外,这也可能与他们的写作经验和教师的教导有关(Kobayashi & Rinnert,2001)。例如,教师可能专注于特定的教学活动,如课堂上的语法练习(Devine et al.,1993),或强调单词和语法的修改,而不是文本中的内容(Porte,1997)。

关于修改的语言单元维度,本研究根据Barkaoui(2016)的分类,仅限于统计语境修改中的语言单元。结果显示,写作者对小范围内容的修改较多,其中对单词及以下的修改占33.560%,单句及以下的修改占65.750%;而对较大语言单元的修改则非常少,句子及以上的修改仅占2.690%。

出现这种情况的一个原因可能是,如上所述,较小范围内容的修改需要较少的认知资源。与句子及以上范围的修改相比,单词的修改更容易处理。另一个可能的原因是学习者的应试策略。在刺激回忆访谈中,一些学习者指出,在考试中大规模的修改不利于保持试卷的整洁和美观,从而可能会影响改卷教师对作文的印象,导致作文成绩受影响。此外,写作模式——在计算机上写作,也可能是一个因素。计算机的视图模式和屏幕尺寸也会影响他们对文本的全局视角(Haas,1989)。

最后,就修改动作维度而言,我们发现在即时修改中,添加是最常见的,其次是替换和删减。平均而言,写作者每 100 个单词发生 3.710 次添加、2.220 次替换和 1.660 次删减。在数据编码过程中,我们发现大多数修改动作都是由语言和内容引起的。当学习者想要添加一些新内容或发现一些语法错误,比如缺少复数形式"s"时,他们会进行添加操作。至于替换,则大多数是为了替换单词或改正语法错误。例如,用"privilege"取代"honor",用"could"取代"can",等等。我们的结果与 Barkaoui(2016)的结果非常相似,但与 Choi(2007)、New(1999)和 Stevenson 等(2006)的结果具有一定的差异。在他们的研究中,替换是最常见的修改动作,其次是添加和删减。产生这种差异的可能原因是,在本研究和 Barkaoui(2016)的研究中,修改动作仅计算语境修改部分,而不考虑即时修改部分。

(二)修改的时间分布

为考察写作过程中不同阶段的修改情况,我们将每个写作过程分为三个相等的时间段(Barkaoui,2016)。表 6-2 显示了每个写作时间段中的修改情况。

表 6-2　各写作时间段修改占比的描述性统计结果

修改类型	写作时间段 1		写作时间段 2		写作时间段 3	
	均值/%	标准差	均值/%	标准差	均值/%	标准差
总修改	30.030	8.320	36.430	8.970	35.450	10.170
即时修改	32.530	9.550	37.500	9.940	32.140	11.300
语境修改	17.450	19.200	32.880	25.060	48.640	27.030

具体而言,在总修改次数上,写作时间段 1(第一阶段)比写作时间段 2(第二阶段)和写作时间段 3(第三阶段)要少,而写作时间段 2 和写作时间段 3 接近,三者占比分别为 30.030%、36.430% 和 35.450%。也就是说,在写作的构思和行文的初期修改相对较少,在行文中期修改最多,而行文的后期修改次之。这与 Roca de Larios 等(2008)、Barkaoui(2016)以及 Lu 和 Révész(2021)的研究结果相似。然而,在不同修改位置上,三个写作时间段的修改与总修改次数有所差异。其中,在即时修改方面,写作时间段 2 的修改比例明显高于写作时间段 1 和写作时间段 3,而写作时间段 1 和写作时间段 3 的修改比例较为接近,三者的具体比例分别为 32.530%、37.500% 和 32.140%。在语境修改方面,三个写作时间段的修改比例呈逐渐上升的趋势,分别为 17.450%、

32.880%和48.640%。

可以看出,写作时间段 1 的修改总数最少,这应该与写作过程的特点有关。van der Hoeven(1999)指出,在写作之初写作者更多的注意力会集中在产生想法和组织内容上,因此花在其他认知活动上的时间就会减少,比如文本修改。Ong(2014)也指出,写作者在写作之初主要关注的是内容的构思,一般在完成文本后才开始频繁地审查和修改他们的文本(Barkaoui,2015)。此外,这也与写作者的写作策略有关。用外语写作不可避免地会遇到许多与语言相关的挑战(Qu,2017),因此,有经验的二语写作者会有策略地将语言修改推迟到写作的最后阶段。

即时修改则在写作时间段 2 出现得更多,这与 Barkaoui(2016)的研究结果相似。在他的研究中,即时修改在写作过程的中间阶段出现得更为频繁。该阶段是写作行文的中心阶段,文本的产出和其他子过程之间的相互作用较为密切(Roca de Larios *et al.*,2008)。此外,在这一阶段,他们已经基本确定了写作的主要内容,因此更多的注意力会放在当下内容的修正上。

Chanquoy(2001、2009)曾经建议,二语学习者需要学习如何在写作时有效分配时间和认知资源,特别是在进行限时计算机写作时。她指出,有效地分配写作过程中的认知资源非常重要,并建议学习者将修改推迟至全文完成之后进行,以减少修改过程中产生的认知压力。

二、二语语言水平对修改的影响

(一)二语词汇水平对修改的影响

表 6-3 显示了学习者的词汇测试成绩,平均分为 18.000(满分 30 分),最高分为 26.000,最低分为 6.000,标准差为 4.780,表明学习者内部差异较大。根据 Nation(2001)计算词汇量的方法,即词汇量=900+55×正确数,这些学习者的词汇量平均为 1890。总的来说,这些学习者还没有达到 2000 词汇量水平。

表 6-3　二语词汇测试的描述性统计结果

变量	数量	最小值	最大值	均值	标准差
词汇测试	69	6.000	26.000	18.000	4.780

为了进一步研究词汇水平与写作修改的关系,我们将词汇测试成绩与修改的所有子类别进行了皮尔逊相关分析。结果如表 6-4 所示,在修改的位置维度上,词汇水平与即时修改无显著的相关性($p=0.552>0.050$),而语境修

改与词汇水平具有显著的正相关性,相关强度中等($r=0.476$,$p=0.022<$ 0.050)。在修改的目的维度上,词汇水平与语境中语言修改具有显著的正相关性,相关强度也不高($r=0.346$,$p=0.004<0.010$),但与即时概念修改($p=0.585>0.050$)、即时形式修改($p=0.739>0.050$)、即时打字修改($p=0.613>0.050$)、语境中内容修改($p=0.155>0.050$)、语境中语篇修改($p=0.854>0.050$)和语境中打字修改($p=0.364>0.050$)均无显著的相关性。

表 6-4 词汇水平与修改类别的相关分析结果

修改类别		词汇水平	
维度	子类别	r	p(双尾)
位置	即时修改	0.073	0.552
	语境修改	0.476*	0.022
目的	即时—概念修改	0.067	0.585
	即时—形式修改	0.041	0.739
	即时—打字修改	0.062	0.613
	语境—内容修改	0.173	0.155
	语境—语言修改	0.346**	0.004
	语境—语篇修改	0.023	0.854
	语境—打字修改	−0.011	0.364
语言单元	单词及以下	0.353*	0.036
	单句及以下	0.214	0.078
	句子及以上	0.153	0.210
动作	添加	0.025	0.841
	删减	0.226	0.061
	替换	0.514***	0.000
	重新排序	0.097	0.428

注:r 指皮尔逊相关系数,p 指显著性值,* 指在 0.050 水平上显著,** 指在 0.010 水平上显著,*** 指在 0.001 水平上显著。

以上结果表明,在写作的即时产出阶段,词汇水平与修改并不具有直接的关系,不论词汇水平如何,写作者都能根据自身的词汇知识来组织思想并将其生成相应的文本。但在文本完成后,想要对文本进行修改或润色时,词汇水平就与修改具有显著的正相关性,即词汇水平越高,产生的语言修改越多。Roca de Larios 等(2006)也指出,词汇量丰富的写作者更愿意对写作文本中的词汇和句子进行修改,使文本的语言表达更复杂、丰富和多彩。相反,词汇量较小的二语写作者倾向于选择更安全的表达方式,也许是有限的语言能力限制了他们去创造更准确和更高级的表达,因此他们对已完成文本的修改也较少。比如,一名学习者在进行文本修改时,把"To begin with, you are supposed to memorize Chinese words."这句话中的"memorize"改成了"study"。至于原因,她解释说,"study"这个词比较简单,拼写比较有把握,而她对"memorize"这个单词的拼写不太有把握。

此外,Victori(1999)的研究表明,高水平的写作者更喜欢时不时地重读已经完成的文本,有时甚至重组他们写过的内容,也就是说进行更多的语境修改。与此同时,他们还受到其他各种目标的驱动,如检查书面文本与预期意义之间的一致性,产生新想法,以及评价句法的正确性。这些目标促使他们在写作过程中出现更多的语境修改。

在语言单元维度上,我们发现词汇水平与单词及以下的修改呈显著的正相关性($r=0.353$,$p=0.036<0.050$),而与单句及以下以及句子及以上的修改不存在显著的相关性($p=0.078>0.050$;$p=0.210>0.050$)。由于单词及以下的修改是对单词内部一个或多个字符的修改(Barkaoui,2016),这些修改在单词内部进行,大多是为了修正拼写错误,因此这类修改与词汇水平具有重要关联。

在修改动作维度上,词汇水平与替换具有显著的正相关性,相关强度中等($r=0.514$,$p=0.000<0.001$),但与添加($p=0.841>0.050$)、删减($p=0.061>0.050$)和重新排序($p=0.428>0.050$)均无显著的相关性。Sommers(1980)也发现,学习者比较重视词汇的替换,总是问自己能否找到更好的单词或短语。这与我们的发现较为一致,即大多数学习者喜欢将已经写出的单词替换成另一个他们认为更准确或更多样化的单词,例如,将"honour"替换为"privilege","can"替换为"are supposed to","word"替换为"expression"或"vocabulary"。当然,替换单词需要具有一定的词汇量,这与写作者的词汇水平密切相关。

此外,为了进一步了解词汇水平对写作不同时间段修改的影响,我们分三个写作时间段将词汇水平与总修改、即时修改以及语境修改进行皮尔逊相关分析。结果如表 6-5 所示,词汇水平仅与写作时间段 3 的语境修改呈正相关性($r=0.494$,$p=0.014<0.050$),而与写作时间段 1 的语境修改($p=0.182>0.050$)和写作时间段 2 的语境修改($p=0.076>0.050$)以及三个写作时间段的即时修改(时间段 1:$p=0.337>0.050$,时间段 2:$p=0.984>0.050$,时间段

3：$p=0.574>0.050$）和总修改（时间段 1：$p=0.218>0.050$，时间段 2：$p=0.632>0.050$，时间段 3：$p=0.133>0.050$）均无显著的相关性。

表 6-5 词汇水平与修改时间分布的相关分析结果

修改类型	写作时间段 1		写作时间段 2		写作时间段 3	
	r	p（双尾）	r	p（双尾）	r	p（双尾）
总修改	0.150	0.218	0.059	0.632	0.183	0.133
即时修改	0.117	0.337	0.202	0.984	0.169	0.574
语境修改	0.163	0.182	0.351	0.076	0.494*	0.014

注：r 指皮尔逊相关系数，p 指显著性值，* 指在 0.050 水平上显著。

这一结果表明，二语写作者的词汇水平越高，他们在写作最后阶段对已完成文本进行的语境修改就越多。Zamel（1983）也指出，高水平的二语写作者倾向于将词汇修改推迟到最后的写作阶段，在文本完成后对文本进行修改和润色。本研究发现，在写作的最后阶段，大多数学习者会进行全局修改，重新阅读他们已经完成的文本，纠正一些语言错误，润色语言表达。因此，学习者掌握的词汇量越大，越容易产生语境修改。

为进一步考察词汇水平与语境修改、语言修改、单词及以下修改、替换修改以及写作时间段 3 的语境修改的关系和作用，我们对学习者的词汇水平与这些修改的指标进行了线性回归分析，结果如表 6-6 所示。

表 6-6 词汇水平和修改的线性回归分析结果

预测变量	因变量	B	β	R^2	调整后的 R^2	F	p
词汇水平	语境修改	0.311	0.276	0.076	0.063	5.535	0.022*
	语言修改	0.234	0.346	0.120	0.107	9.120	0.004**
	单词及以下修改	0.098	0.253	0.064	0.050	4.584	0.036*
	替换	0.211	0.414	0.172	0.159	13.895	0.000***
	时间段 3 语境修改	0.173	0.294	0.087	0.073	6.346	0.014*

注：B 指非标准化系数，β 指标准化系数，R^2 指判定系数，F 指 F 检验值，p 指显著性值，* 指在 0.050 水平上显著，** 指在 0.010 水平上显著，*** 指在 0.001 水平上显著。

结果表明，词汇水平变量分别对语境修改 $[F(1,67)=5.535,p=0.022<0.050]$、语言修改 $[F(1,67)=9.120,p=0.004<0.010]$、单词及以下修改 $[F(1,67)=4.584,p=0.036<0.050]$、替换 $[F(1,67)=13.895,p=0.000<0.001]$ 和时间段 3 语境修改 $[F(1,67)=6.346,p=0.014<0.050]$ 具有显著的

预测作用,但是预测能力并不十分理想,其中词汇水平对语境修改具有 7.6%的预测能力($R^2=0.076$),对语言修改具有 12.0%的预测能力($R^2=0.120$),对单词及以下修改具有 6.4%的预测能力($R^2=0.064$),对替换修改具有 17.2%的预测能力($R^2=0.172$),对时间段 3 语境修改具有 8.7%的预测能力($R^2=0.087$)。

（二）二语语法水平对修改的影响

学习者二语语法测试的得分如表 6-7 所示,平均分为 30.280 分(总分为 50 分),最高分为 41.000,最低分为 15.000,标准差为 5.430,说明学习者内部差异比较大。

表 6-7　二语语法水平测试结果的描述性统计结果

变量	数量	最小值	最大值	均值	标准差
语法测试	69	15.000	41.000	30.280	5.430

为了考察二语语法水平与二语写作修改的相关性,我们对两者进行了皮尔逊相关分析。结果如表 6-8 所示,二语语法水平与语境修改具有显著的正相关性($r=0.391$,$p=0.015<0.050$),而与即时修改则无显著的相关性($p=0.728>0.050$)。也就是说,与二语词汇水平一样,二语语法水平也与语境修改具有显著的相关性,而与即时修改则无显著的相关性。这说明二语语法水平更高的写作者并未在文本生成时做出更多的修改,而是在文本生成后进行了更多的修改。这也表明,语法水平较高的学习者更容易发现书面文本中的一些语法问题,或者有更多的语法选择,可以尝试修改一些语句,使其成为更准确、更复杂的句型。Raimes(1987)也指出,当二语写作者的语言能力提高,可供选择的表达方式也就更多。

表 6-8　二语语法水平和修改类型的相关分析结果

修改类型		语法水平	
维度	子类别	r	p(双尾)
位置	即时修改	0.043	0.728
	语境修改	0.391*	0.015
目的	即时—概念修改	0.162	0.182
	即时—形式修改	−0.070	0.568
	即时—打字修改	0.118	0.336

| 修改类型 | | 语法水平 | |
维度	子类别	r	p（双尾）
目的	语境—内容修改	0.354*	0.035
	语境—语言修改	0.346*	0.041
	语境—语篇修改	0.140	0.253
	语境—打字修改	0.040	0.745
语言单元	单词及以下	0.306*	0.010
	单句及以下	0.319	0.051
	句子及以上	0.068	0.578
动作	添加	0.192	0.114
	删减	0.244*	0.043
	替换	0.267*	0.027
	重新排序	0.107	0.380

注：r 指皮尔逊相关系数，p 指显著性值，* 指在 0.050 水平上显著。

在写作目的子类别上，二语语法水平与语境修改中的内容修改（$r=0.354$，$p=0.035<0.050$）和语言修改（$r=0.346$，$p=0.041<0.050$）呈显著的正相关性，但与语境修改中的语篇修改（$p=0.253>0.050$）和打字修改（$p=0.745>0.050$）以及即时修改中的概念修改（$p=0.182>0.050$）、形式修改（$p=0.568>0.050$）和打字修改（$p=0.336>0.050$）均无显著的相关性。语言修改与二语语法水平之间存在显著的正相关性，这一点比较容易理解，因为修改语言错误通常需要更强的语法能力。然而，有趣的是，在语境修改中，二语语法水平也与内容修改呈显著的正相关性。通过刺激回忆访谈，我们发现，当一个相对复杂的句型突然出现在写作者的脑海中时，比如强调句、主语从句，他们会放弃或修改之前的内容。其中，一位学习者表示，当写到"Second, when you have a puzzle"时，强调句句式突然出现在他的脑海里，因此他在"when you have a puzzle"前增加了"it is asking your teacher for help that improves your learning"。

在修改的语言单元方面，二语语法水平与单词及以下的修改呈显著的正相关性（$r=0.306$，$p=0.010<0.050$），与单句及以下的修改临近显著的正相关性（$r=0.319$，$p=0.051\approx0.050$），但与句子及以上的修改无显著的相关性（$p=0.578>0.050$）。这说明，二语语法水平较高的写作者倾向于进行更多的局部修改。

在修改动作方面,结果显示,二语语法水平与删减($r=0.244$,$p=0.043<$0.050)和替换($r=0.267$,$p=0.027<0.050$)具有显著正相关性,但与添加($p=0.114>0.050$)和重新排序($p=0.380>0.050$)无显著的相关性。部分结果与 Barkaoui(2016)的发现一致,他的研究发现二语语言水平较低的写作者所做的替换相对较少,占修改的 28.58%;而水平高的写作者则比较多,高达 40.00%。

此外,为了进一步了解二语语法水平对写作不同时间段修改的影响,我们将二语语法水平与三个写作时间段中的总修改、即时修改以及语境修改进行了皮尔逊相关分析,结果如表 6-9 所示。

表 6-9 二语语法水平和修改时间分布的相关分析结果

修改类型	写作时间段 1		写作时间段 2		写作时间段 3	
	r	p(双尾)	r	p(双尾)	r	p(双尾)
总修改	0.027	0.823	0.169	0.165	0.148	0.226
即时修改	−0.017	0.892	0.110	0.370	0.051	0.675
语境修改	0.173	0.155	0.207	0.088	0.447*	0.041

注:r 指皮尔逊相关系数,p 指显著性值,* 指在 0.050 水平上显著。

从表 6-9 中可以看出,二语语法水平与写作时间段 3 的语境修改呈显著正相关性($r=0.447$,$p=0.041<0.050$),但与写作时间段 1 的语境修改($p=0.155>0.050$)和写作时间段 2 的语境修改($p=0.088>0.050$)以及三个写作时间段的即时修改(时间段 1:$p=0.892>0.050$,时间段 2:$p=0.370>0.050$,时间段 3:$p=0.675>0.050$)和总修改(时间段 1:$p=0.823>0.050$,时间段 2:$p=0.165>0.050$,时间段 3:$p=0.226>0.050$)均无显著的相关性。这一结果与二语词汇水平和修改时间分布之间的相关性相似(见表 6-5),意味着写作时间段 3 的语境修改高度依赖于写作者的二语词汇和语法水平。

为了进一步探索二语语法水平与语境修改、语言修改、内容修改、单词及以下修改、替换、删减以及时间段 3 语境修改的关系,我们将二语语法水平分别与上述修改进行了线性回归分析,结果如表 6-10 所示。

表 6-10　二语语法水平和修改的线性回归分析结果

预测变量	因变量	B	β	R^2	调整后 R^2	F	p
语法水平	语境修改	0.288	0.291	0.085	0.071	6.188	0.015*
	语言修改	0.146	0.246	0.061	0.047	4.329	0.041*
	内容修改	0.115	0.254	0.064	0.050	4.609	0.035*
	单词及以下修改	0.104	0.306	0.094	0.080	6.935	0.010*
	替换	0.120	0.267	0.071	0.057	5.133	0.027*
	删减	0.076	0.244	0.059	0.045	4.236	0.043*
	时间段 3 语境修改	0.128	0.247	0.061	0.047	4.347	0.041*

注：B 指非标准化系数，β 指标准化系数，R^2 指判定系数，F 指 F 检验值，p 指显著性值，* 指在 0.050 水平上显著。

结果显示，二语语法水平能够有效预测语境修改 $[F(1,67)=6.188, p=0.015<0.050]$、语言修改 $[F(1,67)=4.329, p=0.041<0.050]$、内容修改 $[F(1,67)=4.609, p=0.035<0.050]$、单词及以下修改 $[F(1,67)=6.935, p=0.010<0.050]$、替换 $[F(1,67)=5.133, p=0.027<0.050]$、删减 $[F(1,67)=4.236, p=0.043<0.050]$、时间段 3 语境修改 $[F(1,67)=4.347, p=0.041<0.050]$，但预测能力并不是很强。具体而言，语法水平可预测 8.5% 的语境修改（$R^2=0.085$），6.1% 的语言修改（$R^2=0.061$），6.4% 的内容修改（$R^2=0.064$），9.4% 的单词及以下修改（$R^2=0.094$），7.1% 的替换修改（$R^2=0.071$），5.9% 的删减修改（$R^2=0.059$），6.1% 的时间段 3 语境修改（$R^2=0.061$）。

三、修改与写作成绩的关系

如前所述，本研究中所有作文都由两位经验丰富的高中英语老师打分，并采用平均分作为最终的写作成绩。本次写作的平均分为 8.072（满分为 15.000 分），最高分为 13.000，最低分为 4.000。

为了考察修改与写作成绩之间的关系，我们对两者进行了皮尔逊相关分析。结果如表 6-11 所示：在修改位置方面，语境修改与写作成绩具有显著的正相关性（$r=0.431, p=0.006<0.010$），而即时修改与写作成绩无显著的相关性（$r=0.098, p=0.422>0.050$）；在修改目的方面，语境中的内容修改（$r=0.410, p=0.009<0.010$）和语言修改（$r=0.414, p=0.009<0.010$）与写作质量存在显著的正相关性，而语境中的语篇修改（$p=0.347>0.050$）和打字修改

（$p=0.254>0.050$）以及即时的概念修改（$p=0.995>0.050$）、形式修改（$p=0.528>0.050$）和打字修改（$p=0.271>0.050$）与写作质量无显著的相关性；在修改语言单元方面，单句及以下修改（$r=0.319,p=0.008<0.010$）、句子及以上修改（$r=0.345,p=0.004<0.010$）与写作成绩也呈显著的正相关性，但单词及以下修改与写作成绩无显著的相关性（$p=0.374>0.050$）；在修改动作方面，删减（$r=0.436,p=0.000<0.001$）、替换（$r=0.267,p=0.027<0.050$）与写作成绩呈显著的正相关性，但添加（$p=0.274>0.050$）和重新排序（$p=0.092>0.050$）与写作成绩无显著的相关性。这些结果表明，对已完成文本的修改有利于提高最终文本的质量，特别是与内容和语言相关的修改。此外，宏观方面的修改，如句子及以上的修改，也对写作的最终质量具有较大的影响。

表 6-11　修改类型和写作成绩的相关分析结果

变量1	变量2		r	p（双尾）
写作成绩	位置	即时修改	0.098	0.422
		语境修改	0.431**	0.006
	目的	即时—概念修改	0.001	0.995
		即时—形式修改	0.077	0.528
		即时—打字修改	0.134	0.271
		语境—内容修改	0.410**	0.009
		语境—语言修改	0.414**	0.009
		语境—语篇修改	0.115	0.347
		语境—打字修改	−0.139	0.254
	语言单元	单词及以下	0.109	0.374
		单句及以下	0.319**	0.008
		句子及以上	0.345**	0.004
	动作	添加	0.133	0.274
		删减	0.436***	0.000
		替换	0.267*	0.027
		重新排序	0.205	0.092

注：r指皮尔逊相关系数，p指显著性值，* 指在 0.050 水平上显著，** 指在 0.010 水平上显著，*** 指在 0.001 水平上显著。

　　语境修改与写作成绩正相关的结果与 Choi(2007)的发现一致,说明文本完成后进行的修改能有效提升写作的质量。然而,即时修改与写作成绩无显著相关性的结果与 Xu(2018)的研究发现并不一致。Xu(2018)的研究发现,即时修改和远程修改的频率与写作成绩呈负相关关系,并指出文本创作过程中过多的修改(无论是即时修改还是远程修改)对最终文本的质量不但没有显著提升,反而会产生一定的负面影响。出现这种分歧可能的原因是研究对象的语言水平差异,Xu(2018)的研究对象是大学生,英语水平相对比较高,对于他们来说,写作过程中的频繁修改可能会打断他们的写作思路和流畅性,反而影响其写作质量。

　　对于语境中的内容修改和语言修改与写作成绩呈正相关关系的结果,Berg(1999)和 Choi(2007)也发现了相似的情况。Berg(1999)解释说,语言水平较高的写作者容易注意到他们的构思内容与实际产出文本之间的差异。一旦发现这种差异,他们就会对文本的内容和语言进行修改,而这些修改促进了写作成绩的提升。以其中一位同学的修改为例,一开始她写道:"What's more, the pronounciation is significant, so listen to the Chinese radios and have more conversations with your Chinese friends so that you can improve your pronounciation which is significant."随后她意识到这个句子太长,且有部分内容重复,于是便删除了"the pronounciation is significant, so"。这一修改使得新的句子不仅语法正确,而且表达也更流畅。此外,写作者也会选择插入一些新的内容,使他们的表达更加具体。例如,一位学习者一开始就写了"it's important to read many Chinese books because it can help you accumulate more words",然而,写了几行后,他又回到该句并在"books"后面加了一个定语从句,变成了"it's important to read many Chinese books that are easy to read",使内容变得更详细、更具体。

　　在语言单元的修改方面,Choi(2007)和 van den Bergh 等(1994)的研究也指出,写作成绩与较大语言单元(如句子及以上的内容)的修改具有密切关系。句子及以上的修改往往是内容的增添,使其更丰富,或者是语法方面的修改,使其更准确。例如,一位学习者阅读已完成的文本后,又在最后一句话"Last but not least, coming to China for a visit is the best way."后面加上了"You can not only enjoy the scenery but also learn Chinese."。在访谈中,她解释道,在提出一个建议后最好能指出理由或该建议带来的好处,这样可以让自己的建议更有说服力,然后她又想到句型"not only … but also … "。出于这一目的,她增添了这部分新内容。

为进一步探索不同写作时间段中的修改与写作成绩的关系,我们将三个写作时间段中的修改(总修改、即时修改和语境修改)与写作成绩进行了皮尔逊相关分析,结果如表 6-12 所示,写作时间段 2 的语境修改($r=0.426$,$p=0.031<0.050$)和写作时间段 3 的语境修改($r=0.499$,$p=0.013<0.050$)与写作成绩之间具有显著的正相关性,而写作时间段 1 的语境修改($p=0.066>0.050$)以及三个写作时间段的总修改(时间段 1:$p=0.072>0.050$,时间段 2:$p=0.479>0.050$,时间段 3:$p=0.114>0.050$)和即时修改(时间段 1:$p=0.303>0.050$,时间段 2:$p=0.702>0.050$,时间段 3:$p=0.525>0.050$)与写作成绩均无显著的相关性。

表 6-12　写作成绩和修改时间分布的相关分析结果

修改类型	写作时间段 1		写作时间段 2		写作时间段 3	
	r	p(双尾)	r	p(双尾)	r	p(双尾)
总修改	0.218	0.072	0.387	0.479	0.292	0.114
即时修改	0.126	0.303	0.047	0.702	0.078	0.525
语境修改	0.205	0.066	0.426*	0.031	0.499*	0.013

注:r 指皮尔逊相关系数,p 指显著性值,* 指在 0.050 水平上显著。

这一结果在一定程度上与 Xu(2018)的研究结果一致,她发现写作成绩与最终修改呈正相关关系,其中最终修改是指在完成正文之后的修改,与我们写作过程中的语境修改相近。在对数据进行编码时,我们发现大多数被试,尤其是本次写作得分较高的被试,会在文本完成后进行修改。例如,一位学习者在文本完成后,将她之前的表述"reading is the most vital part in learning Chinese"改为"what arouses your interest most must be reading"。另一位同学在读完全文并重读第一句后,将"I feel pleased to receive your letter"修改为"Words fail to express my heartfelt pleasure to receive your letter"。在刺激回忆中,她解释说,在写完全文后,她有更多的时间和精力去尝试更复杂的表达,进一步美化句子。

值得一提的是,写作成绩与写作时间段 2 的语境修改也具有显著的正相关性。我们发现学习者,尤其是写作成绩较好的学习者,在写作的第二阶段,也就是行文阶段,频繁地审读已完成的文本,有意识地监控生成的文本,并对文本中的内容和语言进行及时的修改。也就是说,写作成绩好的学习者往往具有更强的监控意识和修改能力。访谈中,一些学习者表示,行文中的这种监控不仅可以及时地发现和修正错误,还可以帮助他们对后面的内容进行组织和规划。这也启发我们,在二语写作教学中,这种监控意识和监控能力的培养对学习者写作能力的提升非常重要。

第三节 小 结

本研究通过键盘记录和刺激回忆访谈等方法考察高中生二语写作过程中的修改行为,主要分析了二语写作修改的类型、时间分布及其与二语语言水平和二语写作质量的关系等。研究结果首先表明,学习者平均每 100 个单词进行高达 44.700 次修改。从位置上看,这些修改大部分是即时修改,也就是在行文当下进行的修改,占总数的 82.92%。相比之下,对已完成文本的修改仅占 17.08%。在目的上,与语言本身相关的修改,包括即时修改中的形式修改和语境修改中的语言修改,是所有修改类型中频率最高的。此外,内容修改也不少,占 15.46%,而语篇修改最少,仅占 1.41%。在语言单元上,被试对小范围(单词及以下和单句及以下)的修改较多,对句以上层次的修改较少。此外,在修改动作方面,添加是最常见的,其次是替换、删减和重新排序。在修改的时间分布上,与写作时间段 1 相比,写作时间段 2 和写作时间段 3 的总修改次数更多;写作时间段 2 的即时修改次数高于写作时间段 1 和写作时间段 3;而语境修改在写作时间段 3 占比最高,其次是写作时间段 2。

词汇水平与语境修改、语言修改单词及以下修改、替换修改和写作时间段 3 的语境修改具有显著的相关性,且能对这些指标进行有效的预测;语法水平与语境修改、语言修改、内容修改、单词及以下修改、替换修改、删减修改和写作时间段 3 的语境修改具有显著的相关性,且也能对这些指标进行有效的预测。此外,研究也发现,写作成绩与内容修改、语言修改、单句及以下修改、句子及以上修改、删减修改和替换修改均呈显著的正相关关系;不同写作时间段的修改与写作质量具有一定的相关性,其中写作时间段 1 和写作时间段 3 的语境修改与最终的写作成绩呈显著的正相关关系。

第七章　结　语

一、主要研究发现

（一）构思过程研究发现

本研究以写作过程模型和有限注意力模型为理论基础,采用量化和质性研究相结合的方法,探究初中生英语写作构思过程的具体情况,主要的发现如下:

通过描述性统计发现:1)写作者的任务前构思时间普遍较短,在线构思过程中,段落前构思时间最短,句前构思时间次之,句中构思时间最长;2)无论是任务前构思还是在线构思,大部分写作者选择使用母语进行构思,导致中式英语表达的出现频率较高;3)大多数写作者在任务前构思中倾向于思考篇章结构,而在任务中构思中,他们更加关注内容方面的新内容生成和组织,以及语言方面的单词拼写、语法、固定搭配和高级词汇。

通过相关性分析和回归分析发现:1)任务前构思时间与句法复杂度、流利度呈显著正相关关系,与准确度呈显著负相关关系,且任务前构思时间对句法复杂度的两个指标(DC/T 和 DC/C)以及流利度都具有显著的预测作用;2)在任务中构思中,段前构思时间与句法复杂度指标 DC/C 呈显著的负相关关系,与词汇复杂度呈显著的正相关关系,而句前构思时间与准确度呈显著的正相关关系,且前者对后者具有显著的预测作用。总体来看,不同的构思时间分配对写作复杂度、准确度和流利度有不同程度的影响。

（二）行文过程研究发现

本研究通过键盘记录和视频刺激回忆访谈等方法,分析了高中生二语写作过程中的停顿特征、这些特征与写作成绩的关系以及产生停顿的原因,主要的发现如下:

定量分析结果表明:1)在停顿的语言位置方面,停顿时长会随着语言单元级别的增加而增加,而停顿次数则相反,而且词前、句前和段前的停顿比词后、句后和段后停顿的数量多,停顿更为频繁;2)在停顿的时间位置方面,停顿在整个写作过程中分布不均匀,而且高水平英语写作者在写作过程中表现出边界清晰的写作阶段特征,但低水平英语写作者的写作阶段波动较大,且多为语言形式修改;3)在停顿特征与写作成绩之间的相关性方面,词前、词内、句前、句间和段前的停顿频次与写作成绩具有显著的相关性,而且词内、句前、句后和段前的停顿时长与写作成绩具有显著的相关性。

定性分析结果表明,高水平英语写作者停顿主要源于句法和词汇多样性的构思,而低水平英语写作者的停顿更倾向于单词拼写。本研究还发现,内容构思、打字技巧和心理因素是所有水平写作者产生停顿的共同原因,但心理因素对低水平英语写作者的影响更大。

(三)修改过程研究发现

本研究通过键盘记录和视频刺激回忆访谈等方法,分析了高中生二语写作中修改的类别、时间分布以及与二语水平和文本质量的关系,主要研究发现为:

1)高中生在写作时所做的即时修改(写完后立刻对当下内容所做的修改)比语境修改(在当下落笔以外的其他位置所做的修改)多;即时修改较多发生在写作时间段1和时间段2,而语境修改在写作时间段3出现得最多;在修改目的上,修改语言比修改内容多;在修改单元上,单词及以下和单句及以下的修改比句子及以上的修改多。

2)对于二语水平与修改之间的关系,研究发现,学习者的二语词汇和语法水平越高,语境修改、语言修改、单词间的修改、替换修改就越多,并且写作时间段3的语境修改也越频繁。

3)写作文本质量与语境修改及其中的内容、语言修改存在显著的相关性,还与句间、句子及以上范围的修改,删减和替换修改呈显著的相关关系。这说明,学习者对二语写作过程的监控能力对二语写作质量具有显著的影响;同时也说明,二语写作的质量受益于较大语言单元的修改。

二、不足与建议

(一)构思研究的不足与建议

首先,构思研究的被试数量较为有限,且未能做到随机选取,难以保证其代表性,导致研究的有效性受到一定影响。未来研究可以随机选取更大范围的研究对象,充分考虑农村学校与城市学校以及重点学校与普通学校等差异,提升研究的外部效度。

其次，研究任务的写作类型比较单一，仅涉及应用文写作。构思在其他二语写作体裁中的作用有待进一步探究，如说明文、记叙文和议论文。因此，未来的研究可以扩大写作体裁，探讨构思对不同写作体裁的影响。

再次，在数据收集方面，由于设备条件的限制，本研究的数据并非在同一时间收集，而是分批逐一进行，这可能会在一定程度上使得参与者受同伴的影响。此外，本研究没有控制任务前构思时间，因此未能考察不同任务前构思时间对写作过程和结果的影响，未来的研究可以设置不同的任务前构思时间，考察其对二语写作的影响。

此外，在写作表现的指标方面，本研究仅采用了复杂度、准确度和流利度的 6 种指标，未能对其他的指标加以考察。因此，建议未来的研究可以采用多种方法来衡量复杂度、准确度和流利度的内部结构，以捕捉构思对写作表现更为精细的影响。

最后，本研究考察了构思对二语写作产出的即时影响，而构思对二语写作发展的长期影响仍有待调查。因此，有必要进行纵向研究，从而得出更为全面的结论。

（二）行文研究的不足与建议

首先，行文研究的研究对象均来自同一所学校的同一个年级，未能考察不同年级学习者的行文情况。未来研究可以考虑选取不同高中和不同年级学习者作为研究对象，考察高中生二语写作行文的发展特征。

其次，本研究虽然对参与者的打字速度进行了一定的限制，但结果发现，学习者的打字速度仍然对写作行文过程具有较大的影响。未来的研究可以将打字速度作为一个考察变量，或者将其作为协变量，剥离其对写作过程和写作结果的影响。

再次，本研究只探讨了高水平组和低水平组学习者之间的差异，未能考察中等水平学习者的情况。未来的研究可以增加不同语言水平的分组，更为精细地考察写作者语言水平与写作行文过程的关系。

最后，在研究工具上，本研究采用了键盘记录和视频刺激回忆访谈，但是两者未能实时记录写作中写作者的视觉注意资源分配。未来研究可以考虑结合更多的研究工具，如眼球追踪，以更全面地探索第二语言学习者在写作过程中的思维活动。

（三）修改研究的不足与建议

首先，本研究仅包含一个写作任务，且任务难度相对简单，可能导致修改的一些子类别之间的差异未能显现。未来研究可以考虑增加任务难度和任务类型,以深入考察任务难度和任务类型对写作修改的影响。

　　其次,本研究只考察了外部修改的位置、目的、语言单元、动作,而没有考察内部修改(即在打字之前所做的修改)以及不同修改之间的关系。未来研究可以通过有声思维等方法考察写作者的内部修改,并探索内部修改和外部修改之间的关系。

　　再次,本研究仅调查了二语语言因素对二语写作修改的影响,并未考察其他的因素,但以往的研究表明,修改行为还与其他因素有关,如写作者的观念、打字速度、学习和写作经验、工作记忆容量等,尤其是二语写作者对写作目标以及评分标准的看法,都会影响他们修改的内容和时间(Hall,1990)。未来研究可以增加对上述因素的考察,或者加强对上述因素的控制,以提升研究的效度。

　　最后,在研究方法上,我们采用的刺激回忆访谈也具有一定的局限性。我们难以保证这种事后访谈能够真实反映写作中的修改行为,也不能考察写作者的实时修改行为。因此,未来研究可以同时使用键盘记录、眼动跟踪以及脑电等方法来克服这些不足(Leijten & Van Waes,2013)。

参考文献

白丽茹. 语法知识与词义/听力/写作能力潜在关系及表现模式[J]. 外语与外语教学，2014(4)：57-62.

白丽茹. 汉英双语者英语小句语法连接能力与英语写作水平的潜在关系研究[J]. 外国语文，2022(5)：69-78.

程勇. 基于语法丰富性的汉语二语写作质量分析研究[J]. 语言教学与研究，2022(5)：10-22.

戴健林，许尚侠，莫雷. 作文前构思时间分配及其对写作成绩影响的研究[J]. 心理发展与教育，2001(2)：36-40.

邓志勇. 英语写作教学的社会认知模式[J]. 现代外语，2002(4)：408-417.

范琳，朱立霞. 国外写作构思心理研究的进展[J]. 外语教学，2004(4)：65-70.

顾琦一，陈楠楠，陈方. 认知负荷视角下话题熟悉度对二语写作的影响研究[J]. 解放军外国语学院学报，2023(3)：9-17.

顾琦一，王心悦，丁莹烨. 话题熟悉度对英语二语写作修改的影响[J]. 外语教学与研究(外国语文双月刊)，2022(3)：401-412.

顾琦一，赵婵婵，金夏妃. 话题熟悉度对中国英语学习者读后续写的影响[J]. 解放军外国语学院学报，2022(2)：43-51.

郭纯洁. 有声思维法[M]. 北京：外语教学与研究出版社，2007.

郭纯洁. 有声思维在外语教学研究中的应用[M]. 北京：外语教学与研究出版社，2015.

郭纯洁，刘芳. 外语写作中母语影响的动态研究[J]. 现代外语，1997(4)：30-38.

郭嘉，杨蕾，王爽，等. 母语迁移对二语写作复杂度的影响[J]. 当代外语研究，2022(3)：140-148.

韩金龙. 英语写作教学：过程体裁教学法[J]. 外语界，2001(4)：35-40.

韩亚文，刘思. 任务复杂度和工作记忆容量对中国英语学习者书面语产出的影响[J]. 山东外语教学，2019(2)：66-75.

韩晔，许悦婷. 积极心理学视角下二语写作学习的情绪体验及情绪调节策略研究——以书面纠正性反馈为例[J]. 外语界，2020(1)：50-59.

胡学文. 在线作文自我修改对大学生英语写作结果的影响[J]. 外语电化教学，2015(3)：45-49.

黄丽燕，程一丹，曾娟. 写作停顿视角下的读后续写测试认知效度研究[J]. 现代外语，2023(2)：270-283.

黄骞. 二语语义搭配规则的内隐学习及其个体差异性研究[J]. 外语界，2023(2)：70-79.

姜琳，陈燕，詹剑灵. 读后续写中的母语思维研究[J]. 外语与外语教学，2019(3)：8-16.

靳红玉，王同顺. 任务复杂度、工作记忆容量与二语写作表现——学习者能动性的作用[J]. 外语与外语教学，2021(3)：102-113.

巨月. 任务复杂度对中国非英语专业大学生写作的影响[D]. 兰州：兰州大学，2014.

柯于国. 停顿离散视角下二语写作构思产出的启动压力观测[J]. 外语学刊，2019(5)：83-89.

李航. 大学生英语写作焦虑和写作成绩的准因果关系：来自追踪研究的证据[J]. 外语界，2015(3)：68-75.

李航，刘儒德. 大学生外语写作焦虑与写作自我效能感的关系及其对写作成绩的预测[J]. 外语研究，2013(2)：48-54.

李玖，王建华. 任务前与任务中时间条件对基于视频的二语写作绩效的影响[J]. 外语与外语教学，2019(1)：76-85.

李森. 改进英语写作教学的重要举措：过程教学法[J]. 外语界，2000(1)：19-23.

李晓. 词汇量、词汇深度知识与语言综合能力关系研究[J]. 外语教学与研究（外国语文双月刊），2007(5)：352-359.

林莹，朱宇，张淑杰. 来华汉语学习者电脑限时写作的自发修改研究[J]. 世界汉语教学，2021(2)：231-247.

刘春燕. 文本重写任务中的中介语重构策略分析[J]. 山东外语教学，2009(5)：8-14.

刘立爽. 不同分数等级高考作文的名词词组句法复杂度特征的对比研究[J]. 中小学外语教学（中学篇），2022(9)：26-31.

陆小飞，许琪. 二语句法复杂度分析器及其在二语写作研究中的应用[J]. 外语教学与研究(外国语文双月刊),2016(3):409-420.

罗明礼. 从中西思维模式差异谈英语议论文写作构思[J]. 外国语文,2011(6):145-149.

罗峥,郭德俊. 写作心理学理论研究概况[J]. 心理学探新,2000(3):12-15.

马广惠,文秋芳. 大学生英语写作能力的影响因素研究[J]. 外语教学与研究,1999(4):34-39.

莫雷,张卫. 学习心理研究[M]. 广州:广东人民出版社,2005.

聂玉景,李征娅. 基于技术支持的英语学习者写作停顿行为分析[J]. 西安电子科技大学学报(社会科学版),2016(1):93-101.

秦晓晴,毕劲. 二语写作流利性指标的效度——一项基于文本特征的研究[J]. 外语教学与研究(外国语文双月刊),2012(6):899-911.

瞿莉莉. 基于有声思维法的 EFL 阅读策略与元认知意识研究[J]. 外语界,2014(4):30-38.

邵继荣. 任务类型和任务条件对 EFL 写作的影响[J]. 国外外语教学,2003(2):28-34.

孙素英,肖丽萍. 认知心理学视域中的写作过程[J]. 北京师范大学学报(人文社会科学版),2002(1):134-140.

谭雯婷,徐玲. 英语写作中话题熟悉度与语体意识相关性的多维度分析[J]. 外语电化教学,2022(4):97-103.

汤红娟,郭学文. 语言文化生态环境对儿童英语写作认知过程干预的实证研究[J]. 外国语文,2016(2):152-157

陶娜,王颖. 外语写作任务复杂度对语言形式注意和修改效果的研究[J]. 山东外语教学,2022(5):67-76.

王初明. 读后续写何以有效促学[J]. 外语教学与研究(外国语文双月刊),2015(5):753-762.

王春岩,蔡雨阳,赵敏等. 动机调控策略与写作成绩的关系解构:"岛脊曲线"视角[J]. 外语界,2021(3):46-54,72.

王静萍,蒲显伟. 限时写作条件下任务前构思和在线构思对二语写作语言表现的影响[J]. 外语与外语教学,2016(6):66-74.

王俊菊. 写作过程模式比较研究[J]. 山东大学学报(哲学社会科学版),2005(5):53-58.

王俊菊. 英语为第一语言的写作认知心理过程研究综述[J]. 外语教学,2006(4):74-79.

王俊菊. 二语写作认知心理过程研究评述[J]. 外语界，2007(5)：2-9,50.

王俊菊. 国内二语写作过程研究的现状剖析[J]. 山东外语教学，2013(5)：7-11.

王俊菊. "二语写作研究"专题[J]. 山东外语教学，2022(5)：43.

王兰忠. 基于键盘记录和眼动仪的中文二语写作过程研究[J]. 外语电化教学，2016(2)：35-39.

王丽萍，吴红云，Zhang Jun Lawrence. 外语写作中任务复杂度对语言复杂度的影响[J]. 现代外语，2020(4)：503-515.

王巍巍，李德超. 汉英交替传译策略使用特征——基于有声思维法的学生译员与职业译员对比研究[J]. 中国翻译，2015(6)：41-47.

王文宇. 母语思维与二语习得：回顾与思考[J]. 外语界，2002(4)：6-10.

王文宇，王立非. 二语写作研究：十年回顾与展望[J]. 外语界，2004(3)：51-58.

王文宇，文秋芳. 母语思维与二语写作——大学生英语写作过程研究[J]. 解放军外国语学院学报，2002(4)：64-67,76.

文秋芳，郭纯洁. 母语思维与外语写作能力的关系：对高中生英语看图作文过程的研究[J]. 现代外语，1998(4)：44-56.

吴红云. 时间限制对 EFL 作文成绩的影响[J]. 外语教学与研究(外国语文双月刊)，2006(1)：37-43.

吴红云，刘润清. 二语写作元认知理论构成的因子分析[J]. 外语教学与研究(外国语文双月刊)，2004(3)：187-195.

吴炜. 教师反馈焦点与反馈策略对英语写作修改效果的交互影响[J]. 解放军外国语学院学报，2015(2)：85-93.

谢元花，魏辉良. 语义句法启动与英语提升动词的二语习得：来自有声思维的证据[J]. 外语教学，2016(4)：56-60.

邢加新，罗少茜. 任务复杂度对中国英语学习者语言产出影响的元分析研究[J]. 现代外语，2016(4)：528-538.

修旭东，肖德法. 从有声思维实验看英语专业八级写作认知过程与成绩的关系[J]. 外语教学与研究(外国语文双月刊)，2004(6)：462-466.

徐翠芹. 输入日志和屏幕录像的交叉运用——计算机辅助二语写作过程研究新视野[J]. 外语电化教学，2011(5)：21-25.

徐翠芹. 写作停顿视角下的二语写作过程研究[J]. 外语教学与研究(外国语文双月刊)，2017(4)：582-594.

徐翠芹. 从写作停顿看体裁差异对中国英语学习者写作认知加工过程的影响[J]. 解放军外国语学院学报,2019(4):103-110.

徐翠芹. 写作停顿视角下的中国英语学习者记叙文和议论文写作认知加工过程研究[J]. 外语教学,2021(1):35-40.

徐浩,高彩凤. 英语专业低年级读写结合教学模式的实验研究[J]. 现代外语,2007(2):184-190.

闫嵘. 二语写作修改策略的个体差异及其与工作记忆的关系[J]. 外语教学,2010(6):55-59.

杨淑娴. 英语写作成功者与不成功者在策略使用上的差异[J]. 外语界,2002(3):57-64.

杨颖莉,靳光洒. 任务复杂度、构思方式及语言学能对二语写作产出的影响[J]. 解放军外国语学院学报,2023(4):110-118.

易保树,罗少茜. 工作记忆容量对二语学习者书面语产出的影响[J]. 外语教学与研究(外国语文双月刊),2012(4):536-546.

易保树,倪传斌. 任务指令和工作记忆对二语学习者书面语产出的影响[J]. 外语与外语教学,2015(1):56-61.

袁辉,徐剑. 二语复杂句式写作构思的层次性:来自停顿分布的证据[J]. 外语界,2014(3):29-36.

詹剑灵,姜琳,黄灵灵. 对比续写中的二语写作焦虑研究[J]. 解放军外国语学院学报,2022(2):61-69.

张晓鹏. 读后续写对二语写作过程影响的多维分析[J]. 外语界,2016(6):86-94.

张新玲,周燕. 不同任务类型对中国高低水平组 EFL 学习者写作过程的影响[J]. 解放军外国语学院学报,2016(1):87-95.

张煜杰,蒋景阳. 任务复杂度对二语写作复杂度和准确度的影响[J]. 西安外国语大学学报,2020(4):49-54.

张肇丰. 当代西方写作过程模式的研究与发展[J]. 心理科学,2003(2):346-347.

张正厚,吕磊,乔发光,等. 不同构思时间对非英语专业学生英语写作质量的影响[J].外语界,2010(3):71-79.

赵国霞,桑紫林. 听力高水平者与低水平者策略使用差异研究[J]. 外语教学理论与实践,2016(1):64-72.

赵蔚彬. 英语写作修改模型[M]. 开封:河南大学出版社,2007.

赵永青，孙鑫. 英语写作过程中注意的分布和意识程度的研究[J]. 外语与外语教学，2009(1)：32-36.

周保国，唐军俊. 二语写作焦虑对写作过程影响的实证研究[J]. 外语教学，2010(1)：64-68.

周杰，王俊菊. 国际二语写作情绪研究的前沿追踪[J]. 外语电化教学，2022(6)：65-73.

周立. 中国大学生英语写作中的句法迁移研究[J]. 湖南医科大学学报(社会科学版)，2009(2)：180-182.

周遂. 图式理论与二语写作[J]. 外语与外语教学，2005(2)：21-24.

朱晓斌，邢赛春，张莉渺. 写作停顿的认知研究新进展[J]. 心理研究，2013(1)：14-19.

Abbott M L. ESL reading strategies：Differences in Arabic and Mandarin speaker test performance[J]. *Language Learning*，2006，56(4)：633-670.

Abdel Latif M. A state-of-the-art review of the real-time computer-aided study of the writing process[J]. *International Journal of English Studies*，2008，8(1)：29-50.

Abdel Latif M. Toward a new process-based indicator for measuring writing fluency：Evidence from L2 writers' think-aloud protocols[J]. *The Canadian Modern Language Review*，2009，65(4)：531-558.

Abdel Latif M. What do we mean by writing fluency and how can it be validly measured? [J]. *Applied Linguistics*，2013，34(1)：99-105.

Abdel Latif M. Remodeling writers' composing processes：Implications for writing assessment[J]. *Assessing Writing*，2021，50：100547（Advance online publication）.

Abdi Tabari M. The effects of planning time on complexity, accuracy, fluency, and lexical variety in L2 descriptive writing[J]. *Asian-Pacific Journal of Second and Foreign Language Education*，2016，1(10)：1-15.

Abdi Tabari M. Differential effects of strategic planning and task structure on L2 writing outcomes[J]. *Reading & Writing Quarterly*，2020，36(4)：320-338.

Abdi Tabari M. Task preparedness and L2 written production：Investigating effects of planning modes on L2 learners' focus of attention and output[J]. *Journal of Second Language Writing*，2021，52：100814（Advance online publication).

Abdi Tabari M. Investigating the interactions between L2 writing processes and products under different task planning time conditions[J]. *Journal of Second Language Writing*, 2022, 55: 100871 (Advance online publication).

Abdi Tabari M, Lu X, Wang Y. The effects of task complexity on lexical complexity in L2 writing: An exploratory study[J]. *System*, 2023, 114: 103021 (Advance online publication).

Abrams Z I, Byrd D R. The effects of pre-task planning on L2 writing: Mind-mapping and chronological sequencing in a 1st-year German class[J]. *System*, 2016, 63: 1-12.

Afflerbach P, Johnston P. On the use of verbal reports in reading research [J]. *Journal of Reading Behavior*, 1984, 16(4): 307-322.

Alamargot D, Chanquoy L. *Through the Models of Writing* [M]. Dordrecht: Kluwer Academic Publishers, 2001.

Alamargot D, Dansac C, Chesnet D, *et al*. Parallel processing before and after pauses: A combined analysis of graphomotor and eye movements during procedural text production[M]//Torrance M, Van Waes L, Galbraith D. *Writing and Cognition: Research and Applications*. Amsterdam: Elsevier, 2007: 13-29.

Alamargot D, Lambert E, Thebault C, *et al*. Text composition by deaf and hearing middle-school students: The role of working memory[J]. *Reading and Writing*, 2007, 20(4): 333-360.

Alvès R A, Castro S L, De Sousa L, *et al*. Influence of typing skill on pause-execution cycles in written composition[M]//Torrance M, Van Waes L, Galbraith D. *Writing and Cognition: Research and Applications*. Amsterdam: Elsevier, 2007: 55-65.

Ameri-Golestan A, Nezakat-Alhossaini M. Long-term effects of collaborative task planning vs. individual task planning on Persian-speaking EFL learners' writing performance[J]. *Journal of Research in Applied Linguistics*, 2017, 8(1): 146-164.

Amiryousefi M. The differential effects of collaborative vs. individual prewriting planning on computer-mediated L2 writing: Transferability of task-based linguistic skills in focus[J]. *Computer Assisted Language Learning*, 2017,

30(8): 766-786,1-21.

Anderson N J. Individual differences in strategy use in second language reading and testing[J]. *The Modern Language Journal*, 1991, 75(4): 460-472.

Baaijen V M, Galbraith D, de Glopper K. Keystroke analysis: Reflections on procedures and measures[J]. *Written Communication*, 2012, 29(3): 246-277.

Baaijen V M, Galbraith D, de Glopper K. Effects of writing beliefs and planning on writing performance[J]. *Learning and Instruction*, 2014, 33: 81-91.

Baba K. Aspects of lexical proficiency in writing summaries in a foreign language [J]. *Journal of Second Language Writing*, 2009, 18(3): 191-208.

Bachman L F. *Fundamental Considerations in Language Testing* [M]. Oxford: Oxford University Press, 1990.

Baddeley A D, Hitch G. Working memory[M]//Bower G. *The Psychology of Learning and Motivation*. London: Academic Press, 1974: 281-301.

Baddeley A D. *Working Memory*[M]. Oxford: Oxford University Press, 1986.

Baddeley A D. The fractionation of working memory[J]. *Proceedings of the National Academy of Sciences*, 1996, 93(24): 13468-13472.

Badecker W, Hillis A, Caramazza A. Lexical morphology and its role in the writing process: Evidence from a case of acquired dysgraphia[J]. *Cognition*, 1990, 35(3): 205-243.

Barkaoui K. Revision in second language writing: What teachers need to know [J]. *TESL Canada Journal*, 2007, 25(1): 81-92.

Barkaoui K. Think-aloud protocols in research on essay rating: An empirical study of their veridicality and reactivity[J]. *Language Testing*, 2011, 28 (1): 51-75.

Barkaoui K. Examining the impact of L2 proficiency and keyboarding skills on scores on TOEFL-iBT writing tasks[J]. *Language Testing*, 2014, 31 (2): 241-259.

Barkaoui K. Test takers' writing activities during the TOEFL-iBT writing tasks: A stimulated recall study[J]. *ETS Research Report Series*, 2015 (1): 1-42.

Barkaoui K. What and when second-language learners revise when responding to timed writing tasks on the computer: The roles of task type, second language proficiency, and keyboarding skills[J]. *The Modern Language Journal*, 2016, 100(1): 320-340.

Barkaoui K. What can L2 writers' pausing behavior tell us about their L2 writing processes? [J]. *Studies in Second Language Acquisition*, 2019, 41(3): 529-554.

Baumann J F, Seifert-Kessell N, Jones L A. Effect of think-aloud instruction on elementary students' comprehension monitoring abilities[J]. *Journal of Reading Behavior*, 1992, 24(2): 143-172.

Beach R. Introduction[M]//Fitzgerald J. *Towards Knowledge in Writing: Illustrations from Revision Studies*. New York: Springer-Verlag, 1992: i-xvii.

Beauvais C, Olive T, Passerault J-M. Why are some texts good and others not? Relationship between text quality and management of the writing processes[J]. *Journal of Educational Psychology*, 2011, 103(2): 415-428.

Bereiter C, Scardamalia M. *The Psychology of Written Composition* [M]. Hillsdale: Lawrence Erlbaum, 1987.

Berg E C. The effects of trained peer response on ESL students' revision types and writing quality[J]. *Journal of Second Language Writing*, 1999, 8(3): 215-241.

Bergsleithner J M. Working memory capacity and L2 writing performance [J]. *Ciências & Cognição*, 2010, 15(2): 2-20.

Berninger V W, Vaughan K B, Abbott R D, *et al*. Treatment of handwriting problems in beginning writers: Transfer from handwriting to composition [J]. *Journal of Educational Psychology*, 1997, 89(4): 652-666.

Berninger V W. *Past, Present, and Future Contributions of Cognitive Writing Research to Cognitive Psychology*[M]. New York: Psychology Press, 2012.

Bhela B. Native language interference in learning a second language: Exploratory case studies of native language interference with target language usage[J]. *International Education Journal*, 1999, 1(1): 22-31.

Biber D, Gray B. Challenging stereotypes about academic writing: Complexity, elaboration, explicitness[J]. *Journal of English for Academic Purposes*, 2010, 9(1): 2-20.

Biber D, Gray B, Staples S. Predicting patterns of grammatical complexity across language exam task types and proficiency levels[J]. *Applied Linguistics*, 2014: 1-31.

Bloom B. Thought-processes in lectures and discussions[J]. *The Journal of General Education*, 1953, 7(3): 160-169.

Bloom B. The thought processes of students in discussion[M]//French S J. *Accent on Teaching: Experiments in General Education*. New York: Harper, 1954: 23-46.

Bock J K. Toward a cognitive psychology of syntax: Information processing contributions to sentence formulation[J]. *Psychological Review*, 1982, 89 (1): 1-47.

Bosher S. The composing processes of three Southeast Asian writers at the post-secondary level: An exploratory study[J]. *Journal of Second Language Writing*, 1998, 7(2): 205-241.

Bowen J A, Thomas N. Manipulating texture and cohesion in academic writing: A keystroke logging study[J]. *Journal of Second Language Writing*, 2020, 50: 100773 (Advance online publication).

Bowles M A. *The Think-aloud Controversy in Second Language Research* [M]. New York: Routledge, 2010.

Bråten I, Samuelstuen M S. Does the influence of reading purpose on reports of strategic text processing depend on students' topic knowledge? [J]. *Journal of Educational Psychology*, 2004, 96(2): 324-336.

Bridwell L S. Revising strategies in twelfth grade students' transactional writing[J]. *Research in the Teaching of English*, 1980, 14(3): 197-222.

Britton J, Burgess T, Martin N, *et al*. *School Councils Research Studies: The Development of Writing Abilities*[M]. London: MacMillian, 1975.

Broekkamp H, van den Bergh H. Attention strategies in revising a foreign language text[M]//Rijlaarsdam G, van den Bergh H, Couzijn M. *Theories, Models and Methodology in Writing Research*. Amsterdam: Amsterdam University Press, 1996: 170-181.

Butcher K R, Kintsch W. Support of content and rhetorical processes of writing: Effects on the writing process and the written product[J]. *Cognition and Instruction*, 2001, 19(3): 277-322.

Butler-Nalin K. Revision patterns in students' writing[M]//Applebee A N.

Contexts for Learning to Write: *Studies for Secondary School Instruction*. Norwood: Ablex, 1984: 121-215.

Calderhead J. Stimulated recall: A method for research on teaching[J]. *British Journal of Educational Psychology*, 1981, 51(2): 211-217.

Canale M, Swain M. Theoretical bases of communicative approaches to second language teaching and testing[J]. *Applied Linguistics*, 1980, 1(1): 1-47.

Caramazza A. How many levels of processing are there in lexical access? [J]. *Cognitive Neuropsychology*, 1997, 14(1): 177-208.

Caulk N. Comparing teacher and student responses to written work[J]. *TESOL Quarterly*, 1994, 28(1): 181-188.

Chan S. Using keystroke logging to understand writers' processes on a reading-into-writing test[J]. *Language Testing in Asia*, 2017, 7(10): 1-27.

Chandler J. The efficacy of various kinds of error feedback for improvement in the accuracy and fluency of L2 student writing[J]. *Journal of Second Language Writing*, 2003, 12(3): 267-296.

Chanquoy L. How to make it easier for children to revise their writing: A study of text revision from 3rd to 5th grades[J]. *British Journal of Educational Psychology*, 2001, 71(1): 15-41.

Chanquoy L. Revision processes[M]//Beard R, Myhill D, Riley J, *et al*. *The SAGE Handbook of Writing Development*. Los Angeles: SAGE, 2009: 80-97.

Chanquoy L, Foulin J-N, Fayol M. Temporal management of short text writing by children and adults[J]. *Current Psychology of Cognition*, 1990, 10(5): 513-540.

Chanquoy L, Foulin J-N, Fayol M. Writing in adults: A real-time approach [M]//Rijlaarsdam G, van den Bergh H, Couzijn M. *Theories, Models, and Methodology in Writing Research*. Amsterdam: Amsterdam University Press, 1996: 36-43.

Chapelle C, Cotos E, Lee J. Validity arguments for diagnostic assessment using automated writing evaluation[J]. *Language Testing*, 2015, 32(3): 385-405.

Chapelle C, Grabe W, Berns M. *Communicative Language Proficiency*: *Definitions and Implications for TOEFL 2000*[M]. Princeton: Educational Testing

Service, 1997.

Chen M-H, Huang S-T, Chang J S, *et al*. Developing a corpus-based paraphrase tool to improve EFL learners' writing skills[J]. *Computer Assisted Language Learning*, 2015, 28(1): 22-40.

Chenoweth N, Hayes J. Fluency in writing: Generating text in L1 and L2 [J]. *Written Communication*, 2001, 18(1): 80-98.

Chin N B, Obana Y. The use of introspection in the study of problems relating to interpretation from Japanese to English[J]. *Meta*, 1991, 36(2—3): 367-381.

Cho H. Effects of task complexity on English argumentative writing[J]. *English Teaching*, 2015, 70(2): 107-131.

Choi I, Deane P. Evaluating writing process features in an adult EFL writing assessment context: A keystroke logging study[J]. *Language Assessment Quarterly*, 2020, 18(2): 107-132.

Choi S. Language anxiety in second language writing: Is it really a stumbling block? [J]. *Second Language Studies*, 2013, 31(2): 1-42.

Choi Y H. On-line revision behaviors in EFL writing process[J]. *English Teaching*, 2007, 62(4): 69-93.

Chukharev-Hudilainen E. Pauses in spontaneous written communication: A keystroke logging study[J]. *Journal of Writing Research*, 2014, 6(1): 61-84.

Chukharev-Hudilainen E, Saricaoglu A, Torrance M, *et al*. Combined deployable keystroke logging and eyetracking for investigating L2 writing fluency[J]. *Studies in Second Language Acquisition*, 2019, 41(3): 583-604.

Chun Y V. EFL learners' use of print and online dictionaries in L1 and L2 writing processes[J]. *Multimedia Assisted Language Learning*, 2004, 7(1): 9-35.

Chung H Q, Chen V, Olson C B. The impact of self-assessment, planning and goal setting, and reflection before and after revision on student self-efficacy and writing performance[J]. *Reading and Writing*, 2021, 34(7): 1885-1913.

Cocchini G, Logie R H, Sala S D, *et al*. Concurrent performance of two memory tasks: Evidence for domain-specific working memory systems[J]. *Memory & Cognition*, 2002, 30(7): 1086-1095.

Cohen A D. Exploring strategies in test taking: Fine-tuning verbal reports from respondents[M]//Ekbatani G, Pierson H. *Learner-directed Assessment in ESL*. Mahwah: Lawrence Erlbaum, 2000: 127-150.

Conroy M A. Internet tools for language learning: University students taking control of their writing[J]. *Australasian Journal of Educational Technology*, 2010, 26(6): 861-882.

Cook V J. Evidence for multicompetence[J]. *Language Learning*, 1992, 42(4): 557-591.

Cooper M, Holzman M. Talking about protocols[J]. *College Composition and Communication*, 1983, 34(3): 284-293.

Correa-Beningfield M R. Prototype and second language acquisition[J]. *Revue de Phone'tique Applique'e*, 1990(95—97): 131-135.

Crawford L, Lloyd S, Knoth K. Analysis of student revisions on a state writing test[J]. *Assessment for Effective Intervention*, 2008, 33(2): 108-119.

Cui Y, Schunn C D, Gai X. Peer feedback and teacher feedback: A comparative study of revision effectiveness in writing instruction for EFL learners[J]. *Higher Education Research & Development*, 2022, 41(6): 1838-1854.

Cumming A. Writing expertise and second-language proficiency[J]. *Language Learning*, 1988, 39(1): 81-141.

Cumming A. Metalinguistic and ideational thinking in second language composing[J]. *Written Communication*, 1990, 7(4): 482-511.

Daly J A. Writing apprehension and writing competency[J]. *The Journal of Educational Research*, 1978, 72(1): 10-14.

Daly J A, Miller M D. The empirical development of an instrument to measure writing apprehension[J]. *Research in the Teaching of English*, 1975, 9(3): 242-249.

Damian M F, Stadthagen-Gonzalez H. Advance planning of form properties in the written production of single and multiple words[J]. *Language and Cognitive Processes*, 2009, 24(4): 555-579.

Daneman M, Stainton M. The generation effect in reading and proofreading: Is it easier or harder to detect errors in one's own writing? [J]. *Reading and Writing: An Interdisciplinary Journal*, 1993, 5(3): 297-313.

Day T. *Success in Academic Writing*[M]. London:Bloomsbury Publishing,

2023.

de Beaugrande R. Text linguistics in discourse studies[M]//van Dijk T. *Handbook of Discourse Analysis (Vol. 1): Disciplines of Discours*. London: Academic Press, 1985: 40-70.

Dempsey N P. Stimulated recall interviews in ethnography[J]. *Qualitative Sociology*, 2010, 33(3): 349-367.

Devine J, Railey K, Boshoff P. The implications of cognitive models in L1 and L2 writing[J]. *Journal of Second Language Writing*, 1993, 2(3): 203-225.

Di Gennaro K. Searching for differences and discovering similarities: Why international and resident second-language learners' grammatical errors cannot serve as a proxy for placement into writing courses[J]. *Assessing Writing*, 2016, 29: 1-14.

Diab N M. A comparison of peer, teacher and self-feedback on the reduction of language errors in student essays[J]. *System*, 2016, 57: 55-65.

Dušková L. On sources of errors in foreign language learning[J]. *International Review of Applied Linguistics in Language Teaching*, 1969, 7(1): 11-36.

Ebrahimi M R, Nezami A, Kargozari H. The impact of pre-task planning vs. on-line planning on writing performance: A test of accuracy, fluency, and complexity[J]. *Iranian Journal of English for Academic Purposes*, 2019, 8(4): 1-10.

Elbow P. *Writing with Power*[M]. New York: Oxford University Press, 1981.

Ellis R. *The Study of Second Language Acquisition*[M]. Oxford: Oxford University Press, 1994.

Ellis R. Planning and task-based research: Theory and research[M]//Ellis R. *Planning and Task Performance in a Second Language*. Amsterdam: John Benjamins, 2005: 3-34.

Ellis R. The effects of pre-task planning on second language writing: A systematic review of experimental studies[J]. *Chinese Journal of Applied Linguistics*, 2021, 44(2): 131-165.

Ellis R, Yuan F. The effects of planning on fluency, complexity, and accuracy in second language narrative writing[J]. *Studies in Second Language*

Acquisition，2004，26(1)：59-84.

Emig J A. *The Composing Processes of Twelfth Graders*[M]. Urbana：National Council of Teachers of English Press，1971.

Ericsson K A, Simon H A. *Protocol Analysis：Verbal Report as Data*[M]. London：The MIT Press，1993.

Faigley L. Competing theories of process：A critique and a proposal[J]. *College English*，1986，48(6)：527-542.

Faigley L, Daly J A, Witte S P. The role of writing apprehension in writing performance and competence[J]. *The Journal of Educational Research*，1981，75(1)：16-21.

Faigley L, Witte S. Analyzing revision[J]. *College Composition and Communication*，1981，32(4)：400-414.

Fellner T, Apple M. Developing writing fluency and lexical complexity with blogs[J]. *The JALT CALL Journal*，2006，21(1)：15-26.

Ferretti R P, MacArthur C A, Dowdy N S. The effects of an elaborated goal on the persuasive writing of students with learning disabilities and their normally achieving peers[J]. *Journal of Educational Psychology*，2000，92(4)：694-702.

Ferris D. The influence of teacher commentary on student revision[J]. *TESOL Quarterly*，1997，31(2)：315-339.

Ferris D, Hedgcock J S. *Teaching ESL Composition：Purpose, Process, and Practice (2nd ed.)*[M]. Mahwah：Lawrence Erlbaum，2005.

Ferris D, Roberts B. Error feedback in L2 writing classes：How explicit does it need to be? [J]. *Journal of Second Language Writing*，2001，10(3)：161-184.

Fitzgerald J. Research on revision in writing[J]. *Review of Educational Research*，*American Educational Research Association*，1987，57(4)：481-506.

Flores-Ferres M, van Weijen D, van Ockenburg L, *et al.* Writing to understand and being understood：Basic design principles for writing instruction[M]// Spinillo G, Sotomayor C. *Development of Writing Skills in Children in Diverse Cultural Contexts：Contributions to Teaching and Learning*. Cham：Springer International Publishing，2023：393-427.

Flower L, Hayes J. A cognitive process theory of writing[J]. *College Composition and Communication*, 1981, 32(4): 365-387.

Flower L, Hayes J. Images, plans, and prose: The representation of meaning in writing[J]. *Written Communication*, 1984, 1(1): 120-160.

Flower L, Hayes J, Carey L, *et al*. Detection, diagnosis and the strategies of revision[J]. *College Composition and Communication*, 1986, 37(1): 16-55.

Foster P, Skehan P. The influence of planning and task type on second language performance[J]. *Studies in Second Language Acquisition*, 1996, 18(3): 299-323.

Frear M W, Bitchener J. The effects of cognitive task complexity on writing complexity[J]. *Journal of Second Language Writing*, 2015, 30: 45-57.

Fukuta J, Tamura Y, Kawaguchi Y. Written languaging with indirect feedback in writing revision: Is feedback always effective? [J]. *Language Awareness*, 2019, 28(1): 1-14.

Fuller F F, Manning B A. Self-confrontation reviewed: A conceptualization for video playback in teacher education[J]. *Review of Educational Research*, 1973, 43(4): 469-528.

Galbraith D, Vedder I. Methodological advances in investigating L2 writing processes: Challenges and perspectives[J]. *Studies in Second Language Acquisition*, 2019, 41(3): 633-645.

Gánem-Gutiérrez G A, Gilmore A. Tracking the real-time evolution of a writing event: Second language writers at different proficiency levels[J]. *Language Learning*, 2018, 68(2): 469-506.

Gánem-Gutiérrez G A, Gilmore A. A mixed methods case study on the use and impact of web-based lexicographic tools on L2 writing[J]. *Computer Assisted Language Learning*, 2023, 36(7): 1365-1391.

Gardner R C. Language learning motivation: The student, the teacher, and the researcher[J]. *Texas Papers in Foreign Language Education*, 2001, 6(1): 1-20.

Gass S M, Mackey A. *Stimulated Recall Methodology in Second Language Research*[M]. Mahwah: Laurence Erlbaum, 2000.

Gass S M, Mackey A. *Stimulated Recall Methodology in Applied Linguistics and L2 Research (2nd ed.)*[M]. New York: Routledge, 2016.

Gathercole S E, Baddeley A. *Working Memory and Language*[M]. Hillsdale:

Lawrence Erlbaum, 1993.

Golparvar S E, Rashidi F. The effect of task complexity on integrated writing performance: The case of multiple-text source-based writing[J]. *System*, 2021, 99: 102524 (Advance online publication).

Gould J. Experiments on composing letter: Some facts, some myths and some observations[M]//Gregg L, Steinberg E. *Cognitive Process in Writing*. Hillsdale: Lawrence Erlbaum, 1980: 97-127.

Gould J, Grischkowsky N. Doing the same work with hard copy and with cathode-ray tube (CRT) computer terminals[J]. *Human Factors*, 1984, 26(3): 323-337.

Grabe W, Kaplan R B. *Theory and Practice of Writing: An Applied Linguistic Perspective*[M]. New York: Routledge, 1996.

Graham S, Harris K R, Mason L. Improving the writing performance, knowledge, and self-efficacy of struggling young writers: The effects of self-regulated strategy development[J]. *Contemporary Educational Psychology*, 2005, 30(2): 207-241.

Graham S, MacArthur C, Schwartz S, *et al*. Improving the compositions of students with learning disabilities using a strategy involving product and process goal setting[J]. *Exceptional Children*, 1992, 58(4): 322-334.

Haas C. How the writing medium shapes the writing process: Effects of word processing on planning[J]. *Research in the Teaching of English*, 1989, 23(2): 181-207.

Hacker D J. Comprehension monitoring as a writing process[M]//Butterfield E C. *Children's Writing: Toward a Process Theory of the Development of Skilled Writing*. Greenwich: JAI Press, 1994: 143-173.

Hall C. Managing the complexity of revising across languages[J]. *TESOL Quarterly*, 1990, 24(1): 43-60.

Hassan B A. The relationship of writing apprehension and self-esteem to the writing quality and quantity of EFL University students[J]. *Mansoura Faculty of Education Journal*, 2001, 4: 3-37.

Hayes J R. A new framework for understanding cognition and affect in writing [M]//Levy M, Ransdell S. *The Science of Writing: Theories, Methods, Individual Differences, and Applications*. Mahwah: Lawrence Erlbaum,

1996: 1-27.

Hayes J R, Flower L S. Identifying the organization of writing processes [M]//Gregg L W, Steinberg E R. *Cognitive Processes in Writing*. Hillsdale: Lawrence Erlbaum, 1980: 3-30.

Hayes J R, Flower L S. The dynamics of composing: Making plans and juggling constraints[M]//Gregg L W, Steinberg E R. *Cognitive Processes in Writing*. Hillsdale: Lawrence Erlbaum, 1980: 31-50.

Hayes J R, Nash J G. On the nature of planning in writing[M]//Levy M, Ransdell S. *The Science of Writing: Theories, Methods, Individual Differences, and Applications*. Mahwah: Lawrence Erlbaum, 1996: 29-55.

Hayes J R, Schriver K, Hill C, Hatch J. *Seeing Problems with Text: How Students' Engagement Makes a Difference*[M]. Pittsburgh: Center for the Study of Writing, 1990.

Hedgcock J, Lefkowitz N. Collaborative oral/aural revision in foreign language writing instruction[J]. *Journal of Second Language Writing*, 1992, 1(3): 255-276.

Henderson L D, Tallman J. *Stimulated Recall and Mental Models: Tools for Teaching and Learning Computer Information Literacy*[M]. Lanham: Scarecrow Press Inc, 2006.

Housen A, Kuiken F. Complexity, accuracy and fluency in second language acquisition[J]. *Applied Linguistics*, 2009, 30(4): 461-473.

Humes A. Research on the composing process[J]. *Review of Educational Research*, 1983, 53(2): 201-216.

Hyland K. *Second Language Writing*[M]. Cambridge, UK: Cambridge University Press, 2003.

Hymes D. On communicative competence [M]//Pride J, Holmes A. *Sociolinguistics*. Harmsworth: Penguin, 1972: 269-293.

Ishikawa T. The effect of manipulating task complexity along the [+/-here-and-now] dimension on L2 written narrative discourse[M]//Garcia-Mayo M. *Investigating Tasks in Formal Language Learning*. Clevedon: Multilingual Matters, 2007: 136-156.

Jalleh C, Mahfoodh O H A. Chinese-speaking ESL pre-university students' perceptions of the effectiveness of collaborative planning in an academic writing course[J]. *Journal of Language and Linguistic Studies*, 2021, 17 (S2): 1174-1189.

Jenkins J, Tuten J. On possible parallels between perceiving and remembering events[M]//*Hoffman R, Sherrick M, Warm J. Viewing Psychology as A Whole*. Washington, DC: American Psychological Association, 1998: 291-314.

Johnson M D. Does planning really help?: Effectiveness of planning in L2 writing[J]. *Journal of Second Language Teaching and Research*, 2014, 3 (1): 107-118.

Johnson M D, Acevedo A, Mercado L. Vocabulary knowledge and vocabulary use in second language writing[J]. *TESOL Journal*, 2016, 7(3): 700-715.

Johnson M D, Mercado L, Acevedo A. The effect of planning sub-processes on L2 writing fluency, grammatical complexity, and lexical complexity[J]. *Journal of Second Language Writing*, 2012, 21(3): 264-282.

Kahng J. Exploring utterance and cognitive fluency of L1 and L2 English speakers: Temporal measures and stimulated recall[J]. *Language Learning*, 2014, 64(4): 809-854.

Kang S, Lee J-H. Are two heads always better than one? The effects of collaborative planning on L2 writing in relation to task complexity[J]. *Journal of Second Language Writing*, 2019, 45: 61-72.

Kaufer D S, Hayes J R, Flower L. Composing written sentences [J]. *Research in the Teaching of English, National Council of Teachers of English*, 1986, 20(2): 121-140.

Keh C L. Feedback in the writing process: A model and methods for implementation[J]. *ELT Journal*, 1990, 44(4): 294-304.

Kellogg R T. Attentional overload and writing performance: Effects of rough draft and outline strategies[J]. *Journal of Experimental Psychology: Learning, Memory, and Cognition*, 1988, 14(2): 355-365.

Kellogg R T. Effectiveness of prewriting strategies as a function of task demands [J]. *The American Journal of Psychology*, 1990, 103(3): 327-342.

Kellogg R T. *The Psychology of Writing*[M]. New York: Oxford University Press, 1994.

Kellogg R T. A model of working memory in writing[M]//Levy M, Ransdell S.

The Science of Writing: *Theories*, *Methods*, *Individual Differences*, *and Applications*. Mahwah: Lawrence Erlbaum,1996: 57-71.

Kellogg R T. Competition for working memory among writing processes[J]. *The American Journal of Psychology*, 2001,114(2): 175-191.

Kellogg R T. Training writing skills: A cognitive developmental perspective [J]. *Journal of Writing Research*, 2008, 1(1): 1-26.

Kellogg R T, Whiteford A P, Turner C E, *et al*. Working memory in written composition: An evaluation of the 1996 model[J]. *Journal of Writing Research*, 2013, 5(2): 159-190.

Kennedy C, Miceli T. Corpus-assisted creative writing: Introducing intermediate Italian learners to a corpus as a reference resource[J]. *Language Learning & Technology*, 2010, 14(1): 28-44.

Khatib M, Farahanynia M. Planning conditions (strategic planning, task repetition, and joint planning), cognitive task complexity, and task type: Effects on L2 oral performance[J]. *System*, 2020, 93: 102297 (Advance online publication).

Khuder B, Harwood N. L2 writing in test and non-test situations: Process and product[J]. *Journal of Writing Research*, 2015, 6(3): 233-278.

Kim K J, Pae T I. Examining the simultaneous effects of L1 writing, L2 reading, L2 proficiency, and affective factors on different task types of L2 writing[J]. *Discourse Processes*, 2021, 58(7): 662-680.

Kim Y. Effects of task complexity on EFL learners' writing behaviors and performance[J]. *English Teaching*, 2022, 77(4): 49-69.

Kirkpatrick L C, Klein P D. Planning text structure as a way to improve students' writing from sources in the compare-contrast genre[J]. *Learning and Instruction*, 2009, 19(4): 309-321.

Kobayashi H, Rinnert C. Factors relating to EFL writers' discourse level revision skills[J]. *International Journal of English Studies*, 2001, 1(2): 71-101.

Kormos J, Sáfár A. Phonological short-term memory, working memory and foreign language performance in intensive language learning[J]. *Bilingualism: Language and Cognition*, 2008, 11(2): 261-271.

Kozma R B. The impact of computer-based tools and embedded prompts on writing processes and products of novice and advanced college writers[J]. *Cognition and Instruction*, 1991, 8(1): 1-27.

Kroll B. *Second Language Writing*[M]. Cambridge, UK: Cambridge University Press, 1990.

Kroll B. *Exploring the Dynamics of Second Language Writing* [M]. Cambridge, UK: Cambridge University Press, 2003.

Kuiken F, Vedder I. Task complexity and measures of linguistic performance in L2 writing[J]. *International Review of Applied Linguistics in Language Teaching*, 2007, 45(3): 261-284.

Kuiken F, Vedder I. Cognitive task complexity and written output in Italian and French as a foreign language[J]. *Journal of Second Language Writing*, 2008, 17(1): 48-60.

Kuiken F, Vedder I. Syntactic complexity, lexical variation, and accuracy as a function of task complexity and proficiency level in L2 writing and speaking [M]//Housen A, Kuiken F, Vedder I. *Dimensions of L2 Performance and Proficiency: Complexity, Accuracy, and Fluency in SLA*. Amsterdam: John Benjamins, 2012: 143-170.

Kyle K, Crossley S. Measuring syntactic complexity in L2 writing using fine-grained clausal and phrasal indices[J]. *The Modern Language Journal*, 2018, 102(2):333-349.

Lado R. *Linguistics across Cultures: Applied Linguistics for Language Teachers*[M]. Ann Arbor: The University of Michigan Press, 1957.

Lee I. L2 writing teachers' perspectives, practices and problems regarding error feedback[J]. *Assessing Writing*, 2003, 8(3): 216-237.

Lee S. Facilitating and inhibiting factors in English as a foreign language writing performance: A model testing with structural equation modeling [J]. *Language Learning*, 2005, 55(2): 335-374.

Leijten M, Van Waes L. Inputlog: New perspectives on the logging of on-line writing processes in a Windows environment[M]//Sullivan K H, Lindgren E. *Computer Key-stroke Logging: Methods and Applications*. Oxford: Elsevier, 2006: 73-93.

Leijten M, Van Waes L. Keystroke logging in writing research: Using Inputlog to analyze and visualize writing processes[J]. *Written Communication*,

2013，30(3)：358-392.

Levy C M, Ransdell S. Writing with concurrent memory loads[M]//Olive T, Levy C M. *Studies in Writing*: *Contemporary Tools and Techniques for Studying Writing*. Dordrecht: Kluwer Academic Publishers, 2002: 9-29.

Lew R. Can a dictionary help you write better? A user study of an active bilingual dictionary for polish learners of English[J]. *International Journal of Lexicography*, 2016, 29(3): 353-366.

Limpo T, Alves R A. Effects of planning strategies on writing dynamics and final texts[J]. *Acta Psychologica*, 2018, 188: 97-109.

Lindgren E, Miller K, Sullivan K. Development of fluency and revision in L1 and L2 writing in Swedish high school years eight and nine[J]. *ITL— International Journal of Applied Linguistics*, 2008, 156(1): 133-151.

Lindgren E, Sullivan K. Stimulated recall as a trigger for increasing noticing and language awareness in the L2 writing classroom: A case study of two young female writers[J]. *Language Awareness*, 2003, 12(3-4): 172-186.

Lindgren E, Sullivan K. Analysing online revision[M]//Sullivan K, Lindgren E. *Computer Key-stroke Logging*: *Methods and Applications*. Oxford: Elsevier, 2006: 157-188.

Link S, Mehrzad M, Rahimi M. Impact of automated writing evaluation on teacher feedback, student revision, and writing improvement[J]. *Computer Assisted Language Learning*, 2022, 35(4): 605-634.

Llach M, Gallego M T. Examining the relationship between receptive vocabulary size and written skills of primary school learners[J]. *American Studies*, 2009, 31(1): 129-147.

Lu X. Automatic analysis of syntactic complexity in second language writing [J]. *International Journal of Corpus Linguistics*, 2010, 15(4): 474-496.

Lu X, Révész A. Revising in a non-alphabetic language: The multi-dimensional and dynamic nature of online revisions in Chinese as a second language[J]. *System*, 2021, 100: 102544 (Advance online publication).

Lu Y. Working memory, cognitive resources and L2 writing performance [M]//Wen Z, Mota M, McNeill A. *Working Memory in L2 Acquisition and Processing*. Bristol: Multilingual Matters, 2015: 175-189.

Lyman R L. Summary of investigations relating to grammar, language, and composition (January, 1929, to January, 1931). II[J]. *The Elementary School Journal*, 1932, 32(5): 352-363.

Ma F F, Zainal A Z. The effects of planning conditions on primary school ESL pupils' narrative writing[J]. *Indonesian Journal of Applied Linguistics*, 2018, 7(3): 559-574.

Mackay D G, Wulf G, Yin C, *et al*. Relations between word perception and production: New theory and data on the verbal transformation effect[J]. *Journal of Memory and Language*, 1993, 32(5): 624-646.

Madigan R, Linton P, Johnson S. The paradox of writing apprehension[M]// Levy M, Ransdell S. *The Science of Writing: Theories, Methods, Individual Differences, and Applications*. Mahwah: Lawrence Erlbaum, 1996: 295-307.

Mahfoudhi A. Writing processes of EFL students in argumentative essays: A case study[J]. *ITL, Review of Applied Linguistics*, 2003, 139(1): 153-190.

Makino T Y. Learner self-correction in EFL written compositions[J]. *ELT Journal*, 1993, 47(4): 337-341.

Marcos-Llinás M, Garau M J. Effects of language anxiety on three proficiency-level courses of Spanish as a foreign language[J]. *Foreign Language Annals*, 2009, 42(1): 94-111.

Martin J. *English Text: System and Structure* [M]. Philadelphia: John Benjamins, 1992.

Matsuhashi A. Pausing and planning: The tempo of written discourse production [J]. *Research in the Teaching of English, National Council of Teachers of English*, 1981, 15(2): 113-134.

Matsuhashi A. *Writing in Real Time: Modeling Production Processes*[M]. Norwood: Ablex, 1987.

McCutchen D. A capacity theory of writing: Working memory in composition [J]. *Educational Psychology Review*, 1996, 8(3): 299-325.

McLeod S. Some thoughts about feelings: The affective domain and the writing process[J]. *College Composition and Communication*, 1987, 38(4): 426-435.

Medimorec S, Risko E F. Pauses in written composition: On the importance of where writers pause[J]. *Reading and Writing*, 2017, 30(6): 1267-1285.

Miller K S. Academic writers on-line: Investigating pausing in the production of text[J]. *Language Teaching Research*, 2000, 4(2): 123-148.

Miller K S, Lindgren E, Sullivan K P H. The psycholinguistic dimension in second language writing: Opportunities for research and pedagogy using computer keystroke logging[J]. *TESOL Quarterly*, 2008, 42(3): 433-454.

Min J. Writing fluency instructional practices for college-level multilinguals in a U. S. intensive writing course: From an activity theory perspective[J]. *Language Teaching Research*, 2023: 13621688221146089 (Advance online publication).

Mohamadi Z. Comparative effect of online summative and formative assessment on EFL student writing ability[J]. *Studies in Educational Evaluation*, 2018, 59: 29-40.

Mohsen M A, Qassem M. Analyses of L2 learners' text writing strategy: Process-oriented perspective[J]. *Journal of Psycholinguistic Research*, 2020, 49(3): 435-451.

Murphy L, Roca de Larios J. Searching for words: One strategic use of the mother tongue by advanced Spanish EFL writers[J]. *Journal of Second Language Writing*, 2010, 19(2): 61-81.

Murray D. Internal revision: A process of discovery[M]//Cooper C, Odell L. *Research on Composing: Points of Departure*. Urbana: National Council of Teachers of English, 1978: 85-103.

Myhill D, Jones S. More than just error correction: Students' perspectives on their revision processes during writing[J]. *Written Communication*, 2007, 24(4): 323-343.

Nation I. *Learning Vocabulary in Another Language*[M]. Cambridge, UK: Cambridge University Press, 2001.

Negari G M, Rezaabadi O T. Too nervous to write? The relationship between anxiety and EFL writing[J]. *Theory and Practice in Language Studies*, 2012, 2(12): 2578-2586.

Neumann H, McDonough K. Exploring student interaction during collaborative prewriting discussions and its relationship to L2 writing[J]. *Journal of Second Language Writing*, 2015, 27: 84-104.

New E. Computer-aided writing in french as a foreign language: A qualitative and quantitative look at the process of revision[J]. *The Modern Language*

Journal, 1999, 83(1): 81-97.

Norman D A, Rumelhart D E. Studies of typing from LNR research group [M]//Cooper W E. *Cognitive Aspects Skilled Typewriting*. New York: Springer-Verlag, 1983: 45-65.

Nystrand M. A social-interactive model of writing[J]. *Written Communication*, 1989, 6(1): 66-85.

O'Leary J A, Steinkrauss R. Syntactic and lexical complexity in L2 English academic writing: Development and competition[J]. *Ampersand*, 2022, 9: 100096 (Advance online publication).

Odlin T, Jarvis S. Same source, different outcomes: A study of Swedish influence on the acquisition of English in Finland[J]. *International Journal of Multilingualism*, 2004, 1(2): 123-140.

Ojima M. Concept mapping as pre-task planning: A case study of three Japanese ESL writers[J]. *System*, 2006, 34(4): 566-585.

Olive T, Kellogg R T. Concurrent activation of high- and low-level production processes in written composition[J]. *Memory & Cognition*, 2002, 30(4): 594-600.

Ong J. Discovery of ideas in second language writing task environment[J]. *System*, 2013, 41(3): 529-542.

Ong J. How do planning time and task conditions affect metacognitive processes of L2 writers? [J]. *Journal of Second Language Writing*, 2014, 23: 17-30.

Ong J, Zhang L J. Effects of task complexity on the fluency and lexical complexity in EFL students' argumentative writing[J]. *Journal of Second Language Writing*, 2010, 19(4): 218-233.

Ortega L. Planning and focus on form in L2 oral performance[J]. *Studies in Second Language Acquisition*, 1999, 21(1): 109-148.

Patchan M M, Schunn C D. Understanding the benefits of providing peer feedback: How students respond to peers' texts of varying quality[J]. *Instructional Science*, 2015, 43(5): 591-614.

Pascual M, Soler O, Salas N. In a split second: Handwriting pauses in typical and struggling writers[J]. *Frontiers in Psychology*, 2023, 13: 1052264 (Advance online publication).

Perl S. The composing processes of unskilled college writers[J]. *Research in the Teaching of English*, 1979, 13(4), 317-336.

Pintrich P R, Schunk D H. *Motivation in Education: Theory, Research, and Applications (2nd ed.)*[M]. Englewood Cliffs: Prentice-Hall, Inc, 2002.

Piolat A. Writers' assessment and evaluation of their texts[M]//Clapham C, Corson D. *Encyclopedia of Language and Education Vol. 7: Language Testing and Assessment*. Dordrecht: Kluwer Academic, 1997: 189-198.

Piri F, Barati H, Ketabi S. The effects of pre-task, on-line, and both pre-task and on-line planning on fluency, complexity, and accuracy—The case of Iranian EFL learners' written production[J]. *English Language Teaching*, 2012, 5(6): 158-167.

Polio C, Fleck C, Leder N. "If I only had more time:" ESL learners' changes in linguistic accuracy on essay revisions[J]. *Journal of Second Language Writing*, 1998, 7(1): 43-68.

Polio C, Gass S, Chapin L. Using stimulated recall to investigate native speaker perceptions in native-nonnative speaker interaction[J]. *Studies in Second Language Acquisition*, 2006, 28(2): 237-267.

Porte G. When writing fails: How academic context and past learning experiences shape revision[J]. *System*, 1996, 24(1): 107-116.

Porte G. The etiology of poor second language writing: The influence of perceived teacher preferences on second language revision strategies[J]. *Journal of Second Language Writing*, 1997, 6(1): 61-78.

Pospelova T. The collaborative discussion model: Developing writing skills through prewriting discussion[J]. *Journal of Language and Education*, 2021, 7(1): 156-170.

Pressley M, Afflerbach P. *Verbal Protocols of Reading: The Nature of Constructively Responsive Reading*[M]. Hillsdale: Lawrence Erlbaum, 1995.

Qu W. For L2 writers, it is always the problem of the language[J]. *Journal of Second Language Writing*, 2017, 38: 92-93.

Rahimi M. Effects of increasing the degree of reasoning and the number of elements on L2 argumentative writing[J]. *Language Teaching Research*, 2018, 23(5): 1-22.

Rahimi M, Zhang L J. Writing task complexity, students' motivational beliefs, anxiety and their writing production in English as a second language[J].

Reading and Writing, 2018, 32(3): 761-786.

Rahimpour M, Hosseini P. The impact of task complexity on L2 learners' written narratives[J]. *English Language Teaching*, 2010, 3(3): 198-205.

Raimes A. What unskilled ESL students do as they write: A classroom study of composing[J]. *TESOL Quarterly*, 1985, 19(2): 229-258.

Raimes A. Language proficiency, writing ability, and composing strategies: A study of ESL college student writers[J]. *Language Learning*, 1987, 37 (3): 439-468.

Ransdell S, Levy C M. Working memory constraints on writing quality and fluency[M]//Levy M, Ransdell S. *The Science of Writing: Theories, Methods, Individual Differences, and Applications*. Mahwah: Lawrence Erlbaum, 1996: 93-106.

Rau P S, Sebrechts M M. How initial plans mediate the expansion and resolution of options in writing[J]. *The Quarterly Journal of Experimental Psychology Section A: Human Experimental Psychology*, 1996, 49(3): 616-638.

Révész A, Kourtali N E, Mazgutova D. Effects of task complexity on L2 writing behaviors and linguistic complexity[J]. *Language Learning*, 2017, 67(1): 208-241.

Révész A, Michel M, Lee M. Exploring second language writers' pausing and revision behaviors: A mixed-methods study[J]. *Studies in Second Language Acquisition*, 2019, 41(3): 605-631.

Révész A, Michel M, Lu X, et al. The relationship of proficiency to speed fluency, pausing, and eye-gaze behaviours in L2 writing[J]. *Journal of Second Language Writing*, 2022, 58: 100927 (Advance online publication).

Roca de Larios J, Marín J, Murphy L. A temporal analysis of formulation processes in L1 and L2 writing[J]. *Language Learning*, 2001, 51(3): 497-538.

Roca de Larios J, Manchón R, Murphy L. Generating text in native and foreign language writing: A temporal analysis of problem-solving formulation processes[J]. *The Modern Language Journal*, 2006, 90(1): 100-114.

Roca de Larios J, Manchón R, Murphy L, et al. The foreign language writer's strategic behaviour in the allocation of time to writing processes[J]. *Journal of Second Language Writing*, 2008, 17(1): 30-47.

Rohman D G. Pre-writing the stage of discovery in the writing process[J]. College Composition and Communication, 1965, 16(2): 106-112.

Rostamian M, Ali Mohammad Fazilatfan, Ali Akbar Jabbari. The effect of planning time on cognitive processes, monitoring behavior, and quality of L2 writing[J]. *Language Teaching Research*, 2017, 22(4): 1-21.

Roussey J Y. Text schemas in a modeling paradigm: Improvement of a narrative and a description by ten-year-olds[J]. *European Journal of Psychology of Education*, 1991, 6(2): 233-242.

Ruegg R. The relative effects of peer and teacher feedback on improvement in EFL students' writing ability[J]. *Linguistics and Education*, 2015, 29: 73-82.

Salimi A, Fatollahnejad S. The effects of strategic planning and topic familiarity on Iranian intermediate EFL learners' written performance in TBLT[J]. *Theory and Practice in Language Studies*, 2012, 2(11): 2308-2315.

Sanders T, Janssen D, van der Pool E, *et al*. Hierarchical text structure in written products and writing processes[M]//Rijlaarsdam G, van den Bergh H, Couzijn M. *Theories, Models and Methodology: Current Trends in Research on Writing*. Amsterdam: Amsterdam University Press, 1995: 291-297.

Sanders T, Janssen D, van der Pool E, *et al*. Hierarchical text structure in writing products and writing processes[M]//Rijlaarsdam G, van den Bergh H, Couzijn M. *Theories, Models, and Methodology in Writing Research*. Amsterdam: Amsterdam University Press, 1996: 473-492.

Sarkhosh M, Najafi S. Collaborative and individual writing: Effects on accuracy and fluency development[J]. *Porta Linguarum*, 2020, 3: 27-42.

Sasaki M. Building an empirically-based model of EFL learners' writing processes [M]//Ransdell S, Barbier M L. New Directions for Research in L2 Writing. Dordrecht: Springer, 2002: 49-80.

Scardamalia M, Bereiter C. The development of dialectical processes in composition [M]//Rosenberg S. *Advances in Applied Psycholinguistics*. Cambridge, UK: Cambridge University Press, 1985: 143-175.

Schmitt N, Schmitt D, Clapham C. Developing and exploring the behaviour of two new versions of the vocabulary levels test[J]. *Language Testing*,

2001, 18(1): 55-88.

Schoonen R, van Gelderen A, Glopper K D, *et al*. First language and second language writing: The role of linguistic knowledge, speed of processing, and metacognitive knowledge[J]. *Language Learning*, 2003, 53 (1): 165-202.

Schoonen R, van Gelderen A, Stoel R D, *et al*. Modeling the development of L1 and EFL writing proficiency of secondary school students[J]. *Language Learning*, 2011, 61(1): 31-79.

Schrijver I, van Vaerenbergh L, Van Waes L. An exploratory study of transediting in students' translation processes[J]. *HERMES—Journal of Language and Communication in Business*, 2012(49): 99-117.

Schunk D H, Swartz·C W. Goals and progress feedback: Effects on self-efficacy and writing achievement [J]. *Contemporary Educational Psychology*, 1993, 18(3): 337-354.

Scollon R, Wong-Scollon S. Topic confusion in English-Asian discourse[J]. *World Englishes*, 1991, 10(2): 113-125.

Seyyedi K, Ismail S, Orang M, *et al*. The effect of pre-task planning time on L2 learners' narrative writing performance[J]. *English Language Teaching*, 2013, 6(12): 1-10.

Shanahan T. Nature of the reading-writing relation: An exploratory multivariate analysis[J]. *Journal of Educational Psychology*, 1984, 76(3): 466-477.

Sheen Y. The effect of focused written corrective feedback and language aptitude on ESL learners' acquisition of articles[J]. *TESOL Quarterly*, 2007, 41 (2): 255-283.

Shepard G M. *Neurobiology*[M]. New York: Oxford University Press, 1994.

Silva T. Toward an understanding of the distinct nature of L2 writing: The ESL research and its implications[J]. *TESOL Quarterly*, 1993, 27(4): 657-677.

Silverman R D, Coker D, Proctor C P, *et al*. The relationship between language skills and writing outcomes for linguistically diverse students in upper elementary school[J]. *The Elementary School Journal*, 2015, 116 (1): 103-125.

Skehan P. A framework for the implementation of task-based instruction[J].

Applied Linguistics, 1996, 17(1): 38-62.

Skehan P. *A Cognitive Approach to Language Learning* [M]. Oxford: Oxford University Press, 1998.

Skehan P. Modelling second language performance: Integrating complexity, accuracy, fluency, and lexis[J]. *Applied Linguistics*, 2009, 30(4): 510-532.

Snellings P, van Gelderen A, De Glopper K. Validating a test of second language written lexical retrieval: A new measure of fluency in written language production[J]. *Language Testing*, 2004, 21(2): 174-201.

Sommers N. Revision strategies of student writers and experienced adult writers [J]. *College Composition and Communication*, 1980, 31(4): 378-388.

Speck B W, Johnson T R, Dice C I, *et al*. *Collaborative Writing: An Annotated Bibliography*[M]. Westport: Greenwood Press, 1999.

Spivey N N, James R. King. Readers as writers composing from sources[J]. *Reading Research Quarterly*, 1987, 24(1): 7-26.

Stevenson M, Schoonen R, De Glopper K. Revising in two languages: A multi-dimensional comparison of online writing revisions in L1 and FL[J]. *Journal of Second Language Writing*, 2006, 15(3): 201-233.

Sullivan K, Lindgren E. Self-assessment in autonomous computer-aided second language writing[J]. *ELT Journal*, 2002, 56(3): 258-266.

Suzuki W. Written languaging, direct correction, and second language writing revision[J]. *Language Learning*, 2012, 62(4): 1110-1133.

Swanson H L, Berninger V W. Individual differences in children's writing: A function of working memory or reading or both processes? [J]. *Reading and Writing*, 1996, 8(4): 357-383.

Tabar N A, Alavi S M. A comparative study of the effects of task-based writing under different pre-task planning conditions on intermediate EFL learners' written performance in personal and decision-making tasks[J]. *International Research Journal of Applied and Basic Sciences*, 2013, 5 (8): 970-978.

Taguchi N. Pragmatic comprehension in Japanese as a foreign language[J]. *The Modern Language Journal*, 2008, 92(4): 558-576.

Tavakoli M, Rezazadeh M. Individual and collaborative planning conditions: Effects on fluency, complexity and accuracy in L2 argumentative writing

[J]. *The Journal of Teaching Language Skills*, 2014, 32(4): 85-110.

Teng L S, Zhang L J. Fostering strategic learning: The development and validation of the writing strategies for motivational regulation questionnaire (WSMRQ)[J]. *Asia-Pacific Education Researcher*, 2015, 25(1): 123-134.

Teng L S, Zhang L J. Effects of motivational regulation strategies on writing performance: a mediation model of self-regulated learning of writing in English as a second/foreign language[J]. *Metacognition Learning*, 2017, 13(2): 213-240.

Thorson H. Using the computer to compare foreign and native language writing processes: A statistical and case study approach[J]. *The Modern Language Journal*, 2000, 84(2): 155-170.

Tobias S. Anxiety and cognitive processing of instruction[M]//Schwarzer R. *Self-related Cognition in Anxiety and Motivation*. Hillsdale: Lawrence Erlbaum, 1986: 32-44.

Uzawa K, Cumming A. Writing strategies in Japanese as a foreign language: Lowering or keeping up the standards[J]. *The Canadian Modern Language Review*, 1989, 46(1): 178-194.

van den Bergh H, Rijlaarsdam G, Breetvelt I. Revision process and text quality: An empirical study[M]//Eigler G, Jechle T. *Writing: Current Trends in European Research*. Freiburg: Hochschul Verlag, 1994: 133-148.

van der Hoeven J. Differences in writing performance: Generating as an indicator [M]//Torrance M, Galbraith D. *Knowing What to Write: Conceptual Processes in Text Production*. Amsterdam: Amsterdam University Press, 1999: 65-77.

van Hell J G, Verhoeven L, van Beijsterveldt L M. Pause time patterns in writing narrative and expository texts by children and adults[J]. *Discourse Processes*, 2008, 45(4-5): 406-427.

Van Waes L, Leijten M. Fluency in writing: A multidimensional perspective on writing fluency applied to L1 and L2[J]. *Computers and Composition*, 2015, 38: 79-95.

Van Waes L, Leijten M, Wengelin A, *et al*. Logging tools to study digital writing processes[M]//Berninger V. *Past, Present, and Future Contributions of Cognitive Writing Research to Cognitive Psychology*. New York: Psychology

Press, 2012: 507-533.

Van Waes L, Schellens P J. Writing profiles: The effect of the writing mode on pausing and revision patterns of experienced writers[J]. *Pragmatics of Writing*, 2003, 35(6): 829-853.

van Weijen D, van den Bergh H, Rijlaarsdam G, *et al*. L1 use during L2 writing: An empirical study of a complex phenomenon[J]. *Journal of Second Language Writing*, 2009, 18(4): 235-250.

Vanderberg R, Swanson H L. Which components of working memory are important in the writing process? [J]. *Reading and Writing*, 2007, 20 (7): 721-752.

Vandergrift L. Orchestrating strategy use: Toward a model of the skilled second language listener[J]. *Language Learning*, 2003, 53(3): 463-496.

Vandermeulen N, Leijten M, Van Waes L. Reporting writing process feedback in the classroom: Using keystroke logging data to reflect on writing processes [J]. *Journal of Writing Research*, 2020, 12(1): 109-139.

Vandommele G, van den Branden K, van Gorp K, *et al*. In-school and out-of-school multimodal writing as an L2 writing resource for beginner learners of Dutch[J]. *Journal of Second Language Writing*, 2017, 36: 23-36.

Victori M. An analysis of writing knowledge in EFL composing: a case study of two effective and two less effective writers[J]. *System*, 1999, 27(4): 537-555.

Wallas G. *The Art of Thought*[M]. London: Jonathan Cape Ltd. , 1926.

Wang L. Switching to first language among writers with differing second-language proficiency[J]. *Journal of Second Language Writing*, 2003, 12 (4): 347-375.

Warren J. How students pick the right answer: A "think aloud" study of the French CAT[J]. *Occasional Papers Applied Linguistics Association of Australia*, 1996, 15: 79-94.

Wengelin A. Examining pauses in writing: Theory, methods and empirical data[M]//Sullivan K, Lindgren E. Computer keystroke logging and writing: Methods and applications. Oxford: Elsevier, 2006: 107-130.

Wengelin A. The word-level focus in text production by adults with reading and writing difficulties[M]//Torrance M W, Van Waes L, Galbraith D.

Writing and Cognition: *Research and Applications*. Oxford: Elsevier, 2007: 67-82.

Whalen K, Ménard N. L1 and L2 writers' strategic and linguistic knowledge: A model of multiple-level discourse processing[J]. *Language Learning*, 1995, 45(3): 381-418.

Winfield F E, Barnes-Felfeli P. The effects of familiar and unfamiliar cultural context on foreign language composition [J]. *The Modern Language Journal*, 1982, 66(4): 373-378.

Wolfe-Quintero K, Inagaki S, Kim K. *Second Language Development in Writing*: *Measures of Fluency, Accuracy and Complexity* [M]. Honolulu: University of Hawaii Press, 1998.

Wolfersberger M. L1 to L2 writing process and strategy transfer: A look at lower proficiency writers[J]. *TESL-EJ*: *Teaching English as a Second or Foreign Language*, 2003, 7(2): 1-12.

Wolters C A. Regulation of motivation: Evaluating an underemphasized aspect of self-regulated learning[J]. *Educational Psychologist*, 2003, 38(4): 189-205.

Woodrow L. College English writing affect: Self-efficacy and anxiety[J]. *System*, 2011, 39(4): 510-522.

Xu C. Understanding online revisions in L2 writing: A computer keystroke-log perspective[J]. *System*, 2018, 78: 104-114.

Yang C, Hu G, Zhang L J. Reactivity of concurrent verbal reporting in second language writing[J]. *Journal of Second Language Writing*, 2014, 24: 51-70.

Yang W, Kim Y. The effect of topic familiarity on the complexity, accuracy, and fluency of second language writing[J]. *Applied Linguistics Review*, 2020, 11(1): 79-108.

Yasuda S. Revising strategies in ESL academic writing: A case study of Japanese postgraduate student writers[J]. *Journal of Asian Pacific Communication*, 2004, 14(1): 91-112.

Yi B, Ni C. Planning and working memory effects on L2 performance in chinese EFL learners' argumentative writing[J]. *Indonesian Journal of Applied Linguistics*, 2015, 5(1): 44-53.

Yoon H. More than a linguistic reference: The influence of corpus technology on L2 academic writing[J]. *Language Learning & Technology*, 2008, 12 (2): 31-48.

Yoshida M. Think-aloud protocols and type of reading task: The issue of reactivity in L2 reading research[M]//Bowles M. *Second Language Research Forum*. Somerville: Cascadilla Proceedings Project, 2008: 199-209.

Yuan F, Ellis R. The effects of pre-task planning and on-line planning on fluency, complexity and accuracy in L2 monologic oral production[J]. *Applied Linguistics*, 2003, 24(1): 1-27.

Zabihi R. The role of cognitive and affective factors in measures of L2 writing [J]. *Written Communication*, 2017, 35(1): 32-57.

Zamel V. Teaching composition in the ESL classroom: What we can learn from research in the teaching of English[J]. *TESOL Quarterly*, 1976, 10 (1): 67-76.

Zamel V. Writing: The process of discovering meaning[J]. *TESOL Quarterly*, 1982, 16(2): 195-209.

Zamel V. The composing processes of advanced ESL students: Six case studies [J]. *TESOL Quarterly*, 1983, 17(2): 165-187.

Zarrabi F, Amiri M, Bozorgian H. Effects of the longest pause, its location, and pause variance on successful EFL writing performance across writing tasks with diverse degrees of complexity[J]. *System*, 2022, 110: 102929 (Advance online publication).

Zarrabi F, Bozorgian H. EFL students' cognitive performance during argumentative essay writing: A log-file data analysis[J]. *Computers and Composition*, 2020, 55: 102546 (Advance online publication).

Zetterholm E, Lindström E. The writing process of bilingual students with focus on revisions and spelling errors in their final texts[J]. *Languages*, 2022, 7(61):1-17.

Zhang J, McBride-Chang C, Wagner R K, *et al*. Uniqueness and overlap: Characteristics and longitudinal correlates of native Chinese children's writing in English as a foreign language[J]. *Bilingualism: Language and Cognition*, 2014, 17(2): 347-363.

Zhang L. Reflections on the pedagogical imports of western practices for professionalizing ESL/EFL writing and writing-teacher education[J]. *Australian Review of Applied Linguistics*, 2016, 39(3): 203-232.

Zhang M, Gibbons J, Li M. Computer-mediated collaborative writing in L2 classrooms: A systematic review[J]. *Journal of Second Language Writing*, 2021, 54: 100854 (Advance online publication).

Zimmerman B J, Risemberg R. Becoming a self-regulated writer: A social cognitive perspective[J]. *Contemporary Educational Psychology*, 1997, 22(1): 73-101.

附　录

附录一：词汇水平测试

班级_____　姓名_____　性别_____　得分_____

这是一个词汇测试。请你选择合适的词来对应右边一列的意思。请把这个单词的序号写在它的意思旁边。

1. copy
2. event　　　_____ end or highest point
3. motor　　　_____ this moves a car
4. pity　　　_____ thing made to be like another
5. profit
6. tip

1. accident
2. debt　　　_____ loud deep sound
3. fortune　　_____ something you must pay
4. pride　　　_____ having a high opinion of yourself
5. roar
6. thread

1. coffee
2. disease　　_____ money for work

3. justice   _____ a piece of clothing

4. skirt   _____ using the law in the right way

5. stage

6. wage

1. arrange

2. develop   _____ grow

3. lean   _____ put in order

4. owe   _____ like more than something else

5. prefer

6. seize

1. clerk

2. frame   _____ a drink

3. noise   _____ office worker

4. respect   _____ unwanted sound

5. theater

6. wine

1. blame

2. elect   _____ make

3. jump   _____ choose by voting

4. threaten   _____ become like water

5. melt

6. manufacture

1. dozen

2. empire   _____ chance

3. gift   _____ twelve

4. tax   _____ money paid to the government

5. relief

6. opportunity

1. ancient
2. curious　　_____　not easy
3. difficult　　_____　very old
4. entire　　_____　related to God
5. holy
6. social

1. admire
2. complain　　_____　make wider or longer
3. fix　　_____　bring in for the first time
4. hire　　_____　have a high opinion of someone
5. introduce
6. stretch

1. slight
2. counsel　　_____　advice
3. factor　　_____　a place covered with grass
4. hen　　_____　female chicken
5. lawn
6. atmosphere

附录二：语法水平测试

OXFORD PLACEMENT TEST 2
GRAMMAR TEST PART 1

姓名_____　　班级_____　　成绩_____/50

Look at these examples. The correct answer is indicated in bold.

A In warm climates people |**like**| /|likes|/|are liking| sitting outside in the sun.

B If it is very hot, they sit |at|/|**in**|/|under| the shade.

Now the test will begin. Tick the correct answers.

Part one: Sentences

1 Water |be freezing|/|is freezing|/|freezes| at a temperature of 0.

2 In some countries |there is|/|is|/|it is| dark all the time in winter.

3 In hot countries people wear light clothes |for keeping|/|to keep|/|for to keep| cool.

4 In Madeira they have |the good|/|good|/|a good| weather almost all year.

5 Most Mediterranean countries are |more warm|/|the more warm|/|warmer| in October than in April.

6 Parts of Australia don't have |the|/|some|/|any| rain for long periods.

7 In the Arctic and Antarctic |it is|/|there is|/|it has| a lot of snow.

8 Climate is very important in |most|/|of most|/|the most| people's lives.

9 Even now there is |little|/|few|/|less| we can do to control the weather.

10 In the future |we'll need|/|we are needing|/|we can need| to get a lot of power from the sun.

11 Pele is still perhaps |most|/|the most|/|the more| famous footballer in the world.

12 He |had been|/|is|/|was| born in 1940.

13 His mother |not want|/|wasn't wanting|/|didn't want| him to be a footballer.

14 But he |used|/|ought|/|has used| to watch his father play.

15 His father |made him to|/|made him|/|would make him| to practise every day.

16 He learned to use |his left foot or|/|his left foot and|/|both his left foot and| his right.

17 He got the name Pele when he |had only ten years|/|was only ten|/|was only ten years|.

18 By 1956 he |has joined|/|joined|/|had joined| Santos and had scored in his first game.

19 In 1957 he |has been picked|/|was picked|/|was picking| for the Brazilian

national team.

20 Pele was looking forward $\boxed{\text{to play}}$/$\boxed{\text{to playing}}$/$\boxed{\text{to be playing}}$ the World Cup Finals.

21 But he hurt $\boxed{\text{this}}$/$\boxed{\text{the}}$/$\boxed{\text{his}}$ knee in a game in Brazil.

22 He thought he $\boxed{\text{isn't going}}$/$\boxed{\text{to couldn't}}$/$\boxed{\text{wasn't going to}}$ be able to play in the finals.

23 If he $\boxed{\text{hadn't been}}$/$\boxed{\text{weren't}}$/$\boxed{\text{wouldn't be}}$ so important to them, he would have been left behind.

24 But he was $\boxed{\text{a such}}$/$\boxed{\text{such a}}$/$\boxed{\text{a so}}$ brilliant player, they took him anyway.

25 And $\boxed{\text{even though}}$/$\boxed{\text{even so}}$/$\boxed{\text{in spite of}}$ he was injured he helped Brazil to win the final.

Part two: Passage

The history of the World Cup is $\boxed{\text{quite a}}$/$\boxed{\text{a quite}}$/$\boxed{\text{quite}}$ short one. Football $\boxed{\text{has been}}$/$\boxed{\text{is being}}$/$\boxed{\text{was}}$ played for $\boxed{\text{above}}$/$\boxed{\text{over}}$/$\boxed{\text{more}}$ that a hundred years, but the first World Cup competition $\boxed{\text{did not be}}$/$\boxed{\text{was not}}$/$\boxed{\text{was not}}$ $\boxed{\text{being}}$ held until 1930. Uruguay $\boxed{\text{could win}}$/$\boxed{\text{were winning}}$/$\boxed{\text{had won}}$ the Olympic football final in 1924 and 1928 and wanted $\boxed{\text{be}}$/$\boxed{\text{being}}$/$\boxed{\text{to be}}$ World Champions for the third time. Four teams entered from Europe, but with $\boxed{\text{a little}}$/$\boxed{\text{few}}$/$\boxed{\text{little}}$ success. It was the first time $\boxed{\text{which}}$/$\boxed{\text{that}}$/$\boxed{\text{when}}$ professional teams $\boxed{\text{are playing}}$/$\boxed{\text{would play}}$/$\boxed{\text{had played}}$ for a world title. It wasn't until four years $\boxed{\text{later}}$/$\boxed{\text{more}}$/$\boxed{\text{further}}$ that a European team succeeded $\boxed{\text{to win}}$/$\boxed{\text{in winning}}$/$\boxed{\text{at winning}}$ for $\boxed{\text{the}}$/$\boxed{\text{a}}$/$\boxed{\text{its}}$ first time. The 1934 World Cup was again won by $\boxed{\text{a}}$/$\boxed{\text{the}}$/$\boxed{\text{one}}$ home team, $\boxed{\text{what}}$/$\boxed{\text{this}}$/$\boxed{\text{which}}$ has been the case several times since then. The 1934 final was $\boxed{\text{among}}$/$\boxed{\text{between}}$/$\boxed{\text{against}}$ two European teams, Czechoslovakia and Italy, $\boxed{\text{which}}$/$\boxed{\text{that}}$/$\boxed{\text{who}}$ won, went on $\boxed{\text{to win}}$/$\boxed{\text{winning}}$/$\boxed{\text{to have won}}$ the 1938 final. Winning successive finals is something that $\boxed{\text{is not}}$/$\boxed{\text{was not}}$/$\boxed{\text{has not been}}$ achieved again until Brazil did $\boxed{\text{these}}$/$\boxed{\text{them}}$/$\boxed{\text{it}}$ in 1958 and 1962. If Brazil $\boxed{\text{would have won}}$/$\boxed{\text{would win}}$/$\boxed{\text{had won}}$ in 1966 then the authorities would have needed to $\boxed{\text{have}}$/

letmake the original World Cup replaced. But England stopped the Brazilians to getgettingget a third successive win. An England player，Geoff Hurst，scored three goals in the final and won it almost by his ownon himselfby himself. 1966 proved beingas beingto be the last year that England wouldwilldid even qualify for the finals till 1982，though they got in as winners in 1970.